L'écriture de la ville

都市のエクリチュール

都市と国土の四半世紀

Hiroo Ichikawa

市川宏雄

千倉書房

はじめに

21世紀は都市の時代だと言われてきた。１９９０年代に東京都では92年から97年にかけて、第3回世界首都会議、国連－東京都・都市経営世界会議、世界大都市圏協会（メトロポリス）96東京大会、国連－東京都・都市と市民の国際協力世界会議がほぼ毎年のように開催され、筆者は専門委員としてそのすべてに関わる機会を得た。その間、96年には臨海部で都市博覧会が予定されていたが、あいにくそれはキャンセルされた。この一連の都市会議の開催は当時の鈴木俊一都知事の音頭取りで始まったものであるが、今から思えば、まさに都市の時代を先取りした動きであったことが改めて分かる。現在、ヨーロッパ、アジア、中東、アメリカ、アフリカ、世界中のあらゆる地域とメガシティで都市の未来を語る「都市国際会議」が頻繁に開催され、都市に関わる研究者、政策立案者、企業経営者、もちろん市長も含めて多くの関係者が参加している。

90年代前半のバブル経済の崩壊から四半世紀が経過した。バブル経済の崩壊後に策定された98年の第5次の全総計画「21世紀の国土のグランドデザイン」では、「多軸型国土構造の形成」というそれまでの「分散政策」ではない曖昧な基本目標へと変わった。そして、２００１年に発足した小泉内閣は、「国土の均衡ある発展」から「個性ある地域の発展」へと大きく舵を切った。その間、92年に都市計画は重要な転換点を迎えることになる。1969年以来の都市計画法の改正が行われ、都市計画の法制度はそれまでの規制基調から開発促進の方向に向かった。バブル景気はすでに崩壊していたが、その後の規制緩和に大きな影響を与え、今世紀に入ると大都市、特に東京の都心部を中心に活発な都市開発が始まる。

じつはこの動きは世界の主要都市における同時進行的なものである。ロンドンでもニューヨークでも、未来を見すえた大規模開発が都心を中心に活発に行われている。なぜなら、今世紀になって大都市の動向が国家の盛衰を左右することが明らかになる中で、各国は国家のリーディング都市の力を強化する政策に大きくシフトしたからである。

戦後の日本を引っ張ってきた3大都市圏の人口は、1960年代の高度成長期には、東京、大阪、名古屋が第1回目の人口流入のピークを迎える。しかしその後、オイルショックを経て、1980年代のバブル経済の時には、名古屋、大阪ではなく東京だけが地方の人口減少分の多くを受けるようになり、日本の都市体系は東京中心で形成されるという次なるステージへ移行していく。まさに都市の世紀は、大都市が国家を支える形として日本でも顕在化してきたのである。

本書は、こうした時代背景のもとで変貌を遂げてきた国土と都市に筆者が遭遇し、そしてささやかながらもそのどこかで関わりを持つことができたテーマに焦点をあて、全体から俯瞰した視点によるテーマと個別の特徴的なテーマとによって10章で構成されている。

まず、これからの「国の形」を考えるのであれば、都市と地方の関係がどうあるべきかについて語らねばならない。産業構造も第3次産業が圧倒的なシェアを占めて大都市の役割が飛躍的に伸びている。それだけでなく、世界に先駆けて人口減少国家となった日本にとって、従来からの思想に拘泥していて新しい姿を語れるはずがない。そこには大きな思想の転換が必要である。

すでに大都市が国家の盛衰を決める状況にあって、地球規模で「大都市の国際競争力」が鍵を握るであろう認識が高まっている。そうだとするのであれば、東京の国際競争力の現状はどうなのか。それを知ったうえで、ではどうすればよいのかを論じなければならない。1980年代のグローバリゼーションの進展によって、大規模開発を主体とした「都市再生」の動きが世界の主要な都市で急速に活発化した。その中で、東京はどうなのか。過去の経緯から現在の状況、そしてこれからどうすればいいのかを、現在の課題を検証したうえでこれからについての提言を行う。

このように、第1~3章では、「国の形」、「大都市の国際競争力」、「都市再生」、それぞれについての課題設定とそれに対する分析、提言を軸に論述していく。

2020年に東京でオリンピック・パラリンピックが開催される。2013年9月のヴェノスアイレスでのIOC総会で東京開催が決定されて以来、世界の東京ウオッチングが始まる。東京への訪問客は年間200万人の増加で推移しており、遠い先にあったロンドンの後ろ姿が見えてきている。

「五輪開催」は都市にとって大きな変換点になることが歴史的に証明されている。1964年の東京オリンピックは後のモータリゼーションに対応できる都市基盤整備のきっかけとなり、新幹線も開通し、その後の日本の高度経済成長の象徴となった。そして、新たな「都市空間」の登場と「都市の未来」が垣間見える期待が高まる。成熟国家で開催された2012年のロンドン五輪は、その後の都市力と魅力向上に寄与してきた。それが、今回の東京にとってのお手本となるはずである。「五輪と都市」、「都市空間」、「都市の未来」、これらが第4~5章のテーマである。

バブル経済とその後の崩壊による長期にわたる日本の経済と国際的地位の低下の時期に起きた忘れてならない動きは、1990年11月に国会で決議された「首都機能移転」である。その後10年以上にわたって、日本の国土計画、東京のポジション、さらには日本経済の復活などの課題が絡み合い、多くの議論と葛藤を生んだテーマである。その国家的一大事であることの重大性を考えれば、都市の世紀である21世紀を目前に控えた20世紀最後の10年間を飾るに相応しいテーマであったのかもしれない。しかも、将来の国土構造と日本の国際競争力に大きな影響を与えるかもしれないこのビッグテーマは、あまり国民に知られていないといったおまけまでついていた。衆議院国会等移転に関する特別委員会に参考人招致されたのが2002年11月。数少ない移転反対論者として意見具申を行ったが、それから遠からず特別委員会は廃止された。結果として、この首都移転は人生の一時期を凝縮して対峙したテーマの一つとなった。この長期にわたる隠されたビッグテーマについては第6章で語る。

都市運営には多種多様な必須要素がある。都市空間をより効率的に運営して魅力的にするための必須項目の一つはインフラ・ストラクチャーの整備である。簡単に解釈すれば、都市の基盤施設である。下水・水道に始まり、電気、ガスなどのエネルギー供給があるが、その中で最も重要なのは移動機能の基盤となる道路と鉄道である。とりわけ、「鉄道」は人口減少社会に移行する中でその運営維持に課題をかかえている。しかし、その一方でリニア新幹線の登場でより一層の高速化が図られるなど、鉄道の役割は衰退どころかさらなる前進の動きもある。特に、２０２７年のリニア新幹線の開通は東京と名古屋の接続によって、日本の発展軸の姿を大きく変える可能性を秘めている。それを第7章で論じる。

第8章と第9章で、都市運営に関わるテーマの中から「危機管理」と「テレワーク」を取り上げる。この二つのテーマとの筆者のつきあいは15年以上にもなる。

災害大国である日本において、都市運営を安全かつ安心に行うのであれば、当然のことにリスクの的確な認知とその適切な対応が不可欠である。２０１１年3月の東日本大震災での東京の帰宅困難者問題は、丈夫な都市は物理的な堅牢さだけでなく、そこで都市活動を展開している人間の安全が担保されなければならないことを改めて認識させた。もちろん、災害対策基本法では地方自治体が大きな役割を担うことを規定しているが、実際に災害・危機が発生すれば、その対応には意思決定から具体的な活動まで、大きなヒューマンファクターが存在する。東京での帰宅困難者は冷静であり、それが二次災害の発生を防止した。２００1年のニューヨークではジュリアーニ市長の活動が事態の収拾に効果をあげたと評価された。災害・危機発生で人がどうなるか、人はどうすべきか、それを第8章で論ずる。

第9章では政府が推進する働き方改革実現会議で主要なテーマになった「テレワーク」（遠隔地勤務）について触れる。テレワークは、すでに1990年代以降に急速に進んだ情報化とそれに関わる電子機器の進化とインターネットの普及で、オフィスにいなくても多様な業務を行うことが可能となったことで普及してきた。そこで重要なのは、技術の進化は、働き方だけでなく、社会そのものを変革することにある。人々の意識改革、働き方の多様化、さらには都市空間の整備のあり方まで踏み込んで考えることができるのである。テレワークが先導する社会をあえて「トランスボーダー社会」と名づけたが、その姿について論じる。

最終章では都市の存在について考える。確かに21世紀は都市の時代かもしれない。国際競争力は重要であろう。しかし、それだけのはずがない。都市は人が集まることにその起源があり、その存在の歴史は数千年とはるかに長い。そこには脈々とした時間が流れ、それぞれが独自の生活様式や文化をもち、風土に基づいた個性が形成されてきている。集落が都市へと変貌することの定義はいくつかある。マックス・ウェーバーは、農村と違って何らかの自治意識をもった人々が恒常的な市場に立脚していることだと定義している。パトリック・ゲデスは生産、流通、文化、住居といった経済・社会的な機能の尺度をあてはめて定義しようとした。ところが、こうした議論があったとしても、とどのつまりは人が集まらなければ都市は成立しない。そうであれば、人々は都市の存在をどのように受け止めているのであろうか。そう考えていくと、じつは都市の存在はいかに奥深いものかが分かってくる。それを都市の認知の視点から語ってみる。テーマは「都市の音」、「都市の色」、そして連続する「都市の文化と時間」である。

この後の10の章で展開するのは、形容詞がどうつくのかは分からないが、つきつめれば筆者の独断と偏見に基づく「都市論」である。そこで取り上げる大都市は、ベースとして活動してきた東京である。生まれ育った原点であるとともに、世界最大となったこの都市圏の行く末を心配するとともに、世界で最も魅力的であるこの都市を愛するからでもある。この都市論には、政策科学的な理性の部分と、都市を創作する工学的な技法の部分と、そして都市人としての情緒的な感覚のぶつかり合いと交じり合いとがその背景にあると感じている。

都市のエクリチュール――都市と国土の四半世紀――

目次

第1章

国の形——都市と地方

均衡ある発展を目指してきた日本。1962年の第1次全国総合開発計画から55年を経た現在、すでにその形は新たな局面を迎えている。産業構造の変化とグローバリゼーションが進む中で肥大を続ける大都市と、その一方で衰退をする地方という21世紀における地球上の問題が日本でも顕著になってきている。度重なる分散政策と地方の活性化を推し進めながらも、東京一極集中が進む現実について、その理由と新たな方策を見出さなければ未来は描けない。東京の役割をどう考えるべきかについて、すでに10年以上も前からそのあるべき姿について語ってきた。

1　東京の役割と重要性を考える

激化する国際的な都市間競争に勝ち抜き、超巨大都市東京が抱える課題解決のために重点投資をする中で、強みをさらに引き出すことが重要となってきている。東京圏にはこれまでとは異なる可能性も秘めており、富を生み出す成長拠点が強化されてこそ、日本全体へ、その富の再配分も可能になってくる。

面と向かって東京への重点投資の重要性を2008年1月に日本経済新聞の経済教室で説いた。

■根本解決ではない地方法人特別税

現在の日本は、成長型経済から安定型経済への移行や人口減少に直面する中で、国際競争に勝ち抜かなければならないという難題を課せられている。バブル経済崩壊を契機に、国土政策で長年金科玉条であった「国土の均衡ある発展」という理念は揺らいだ。地方交付税や国庫補助金で基盤施設やハコモノを地方に整備しても、需要や運営のノウハウと人材がなければ、十分な財政的自立は確立されない。今後の都市と地方の役割・機能はどう考え、どんなビジョン、国土開発を志向すればよいのか。

2007年末、大都市部の法人事業税の約半分を地方の人口に基づき地方法人特別税として再配分する政府方針が決まった。既存の地方財政の仕組みを超えた緊急避難的な措置であろう。だがこれで地方の問題が根本的に解決されるわけではなく、大都市部への影響も考えざるを得ない。現実に、地方交付税を持たない東京都の1人当たり一般財源額は約22万円と、国の平均値を少し上回る程度にとどまる。

確かに大都市部とそれ以外の地域の税収格差は近年さらに広がっている。東京圏（一都三県）、大阪圏（二府一県）、名古屋圏（二県）の3大都市圏の所得税と法人税の全国シェアは74％（2005年度）に高まった。このうち東京都は、01年度の34％から4年で42％になった。この急速な変化は、税収を地方へ還元する今回の施策に影響を与えた一因であると同時に、現在の日本の産業構造でどの地域が富を生み出せるかを改めて示すものであった。

■富を生み出すには集積と集約が不可欠

地方分権の切り札だとされている道州制も、理念はともかく、それで地域の自立が実現するのか不透明である。

地方制度調査会は最終答申（2006年2月）で人口規模や経済規模をバランスさせる道州の区割りを示したが、そもそも連邦国家の米国の50州や、独立国家の集合体の欧州連合（EU）各国で人口や経済の規模が同じものがあろうか。しかも、道州間の財政規模均衡にこだわり、都市活動で空間的に一体である東京圏を分断するパターンも提示された。そこには広域的課題に対応する大都市経営の視点や、国家の国際競争力から東京の存在を考える視点への配慮は見えない。本来は各道州が個性に基づいて富を生み出し、その後に道州間で財政調整を行えばよいはずである。

人口減少下で、国家のビジョンをどう描くか。それは端的にいえば、集積と集約（コンパクト化）を生かした国家の創造である。これからは、特定地域に資源を集中させ、そこで効率的な富を生産することが一段と重要となる。製造業の基盤を維持する北欧諸国や、外国資本を積極的に誘引してサービス産業の雇用を創出した英国の例は、そうしたモデルになろう。

さらに日本ならではのテーマは、３５００万人にもなる先進国最大の都市圏・東京を、その財産として持つ国家としての運営の方法である。東京に次ぐニューヨーク都市圏は２２００万人でしかないのである。

国土全体では人口は減少するものの、東京および東京圏は２０２０年ごろまでは依然、増加が見込まれる。ただし、それによって都市圏が膨張すると考えるのは短絡的である。過去10年、東京では都心方向への回帰現象が起き、人口が増加しながらも都市圏自体は縮退を続けてきた。伸びきった兵たんを畳むように、東京近郊を環状に結ぶ国道16号線以遠へのいたずらな郊外化が終わりを告げている。一方、低層で密集した東京の市街地は、主に都心８区で不燃化・高層化とオープンスペースの創出で、人口吸収の余力が増大し、住環境が向上しつつある。

■経済構造の変化が大都市の役割を高めた

特に経済を先導する第3次産業は集積に基づく規模の経済（スケールメリット）が不可欠だ。今後の国家発展のエンジンは、国際競争のための一定の基盤をすでに持つ大都市部である。第3次産業・サービス産業を主体とした東京圏、製造業を基礎にした名古屋圏、その他、政令都市など地方の中枢都市を拠点としたいくつかの都市圏がそれにあたるであろう。

とりわけ東京圏は、北は仙台まで、西はリニア新幹線で結ばれる名古屋都市圏までとり込み、かつての太平洋ベルトとは異なる、世界に類のない拡大大都市圏となる可能性を秘めている。福岡は九州の中心として、独自に中国大陸、朝鮮半島との連携を求めるなど、地方都市圏の中枢都市のモデルを示している。

戦後の急速な成長を支えた政、官、民の近接した空間配置と効率的な交通網、魅力ある多様な商業・文化集積、比類なき社会システムの品質と技術水準、治安のよさなどの要素で、東京は他の大都市に抜きんできた。だが21世紀を先導する世界の大都市には、グローバル化（資本と労働力の国際間移動）や、ICT（情報・コミュニケーション）技術、ナレッジ・カルチャー（知識・文化）産業化の進展への対応が求められている。

「創造都市」論を提唱する英国の研究者、C・ランドリー氏は、都市・地域に根ざす歴史・文化を基に創造的な革新を期待し、米国の都市経済学者のR・フロリダ氏は都市が創造的な人材を獲得する競争に技術、人材、寛容力などが必要であると主張している。

■高まる成長拠点強化の必要性

そうした中で東京では、国際的な接触・融合、文化の成熟、創造的な産業の育成などが喫緊の課題となっている。それには、世界の人々が訪れ、集い、学び、働く、世界標準の国際的な集在・居住都市になる戦略が必要である。革新的人材の国際移動が常態化する中で、グローバル・コネクティビリティー(国際的なアクセスの良好性)とリバビリティー(良好な職住近接環境)という二つの視点が都市のパワーの選別基準となる。

現在、東京を訪れる国際観光客は、ロンドンの3分の1、シンガポールの半分でしかない。国際コンベンション開催件数はパリやウィーンの5分の1。東京の外国人ビジネスマンの生活環境は依然、満足できるレベルではなく、外国企業の対日投資に関する障害もまだ十分解消されていない。

さらに、地震などの災害リスク、ヒートアイランドや地球温暖化問題を中心とした環境制約、世界に先行する高齢化の進展という特徴的な課題もある。これらの解決のための投資額は膨大だとしても、その果実はもちろん期待できるものだ。

では、地方はどんなビジョンを描くべきか。第1次・第2次産業をベースとした地場産業や、賦存資源を生かした観光業、製造業の生産基地などを持つ地域は、その枠組みと個性を伸ばせばよいだろう。テレワークで大都市からの業務を受けるなど就業の工夫もあろう。

そうした産業がない地域でも、選択肢はいくつか考えられる。例えば、広い意味の国土保全や治安維持、地域資源の保全など「国土の防人」の役割は重要で、当然、国の財政措置が必要になる。

定住人口を無理に増やすのではなく、都市部の人材が知恵を出しに足を運んだり、退職者が第二の家を持ったり、夏休みに都市の子どもたちが短期滞在をしたりして、地域に一時滞留や訪問者などの流動人口を増やすことが重要である。そのための交通網整備は依然として必要であろう。

いずれにせよ、その財政需要の原資の多くを産み出すのは間違いなく東京である。一国内で各地域が均衡して発展するモデルを示した20世紀前半の開発経済学者、R・ヌルクセの「均整成長論」に対し、ドイツ出身の政治経済学者、A・ハーシュマンは「不均整成長論」で特定地域の成長拠点の重要性を説いた。

成長拠点の存在が地域と国家全体の成長を決定づける。巨大都市東京では、集積の外部不経済である大都市問題の対処が従来以上に重要である。国際競争力を持つ大都市が十分な富を産み出せば、その再分配もその使い道も難渋しない。東京がグローバル・フロントランナーになる意味と夢はその点にある。


（経済教室「東京への重点投資を」日本経済新聞朝刊、２００８年1月28日）

2　地方創生と東京一極集中

「東京一極集中は悪であり、地方との格差はなんとしても是正すべきだ」、「地方が衰退しているのは東京のせいだ」と言えば、なぜか納得する人が多い。しかし、すでに国全体での人口減少が進行し、少子高齢化が現実的な課題となる中で、東京が世界的に競争力のある都市になり、率先して稼がなければ、地方も生きていけない懸念は現実のものとなりつつある。東京一極集中の意味は何なのか。地方創生とは何をどこまで目指しているのか。一極集中をとがめるだけでは答えは出ない。

■地域間の均衡ある発展政策のゆくえ

「全国総合開発計画（全総）」は世界に誇るべき優れた国土計画の一つだった。日本の国土があまねく繁栄し発展するという理想は、高度経済成長を通して、完全ではないが計画通りの素晴らしい発展を遂げた。だが、時代の移り変わりの中で、地域間の均衡ある発展という金科玉条には、すでに疑問符がついている。

1992年頃を境に、バブル経済はあっけなく崩壊する。株価も地価も急落し、企業倒産とリストラの嵐が吹き荒れ、日本は「失われた10年」に突入した。

じつは、この日本経済の苦境を救ったのが、東京への民間の集中投資だ。都心部では大規模な再開発事業が実施される。また、リストラを断行したことから民間企業の財務体質は急速に改善し、東京を中心に、民間企業が業績を回復させていった。

これにより、所得税・法人税・消費税など国の税収は増加に転じる。その後、2008年に国が地方法人特別税という新たな仕組みをつくり、疲弊した地方にお金を分配できたのは、この税収があったからなのだ。もし、東京がいち早く元気になっていなければ、日本経済がバブル崩壊から立ち直るまで、さらに長い時間が必要になっていただろう。

このような日本経済の動向を注視すれば、日本の国土・都市政策においては、もはや分散政策に固執していてはいけないことが分かる。都市圏全体で3700万人という巨大なマーケットを持ち、交通などのインフラを含め職住環境が整備されている東京だからこそ、少ない投資でより大きな経済効果が生まれた。結局、東京一極集中は、日本経済復活のカギであった。

大都市への人口集積が進んでいるのは日本だけではない。ニューヨーク、ロンドン、パリなど世界の主要都市も、軒並み人口を増やし巨大化してきた。その背景には、現在、産業の中心を成す第3次産業が、集積により投資効率を上げるという動かし難い経済的な合理性がある。都市への「一極集中」は、全世界的な潮流なのである。そんな中、日本は今、世界各国に先んじて、少子高齢化、超高齢社会へと急速に移行している。総人口は2011年から減少に転じ、2013年の時点で高齢化率は25%を超えた。

今後、15~64歳の生産年齢人口が年々減り続けていく状況の中で、日本はどんな国土政策を推し

図 1-1　東京一極集中問題の構図

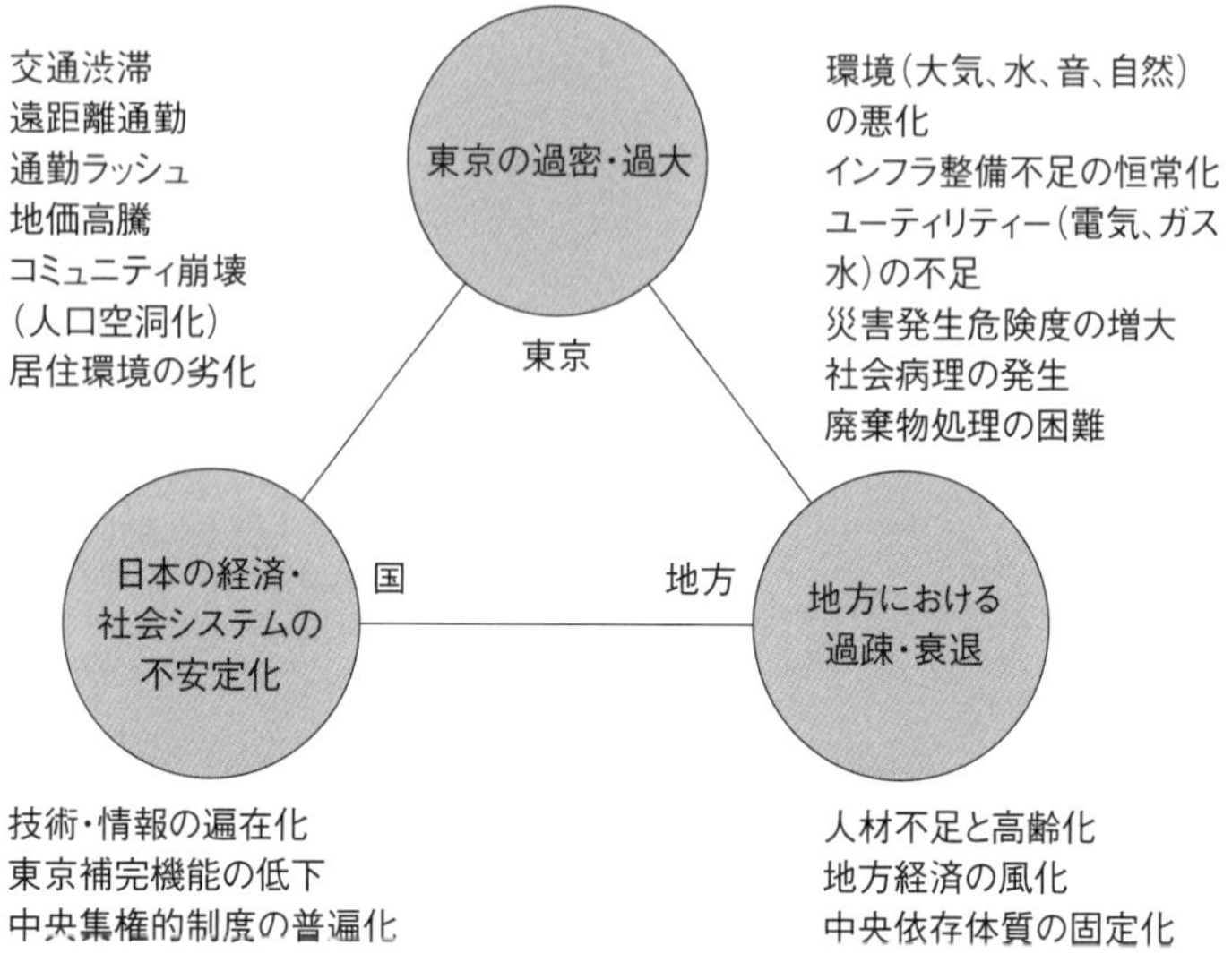

出典：筆者作成

進めていくべきなのか。限られた資源と労働力から日本経済を最大限に活性化させるには、好むと好まざるとに関わらず「選択と集中」しかあり得ないのではないか。

■一極集中問題とは何か

東京にヒト・モノ・カネが集中した結果、実際にさまざまな問題が発生した。特に「東京一極集中」が問題視されたのは、バブル経済真っ盛りの頃で、当時はわが国全体で、東京の肥大化を危ぶむ議論が聞かれた。

図1‐1の「東京一極集中問題の構図」は1990年代初頭、東京に多くのヒトやモノが流入したために発生した諸問題を、「東京」、「地方」、「国」の三つの観点から

図式化したものである。

東京の過密・過大

まず、「東京の過密・過大」によって何が起こったか。

道路計画で想定した以上の交通量が殺到すれば、「交通渋滞」が起こる。また、人々が暮らす住宅や住宅地が都内で不足し、多くの人々は郊外に暮らすようになる。東京郊外で宅地開発が急速に進み、片道2時間の「遠距離通勤」も珍しいものではなくなった。そして「通勤ラッシュ」を招く。

こうした人々の動きと並行して、バブル期には「都心部の業務地化」が進められていた。その背景には、オフィス不足への危機感があった。地上げが横行し、急激に「地価高騰」が進み、不動産バブルが一気に過熱する。人々は郊外に移り住み、都心部は「コミュニティの崩壊」に見舞われた。夜には都心から人がいなくなる「人口空洞化」はその裏返しの現象である。

一方、郊外では下水道整備が間に合わないなど生活環境に問題のある住宅地も多かった。総じて、「居住環境は劣化」していく。

また、大気汚染・水質汚染・騒音・自然破壊など「環境の悪化」も避けられない。道路・鉄道・上下水道・学校・病院などのインフラも、基本的に需要に追い付かず、「インフラ整備不足の恒常化」が続くことにもなる。その影響で、電気・ガス・水といった「ユーティリティーの不足」も懸念される。インフラの整備が遅れれば、「災害発生危険度の増大」も考えておかなければならない。

当時はまた、人口密集地では対人ストレスが高まるということを理由に、犯罪や自殺といった「社会病理の発生」も懸念されていた。

そして「廃棄物処理の困難」という問題もあった。ゴミ埋め立て地としての夢の島はもはや満杯。次にゴミ埋め立て処分場として中央防波堤の内側、さらに外側にまでゴミを埋め始めていた。

地方における過疎・衰退

そういった「東京一極集中」の裏側で起きていたのが、「地方における過疎・衰退」である。地方出身の若者の多くは、東京の学校や職場に吸い寄せられたため、地方では生産年齢人口（15〜64歳）が慢性的に不足しており、「人材不足と高齢化」が問題となる。また、地方都市では高度経済成長期以降、民間企業の工場誘致が盛んに行われたが、工業団地を整備したにも関わらず誘致できた工場の件数が目標に届かなかったケースも少なくなかった。民間の工場の多くは人件費や立地コストの安い海外に建てられていったからである。

その結果、「地方経済の風化」に歯止めはかからず、働き口もないことから、さらなる「人材不足と高齢化」が進んでいった。

それでも、「地方における過疎・衰退」は、地方自治体が壊滅するようなレベルまでには至らなかった。なぜなら、中央政府が補助金や交付金を交付して、地方経済をサポートし続けたからだ。

しかし、この構図はまた違った現象を引き起こす。

「中央政府とのパイプをしっかりつないでおけば安心」と考えた地方自治体は何をしたか。結果として、最も優秀な人材を、地域振興の部門ではなく、霞が関との窓口担当に配置したのである。こうして地方は、「中央依存体質の固定化」という道を進まざるを得なくなった。

日本の経済・社会システムの不安定化

「東京の過密・過大」と「地方における過疎・衰退」は、さらに国全体のバランスにも大きな影響を及ぼす。「日本の経済・社会システムの不安定化」である。

「東京一極集中」が加速すると、ヒト・モノ・カネだけではなく、技術や情報まで、東京に集中した。その結果、国土は「技術・情報の偏在化」という、さらにアンバランスな状態に陥ってしまった。また、東京が独り勝ちすることで、大阪、名古屋といった他の大都市の力が相対的に落ちていき、「東京補完機能の低下」をもたらした。東京に何かあった場合、バックアップすることが難しくなっていったのだ。

しかし考えてみれば、中央集権国家である日本（州が力を持つ米国と対比してみると分かりやすい）で、中央省庁が東京で全国のかじ取りをしている以上、「東京一極集中」は構造的に起こりやすい。すなわち、「東京一極集中」は、「中央集権的制度の普遍化」と表裏一体の関係にあるのだ。

現在の状況

以上述べてきたように、バブル経済真只中に、わが国では「東京一極集中」がさまざまな都市問題を誘発しており、人々は不安感を抱いていた。しかし、あれから25年以上を経た今、「東京の過密・過大」によって生み出されていた諸問題は、完璧とまでは言えないものの、なんとか改善されている。

例えば「交通渋滞」は、ある程度我慢できるレベルにまで解消してきている。鉄道に関しても、郊外電車の複々線化など、政府の補助金と鉄道会社の企業努力により、「通勤ラッシュ」時の乗車率は明らかに改善した。都心部の地価が下落したため、タワーマンションなど多くの住宅が都心部に建設され、新たな住民が移り住み、以前とは異なったコミュニティが形成されてきている。

都市再開発も大胆に進められ、多くの公開空地がつくられるなど、「居住環境」も目に見えて向上した。また、環境保護関連の法整備が進んだため、東京の大気も水質もクリーンになり、自然環境も改善されてきている。

現在、「東京一極集中」がもたらしてきた深刻な都市問題の多くは姿を消したにも関わらず、東京以外に住む人、そして東京に暮らす人々さえもが「東京一極集中」にいまだに否定的なのはいったいなぜなのだろうか。

■都市と地方の関係

日本の都市化は、1955年以降に地方の農村から地方都市へ、さらには地方都市から大都市へと人口が流れる形で起きた。1980年以降には3大都市圏の中で東京が抜け出し、「東京一極集中」の構図ができた。そこで、地方の衰退は止まることなく進行した。

2014年12月、第2次安倍改造内閣において、「まち・ひと・しごと創生法」が施行され、地方創生本部が内閣常設の組織となった。その法律の第1条の「目的」についてこう書かれている。

「この法律は、我が国における急速な少子高齢化の進展に的確に対応し、人口の減少に歯止めをかけるとともに、東京圏への人口の過度の集中を是正し、それぞれの地域で住みよい環境を確保して、…地域における魅力ある多様な就業の機会の創出を…まち・ひと・しごと創生に関する施策を総合的かつ計画的に実施することを目的とする」

ここには、「東京圏への人口の過度の集中を是正」と明記されている。

しかし、この政策理念だけで地方の衰退に歯止めがかかるのか。東京圏への人口の集中を抑えられるのだろうか。

この地方創生政策の有効性については、まちビジネス事業家の木下斉氏がきわめて明快に解説している。そもそもの問題は、地方創生に必要なのは「おカネそのもの」ではなく、「おカネを継続的に生み出すエンジン」を創り出すことにあるのに、それに成功していないことにある。

なぜなら政府の補助金で行われる事業は「公共性がある→補助金を出す→利益は出してはいけない」という概念に基づいており、単なる「所得再配分」では達成できないからである。

補助金を配ったその途端に、その事業に必要な各種経費として消えてしまい、それで終わる。1サイクルしか、経済が回らない。その仕事を地域の外などに外注してしまえば、一度来た予算は地元から流出する。

この外部への資金流出の背景にコンサルタントの存在が指摘されている。地域での事業には、主観に基づく決断と実行が不可欠となる。横から客観的なスタンスで助言をしても、それを実行できるチームがなければ、何の役にも立たない。そこには、安易にコンサルタントに任せる地元の他力本願な姿と、税金だから「結果三流」でも誰も困ることのない構造がある。

もちろん、政府も過去のたびたびの地方活性化の失敗の経験から、今回の地方創生では計画の達成目標を求めて、このベンチマークに届かない場合は、補助金を打ち切るという鞭を当てている。そのため、目標値は達成可能なものだけにしておこうという風潮まで表れているといわれている。

■各地方発展の経緯と今後の可能性

こうした地方活性化の政策の失敗が、「地方はどうなってしまうんだ」という不安につながる。これまでの歴史を簡単に振り返ると、これからの姿が見えてくる。

図 1-2　大都市への集中パターンと西日本国土軸

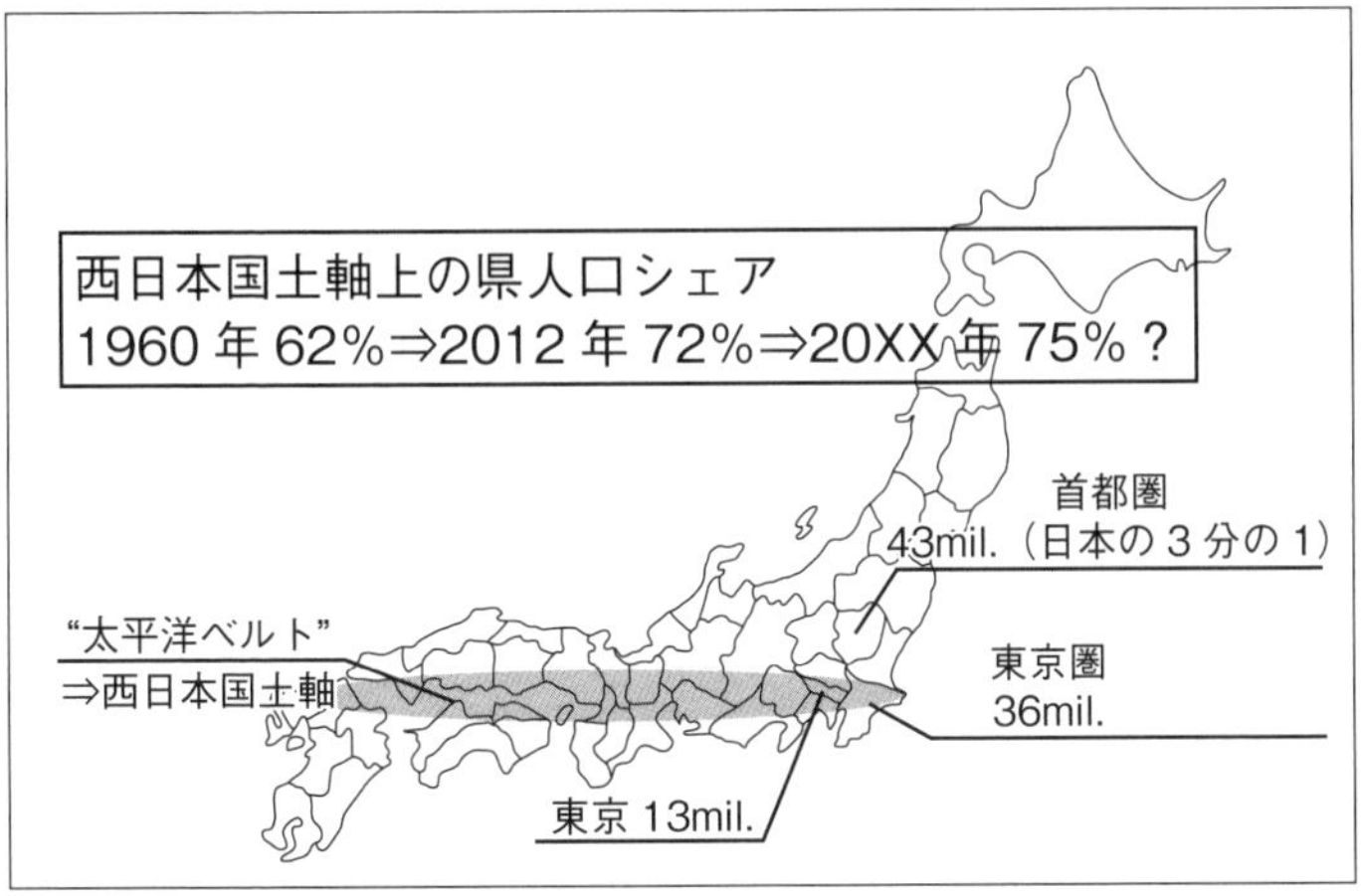

出典：筆者作成

高度成長期、日本の発展を支える重要なエリアと認識されていたのが「三大工業地帯を含む太平洋ベルト地帯」だ。京浜・中京・阪神工業地帯を核に、日本が戦後、製造業を柱に世界第2位の経済大国へと躍進した原動力となったのであった。

だが、日本の主要産業は、すでに製造業ではなくなっている。現在の日本の繁栄はサービス業を主体とする第3次産業に支えられているのだ。だとすれば、この太平洋ベルト地帯に、日本経済を牽引《けんいん》する力はもう残されていないのだろうか。いや、そんなことはない。太平洋ベルト地帯は西に延びて、今や、東京・名古屋・大阪・広島・福岡という大都市圏を結ぶ日本経済の生命線となっている。1998年策定の第5次全総「21世紀の国土のグランドデザイン」で、この西に延伸した軸には「西日本国土軸」という新たな名称が与えられたのである（図1－2）。

東京一極集中が進む日本ではあるが、今後もこの西日本国土軸の重要性は揺るがない。2012年の時点で、西日本国土軸には日本の全人口の72％が集まっていて、この数字は、20年後にさらに75％にまで伸びると予想されている。

東京－名古屋－大阪－福岡は主要高速道路と新幹線の大動脈で結ばれ、2027年には東京－名古屋が、2037年には東京－大阪がリニア新幹線で結ばれることになる。旧太平洋ベルト地帯の3大都市の連携はさらに緊密になるだろう。特に、サービス業に強い東京と製造業に強い名古屋が、リニアによりわずか40分で結ばれることで軸上に新たな展開が予想される。

関西圏についてはどうだろうか。じつは、大阪府・京都府・兵庫県の人口は合計すると約1700万人に達する。そして、大阪はもう一つ、他の都市には担えない重要な役割を担っている。東京のバックアップである。これは国の設計上とても重要な視点となる。

そして福岡は、地理的に見て九州という明確なテリトリーを持っている強みがある。九州全体にガバナンスを利かせる都市が福岡以外に考えられない以上、今後都市の発展に急ブレーキがかかることは考えにくい。また、成長が見込まれ世界中から資金が流れ込む東アジアの諸都市に最も近いという地の利は大きい。

札幌はどうか。札幌も、福岡と同じく明確なテリトリーを持っている。広大な面積に加え、豊かな水資源、観光資源などという多彩な武器をいかに生かせるかが生き残りの鍵となるだろう。

東北地方は、新幹線が開通して以降、経済活動では実質的にはすでに東京圏に組み込まれている。

特に中心都市である仙台と東京のアクセスの良さは、出先機関の多くを不要にした。東京圏が元気な限り、仙台を中心に東北各地が経営されるという構図は引き続き顕在だろう。

それ以外の地方はどうであろうか。地域の個性や役割を考え、現実にできることから行うことに尽きる。もちろん、地域の賦存資源（人材も含む）を最大限に生かすとともに、それを実行できるリーダー（企業、団体、個人）の発掘と育成である。そのためには、地元の現状認識と熱意が不可欠である。

新幹線が接続した北陸は、ストロー効果どころか、東京の「あふれ」の受け皿として次の成長への兆しを見つけている。大都市部から地方への人の流れは、単に待っていても、国主導の政策でも簡単には実現しない。静岡県南伊豆町のようにふるさと納税で収入を上げ、杉並区と提携して特別養護老人ホームを建設するなど、一矢を報いる形で頑張る所がある。そうした地道な一歩が、結局、地域の未来を切り開くのではないだろうか。

■おわりに

日本全体で人口減少が進む中で、これから10年以上、東京圏では人口増加が続くことが予想されている。一極集中は依然として進行するのである。東京圏への人口の過度の集中を是正するだけでは、地方の将来は見えてこない。今、地方に何ができるか、その自問が答えにつながるかである。

3　国の形——統治はどうあるべきか

わが国にとっての最大の課題とそして弱点は明確な「大都市政策」がないことではないか。大都市の存在を前提として地方のあり方も含めてこれからのグランドデザインを描かねば、人口減少社会が現実となっている日本の姿が見えてこない。

■メガシティの登場にどう向き合うのか

もちろんわが国に都市政策がなかったわけではない。千年以上も都の地位を保つことができた京都をみればそれは分かる。江戸の街の歴史は200年を超す。しかし、農耕を主たる産業としてコミュニティを形成してきた歴史は、色濃く日本人の思考形態と制度に大きくその影響を与えている。21世紀になって地球上で顕在化し始めたメガシティの存在にどう向き合わねばならないのか。

安倍政権の地方創生政策が発表されてからすでに数年が経過している。大都市東京の肥大と、その一方で進行する地方の衰退は、長く農村と地方に土台を築いてきた保守政権にとっての解決しなければならないテーマとなってきた。その結果、そこには大都市いわゆるメガシティを扱う積極的な政策の発動の姿はない。バブル経済崩壊後の日本の復活にあたって、小泉政権は2002年に都市再生本部を立ち上げて、大都市の力を借りて日本の国力回復を図った。しかし、その後の政策の流れは地域創生本部となり、大都市と地方経営の視点からのマトリックスでこの国の将来を目指す方向とはならなかった。もちろん、高度経済成長期の1960年代から首都圏基本計画や近畿や中部を扱う広域圏の整備計画は策定してきたが、それが戦略的な都市政策かと問われれば、それはむしろ大都市肥大の制御的な意味合いを持った思想で策定されたものであったと言わざるを得ないのではないか。

すでに都市部の人口が4分の3を超し、大都市が人口減少国家の行く末を決める状況となった今、だれが、どこでこの国のこれからの形を描き出すのであろうか。

■道州制の議論と地方創生

道州制は20世紀最後の長い議論であった、そしてまだその議論は続いているのかもしれないが、地方分権は中央集権国家の次なる姿を論じるときの大前提のキーワードである。そしてその受け皿として大きなテーマとなってきた道州制に触れねばならない。

道州制の議論は地方制度調査会の報告書（2006年2月）に結果が示されたが、いくつかの区割りをベースとして中央政府から地方政府への権限の委譲が構想として述べられている。もちろん、権限だけでなく財源も移譲されることになっているが、最終的には日本全体を分割した区割り案を示さなければならない。しかし、それによって地域が自立するかどうかについての現実的な答えをじつは出しているわけではない。また、地方制度調査会の最終答申での道州の区割りの前提は、人口規模や経済規模をバランスさせることにあった。

しかし、そもそも連邦国家の米国の50州や、独立国家の集合体の欧州連合（EU）各国で人口や経済の規模が同じものがあろうか。結局、その答申の中で東京の存在をどうするかについては、いくつかのオプションを示すだけで、結論を出さずに終わっている。すなわち、この日本全体の区割りがデッドロックに乗り上げることになる最大の理由が、東京の存在だったのである。東京特別区はおおむね都心から半径40km圏の範囲で通勤通学で周辺県と大きな依存関係を持って、産業でも生活でも不可分一体の空間を形成している。ところが、道州制の区割りにおいて、東京の扱いはきわめて不合理である。地方制度調査会では区割りについて9道州、11道州、13道州という三つの案を出しているが、11道州と13道州においてはこの都市活動と居住において一体的である一都三県から埼玉県を切り離すことにしている。

理由は、この区割りが各道州が財政的にバランスすることに腐心しているためである。そこでの人々の生活や都市活動、あるいは空間の一体化等についての視点よりも、地域間の均衡ある財政バランス論が前提にあるのである。そもそも日本における過去50年間の国土政策の中で、均衡ある発展というテーゼは、すでに集積・集中が地域によって偏在して、現実の姿とは異なってしまったのである。道州制の議論では、こうした経済メカニズム、とりわけスケールメリットの存在という大原則を見事なまでに消し去っているのである。

ここであえて道州制の区割りの例を持ち出したのは、大都市政策を組み込まないで議論をしてきた日本の国土政策についての大いなる矛盾の例について示したかったからである。もちろん、地方制度と国土政策を策定する省庁が異なるからという当たり前の答えになるなら、日本の将来にとっての不幸でしかない。

こうした道州制の議論は、地方での人口減少が顕著になる中で、小規模自治体が新たな同州ブロックに吸収されて消滅するとの不安から反対の声まで上がり始め、急速に下火になりつつある。そうした状況にあって、地方の衰退の状況に対して安倍政権は地方創生の政策を発表した。

その政策遂行のために、内閣府のまち・ひと・しごと創生本部が2014年9月に「長期ビジョン」と今後5カ年の政府の施策の方向性としての5項目の「総合戦略」を提示している。

1. 地方への新しい人の流れを作る
2. 地方に仕事をつくり、安心して働けるようにする
3. 若い世代の結婚・出産・子育ての希望をかなえる
4. 時代に合った地域をつくり、安心な暮らしを守る
5. 地域と地域の連携

この政府の政策実行についての大前提は、人口減少の進行する国家への危機感である。そのため

の基本戦略は、国民的論議を喚起し、人口減少は国家の根本に関わる問題であるとの基本認識を共有し、中長期的な目標を掲げ継続的に取り組む。そして、地方の発意と自主的な取り組みを基本に、国がそれを支援していくことが示されている。もちろん、政策提案の時期が地方での選挙戦を優位にするためであると言われた事実はあるが、じつは内容的には地方の組み換え、再構築を現実的に目指すことを目的としていると読めないこともない。

すでに、道州制といった地方分権の美しい受け皿を議論をしていてよいレベルではなくなったのである。

■これからのグランドデザイン

では、21世紀の国家の姿とはどういうものなのか。そこで考えねばならない点がいくつかある。

・都市と地方はどのような関係にあればよいか
・成熟経済の下での都市のヴィジョンとは何か
・均衡ある発展、分散政策の結末をどう生かすか
・国際競争力を前提とした都市政策・国土政策とは何か
・地域特性と役割に応じた政策立案と施策実行をいかに具現化するか

第一に、成熟経済に移行した中で、都市と地方はどのような関係にあればよいのか。第二に、均衡ある発展あるいは分散政策という戦後の日本の国土政策ならびに都市政策のテーゼと、そこで明らかになった結末にこれからどのように対応していくのか。第三に、ますます熾烈となる国際競争を前提とした大都市政策とは何なのか、そして第四に、そうした視点に立った上で、国土、地域あるいは都市で、その有している地域特性や賦存資源をこれからどのように生かしていくのか、さらに役割に応じた政策立案と施策の実行をいかに行うのか。少なくとも、こうした認識を持った上での国家の姿を考えなければならない。

そこで出てくるキーワードはいくつかあるが、その類似概念や対峙概念をいくつかあげてみる。

集積とコンパクト化　≒　選択と集中
産業構造の変化　vs.　地域自立の産業
集約生産的地域　vs.　非生産的地域
規制・誘導　vs.　創生・活用

一番重要なテーマは、集積のメリットの最大化とコンパクト化をどう具体化できるのかであろう。これは言いかえれば、言われてひさしいが選択と集中をこれからの政策立案と実行にあたっていかに行うのか、ということに通じるはずである。産業構造の変化については、1970年代に日本の産業を牽引してきた製造業が第3次産業・サービス業にとって代わられるという状況の変化が起きている。こうした中で、果たして、地域が自立できる産業はどのようなものなのか。それはあるのかないのか。あるいは集約的な生産を行える能力を持った地域がある一方で、十分な生産を行えない地域も存在している。しかも地域資源の賦存状況に大きな違いがあるという厳然たる事実が存在している。そういう現実を与条件として、これからのグランドデザインを考え、制度の変革を行っていかねばならない。そこに存在すべき理念は、規制・誘導から創生・活用へのシフトではないだろうか。

都市政策、国土政策の結末は、新たな計画システムを構築しなければならない状況にある。そこでは、都市や国土といったマクロレベルの計画概念は、ミクロレベルにおいては、コミュニティにおける計画の主体がどこにあるのか、どう決めるのかという難題に答えねばならない。また、貧しさからの脱却という戦後の日本のパラダイムは、21世紀の現在どう変わるのか、さらにはどう変えられるのかが問われる。

そしてそれと同時に、今までの国土政策、あるいは都市政策の実施段階における大きな要素であった「行政の指導に基づく規制ないしは誘導」という、ある種の強制力を用いた政策の遂行がこれからもできるのかを問わねばならない。すなわち、上からの押しつけではなく、市民自らが新たなものを生み出す「創生」の意識、あるいは地域の賦存資源を最大限に活用出来る工夫、こうした市民の自発力を念頭におかないと、今までとは違うこれからの将来の姿を描けないのではないか。
そのためには大胆な発想の転換と新たな制度設計が不可欠であることは言うまでもない。それがどこまでできるのか。楽観できる状況にあるのかを自問しなければならない。

■都市と地方のあり方について

都市と地方の位置は、その格差が広がることで21世紀に入って、ますます大きなテーマとなっている。現在の日本は成熟社会に到達している。そうした国家における都市とは何なのか。私はそれについて、以下のように考えている。

経済・社会における物質的生産と人びとの消費欲望水準が飽和に近づき、社会の活力や経済の成長が鈍化に至る状態となるが、主体性を持った個人の知的水準の向上と集成によるパラダイムシフトにより、既存のストックを生かして高次の生活の質への希求をする都市

バブル経済が崩壊した後の90年代中ごろから後半にかけて、それまで元気であった東京を中心とした3大都市圏の生産力は下がり、その結果、日本全体で多くの地域が疲弊し始めた。こうした長期にわたる経済の低迷期を経て21世紀に入ると、新しい状況が生まれつつある。端的に言えば、大都市（とりわけ東京圏）と地方における富の偏在の増加である。

これを具体的に都市圏別の所得税ならびに法人税という各地域が生み出す財政力で見てみると分

かりやすい。2001年度段階における都道府県税は、全国の中で東京都は33・6％、その他の東京圏（神奈川、埼玉、千葉、山梨の3県）は9.4％で、一都四県の東京圏が生み出す富は、日本全体の中では44％を占めていた。その4年後の2005年には東京都だけで42・2％に上がった。そして2014年には震災後の復興税も含んで、東京都は46・0％、その他の東京圏は8.0％となり、東京圏が日本の富の半分以上を生み出す状況になっている。

この東京圏の、肥大状況は人口にも表れている。2000年を越してからの数年間における人口流動を見ると、関西圏、名古屋圏、その他の地域からの流出が起こり、その一方で東京圏のみが人口増加になった。2008年段階では名古屋圏の流出は止まっているが、全国から大きい流れとして東京圏への人口流入が続いている。

こうした中で、富める大都市に対し、疲弊する地方ないしは地方都市をどうするという政策課題が突きつけられてきた。バブル経済崩壊後の国力回復の中で議論された地方分権と道州制、そして、最近に至るまでの地方再生、再興、創生の長年にわたる議論、すべてが大都市・東京の肥大の対極に置かれたものとして象徴的になってきた。

■これからの国土と都市における新たな計画システム構築への論点

成熟化した国家にあって、国土と都市における新たな計画システムを構築する必要に迫られている。それらに関連した自問を並べてみる。

・そもそも計画のゴールとは何なのか
・都市や地域での公共の利益と私有財産の対立をどうするのか
・市場メカニズムと計画システムの対峙
・分散政策と集中政策の限りなき不整合
・都市と地方は対立すべき存在なのか
・計画決定の主体は誰なのか、誰であるべきなのか
・マスタープランとグランドデザインはどう違うのか

これからの日本の人口の推移を見ると2005年段階で1億2800万人すなわち、1億3000万人近い人口を抱えた日本は、2011年時をピークとして過去に例がない形で人口減少に向かっている。そして2050年には1億人を割るか、場合によっては9000万人台になるだろう。人口に対して経済はどうか。2004年の日本の名目GDPの全世界シェアは15・6%であった。これに対して2030年の日本のシェアは9%に下がるだろうと言われている。すなわち現在の6割くらいのシェアにまで下がってしまうことが、予想されている。これから日本の姿、これをグランドデザインとして創るとすれば、この大きな日本における人口構造ならびに産業構造、そしてそ

の規模の劇的な変化を組み入れる必要がある。すなわち国全体でいかにして効率的に生産を行い、人々がいかにして負荷を生まずに生活していくか、その答えが必要となるのである。

コンパクトな国家運営とそのための仕組みが必要となる理由は、この人口構造と経済力に象徴的に表れているのである。

これからこの国のグランドデザインを考えるのであれば、この社会と国土の現実、そして刻々と進む技術革新の状況が無視できない。しかも、これからは成熟社会になることで非常に資源が限られていく。これは財政的にも、人的資源でも、もちろん鉱物資源などさまざまなものが限られてくることを意味する。すなわち、限られた与条件でどうやって、国を運営するかという戦略が不可欠になってくる。

■おわりに

最後に国土の空間の視点から、核となる都市の存在を明確にする。その都市は、一定の集積と今後の発展の潜在力をもって一定のテリトリーを統治していなければならない。その前提で考えていくと、日本は幾つかの大島《たいとう》で出来上がっていることに着目する必要がある。これを簡単に三つに分けて、北海道と本州と九州とし、四国は本州の西につくと考える。とりわけ四国は3本の本四架橋のおかげで、じつは瀬戸内海をはさんで山陽、山陰と一体となる機会を得た。この各々の3つの大島に、一定の集積の、そして将来的に積極的な投資を行える場所を決めることを考える。

本州には、かつての太平洋ベルト地帯を構成した主要都市である東京と名古屋と京都・大阪・神戸があるが、その中でも近畿の3都市は独自のまとまりを持つ関西都市圏と考えれば、残るは東京と名古屋をつないだ東京－名古屋大都市圏ということになる。2027年にリニア新幹線が東京から名古屋を所要時間40分で結び、都市圏内に名古屋が組み込まれ、すでに東京圏の大きな活動圏の一部となっている仙台を加えて拡大東京圏の存在が見えてくる。こうして、全体がコンパクト化する中で、九州島の中心は福岡であり、北海道（島）では札幌が鍵をにぎる。

コンパクト国家の制度設計とは人口減少を前提として、エリアごとの拠点都市を中心とした地域の運営、生産性の高い産業構造など、それぞれが新しい形を作らなければならないはずである。そこに中央政府の新たな役割と存在の理由が求められることになる。

第2章

都市の国際競争力

21世紀は都市の時代だと言われている。第3次産業が飛躍的に成長した1980年代以降、国の力はその国を代表する大都市の力によって左右されるようになった。ヒト、カネ、モノを引きつける都市が国家の趨勢を左右する中で、都市間競争を生き抜ける都市はどこなのか。そして東京の都市力はどうなのか。2008年から世界都市総合力ランキングを開始したが、その時4位だった東京は、現在3位に浮上している。都市が力を発揮するためには、それを生み出すだけの都市機能・基盤と都市構造の存在が不可欠であり、さらに課題認識とそれを政策で解決していかなければならない。

東京は世界都市と呼ばれている。単なる巨大都市や国際都市とは異なった定義がされている。世界都市は、それぞれの国において、その国力を生み出す源泉としての役割を担っている。

20世紀が終わり、21世紀に地球上で表象化しつつあることは、それまで、経済をはじめとする諸活動を牽引してきた欧米の国々や日本の役割に少なからず変化が生まれてきたことである。その兆しは、経済力をつけ始めたアジアのいくつかの国々の動きによって起こされつつある。そして、それらの国々の動きの原動力となっているのは、それぞれの国で1位の地位を得ている大都市の存在なのである。

それまで、欧米の主要国にのみ存在していた世界都市と呼ばれる都市は、もはやそれらの国にとっての専売的なものでなく、台頭著しいアジアの国々にも登場してきたのである。

1980年代以降、世界都市としての地位を維持してきた東京は、依然として、アジアのトップ都市の座を譲ってはいないが、その地位が脅かされつつあることも事実である。それはなぜなのか。そしてその状況を打ち破る政策的な手立てはあるのか。

国際競争力強化のための政策適用の可能性について、本章では、その答えを求めていく。

1　問題の所在

■なぜ都市間競争なのか——世界の都市間競争での東京

2010年に起きた米国でのサブプライムローン問題を契機とした世界的な経済危機からいち早く回復を始めたのは、成長著しいアジアの国々であった。その回復のスピードと規模に比べると、わが国の経済力の回復は必ずしもその状況におかれてはいない。

こうした国家間の国力の差は、1980年代から活発になった国境を越えて行われる経済活動と、その成長の中心となる大都市の存在が、大きな意味を持つことが、歴史的には、明らかにされてきた[1]。とりわけ経済成長の著しい東アジアの国々では、そのエンジンとして、いくつかの主要都市が確かに力を持ち始め、しかも、欧米のそれまでの強力な都市も巻き込んで都市間競争が激化している。

わが国では、国土交通省が2010年版「首都圏白書」で、初めて「国際競争力で都市を語る」と題し、グローバリゼーションの進む時代の都市のあり方に強く目を向けた。2010年4月に国土交通省大臣によって示された成長戦略では、成長戦略が必要となる5分野の一つに住宅・都市分野が選ばれた。本来は5分野のトップに「大都市分野」として選ばれるべきであろうが、この住宅・都市分野での目標の一つ目に、「国際都市間競争に打ち勝ち、世界のイノベーションセンターへ」と記されていたことは高く評価することができる。

現在、人口1000万を超す都市圏の数は世界中で20地域以上を数え、すでに10年を経過した21世紀の世界の姿が明らかになりつつある。すなわち、グローバル化の進展は、地球上において国家(Nation State)という枠組みを超えて、大都市の存在と役割を飛躍的に高めているのである。「都市間競争」というキーワードはそうした状況の変化を背景としている。

都市間競争が激化する世界の状況にあって、東京をはじめとするわが国の大都市がグローバルなポジションを持った都市として機能するためには、その都市政策が地球規模で急激に展開する経済のスピードに的確に対応するものでなければならない。そのためには、確実な戦略のもとで都市機能の高度化、世界を引きつける都市の魅力の向上を図ることが喫緊の課題となっている。

■世界都市としての東京の位置づけ

21世紀を迎え、わが国を牽引する役割を担った東京が、強靭な国際競争力を持った世界都市として存在しなければならない状況には理由がある。

世界都市については、1980年代終わりから90年代にかけて、とりわけ国際金融業が発展する中で顕著となった、「世界都市理論」についての議論がある。「世界都市」とは、一般には「国際的な都市」とか、「世界を代表する都市」とされることがある。しかし、この言葉は専門用語の範疇でいくつかの定義がある。現在、広く認知されているのは、地理学者で都市計画家でもあるロンドン大学のピーター・ホールが、著書"The World Cities"(1966年)の中で、「数ある大都市の中には世界の中枢的業務が過度に集中しているものがある」と述べたフレーズである。

具体的には、政治権力が集中し、強力な行政府があり、さらに国際機関も含めて政府関連業務を行う多数の機関が集まっていることが要件となる。しかも政治・行政の集中だけでなく、経済活動の国家的中枢の役割を担い、そのための基盤施設として大きな港湾を備え、道路や鉄道網が集中し、そして国際空港が立地されていることが不可欠とされている。こうした世界都市は、伝統的にその国家の主要な銀行業務や金融のセンターとなってきていることが多い。

上記の基本的要件に加え、医療、科学技術に関する代表的な大学や研究機関と豊富な人材を有することも要件とされている。さらに情報の収集・伝達の場として、マスコミのネットワークの指令機能であるヘッドクォーターを持つことなどもその要件に加えられることがある[2]。

じつは、「世界都市」の命名をしたのはホールが初めてではない。20世紀初頭に、イギリスの生物学者で、都市計画家であったパトリック・ゲデスが著書 “Cities in Evolution”（1915年）のなかで「world city」という概念を示していることをピーター・ホールが指摘している[3]。ゲデスは産業革命後の工業化の進展と人口増加の中でたゆみなく拡大するロンドンの姿を「都市複合体」と捉え、それを「世界都市」と名づけた。このとき彼が対象とした都市は、ロンドンのほかにパリやベルリン、シカゴやニューヨークなど、当時の代表的な都市であった[4]。

1980年代に、経済活動が世界的なスケールで活発化すると、世界都市の論議が盛んになった。とくに、口火をきった都市計画家であるカリフォルニア大学のジョン・フリードマンは、著書『世界都市仮説』（1986年）の中で、より明確な世界都市の存在意味を述べた。彼によれば、世界都市の存在が、国際資本の集中・集積と国境を越えた労働力の移動の発生にあり、それをコントロールし得るのが世界都市であり、そのため、世界都市は一つの複雑な空間上の都市の階層構造の中に組み込まれる、というものである。すなわち、かつてゲデスが命名した世界都市は中核的な国における第1次都市であったが、このほかにも、そうした国での第2次都市群（ミラノ、マドリッド、トロントなど）、さらには、準中核的な国における第1次都市や第2次都市があることなどを提唱したのである[5]。

いわばこの世界都市は地球上のあらゆる地域と国家を超えて経済メカニズムと政治メカニズムとの相乗効果の上に成り立って存在しているものである。20世紀末までにはその代表的な都市がニューヨーク、ロンドン、パリ、そして東京となった。しかし、世界都市はこの4都市だけに限定されるものではなく、都市への諸機能が集中していく中での一つの完成形としての姿を示しているもので、地球上にはこれからも新たな世界都市の出現が容易に予想される。

コロンビア大学の都市社会学者サスキア・サッセンは著書〝The Global City: New York, London, Tokyo〟（1991年）でトップを行く3大都市に注目したが、この他にも、先進国では、パリ、フランクフルト、チューリッヒ、アムステルダム、ロサンゼルス、シドニー、トロント、香港などの都市、さらには新興著しいサンパウロ、ヴェノス・アイレス、ムンバイ、バンコック、メキシコ・シティがこれから世界都市化の進む都市であることを述べている[6]。

なぜ、1980年代以降、国境を持つ国家にとって代わって地球上の政治と経済を動かす存在としての世界都市が出現することになったのか。それは、金銭と物資の動きが有機的に融合を始めた地球上にあって、それを具現化するためのビジネスと金融活動のセンターが必要となり、これらが人的移動も含めて国境を越えた活動の中で必然的に育成されることになったからである[7]。すなわち、国際的な分業体制の中での新たな集積をもった空間が形成されることが必要になったのである。

このことについて、ジョン・フリードマンは世界都市成立の仮説の中で、七つの相互に関係した命題を提示している。

・世界経済と労働が都市の新たな機能と空間の枠組みを形づくる
・世界のいくつかの主要な都市が空間ネットワークと生産・消費市場の拠点となり他の都市を階層化していく
・都市が持てる国際的な中枢管理機能はその都市が有する生産と雇用の反映したものとなる
・世界都市は国際的な資本の集中・集積した場所である
・世界都市は国内外の移民の目指す場所となる
・世界都市の存在は資本主義の矛盾である空間と階層の分極化を鮮明にする
・世界都市の成長は国家の財政能力を超す社会的費用を必要とする[8]

ジョン・フリードマンはこの仮説に従って、中核国の第1階層都市に東京、ニューヨーク、シカゴ、ロサンゼルス、ロンドン、パリ、ロッテルダム、フランクフルト、チューリッヒの9都市を分類した。しかし、彼が行った階層分類からすでに25年以上が経過し、グローバリゼーションはより進展している。

ラフボロー大学のピーター・テイラーが2009年に行った世界の都市階層ランキングGaWCでは第1階層の都市はロンドン、ニューヨークだけで、第2階層に、フリードマンが考えもしなかった、香港、シンガポール、上海、北京の中国圏の4都市が東京、シドニー、ミラノ、パリ、と並んで第2階層に登場している。

第1階層は、世界都市の中で、高水準の機能を要する高度サービス企業が最も多い都市で世界都市ネットワークが最も広く、第2階層はそれにつづく都市と定義されている。立地が良く、高機能を要する高度サービス企業のオフィスは、世界の都市とのネットワークの接続性や連動性が高いという仮定に基づいている[9]。

世界都市は、都市間競争の中でその主役の地位を変えていく。20世紀の世界都市が21世紀もそうである保証はないのである。実際、東京のポジショニングは1990年代においては、S・サンセンやJ・フリードマンが述べたように第1階層の一角を確実に捉えていた。ところが、2009年にP・テイラーが発表した都市階層ランキングでは、東京が第2階層にランクダウンをするという状況を迎えている。すなわち、世界都市としての東京の地位は相対的に低下しているのである。

2　東京の都市総合力

■都市ランキング

都市間の競争を計測するには、国際的視点で行われている都市力比較に基づいた都市ランキングがきわめて有力な手段である。

現在、都市のランキングに関するものは10種類以上が世界各国で発表されている。その中で特徴的なのは、都市のビジネス機能に着目して世界の有力な75都市を対象としたMaster Cardによるランキングと21都市を比較の対象としたPricewaterhouse Coopers（ＰｗＣ）によるランキングである。一方、金融機能に特化した分析にはCity of Londonによる金融センターランキングがあり、50都市を対象としている。この他に、精緻な数値分析よりも統括的な定性分析による世界の５００余りの都市を対象とした中国社会科学院のランキングもある。

いずれにしても、これらのランキングは主として都市のビジネス機能に着目するなど、特別の目的を持ったもの、あるいはそれに関連した機能に特化したものなどの特徴がある。Master CardのWorld Centers of Commerce Indexによるビジネスランキングでは東京は3位（２００７年）であったが、ＰｗＣのCities of Opportunityによるビジネスランキング（２０１１年）では、東京は10の都市活性化領域の分析のうちの6領域で10位以内だが総合で14位となっている。City of Londonの金融センターランキングでは、２０１０年までの数年間に東京は5位から14位の中で変動している。

これらのランキングでは、東京はおおむね世界の４大都市という範疇の一角は占めているものの、個別の機能分野では必ずしもトップ４には入っていない。また、ラフボロー大学（２００９年）のランキングでは、総合力においても世界の都市階層ランキングはロンドン、ニューヨークだけが第１階層の都市で、東京は香港、パリ、シンガポールと同じ第２階層へと滑り落ちている。

２００８年に筆者が作業部会の主査として日本で初めて発表したGlobal Power City Index（ＧＰＣＩ、森記念財団 都市戦略研究所）は上記の世界の他の都市ランキングと異なり、都市の総合力に重点をおいてランキングをしている。世界を代表する主要44都市（２０１１年までは35都市）を選定し、都市の力を表す主要な6分野（「経済」、「研究・開発」、「文化・交流」、「居住」、「環境」、「交通アクセス」）を70（２０１１年までは69指標）の指標で分析し、さらに現代の都市活動を牽引する四つのグローバルアクター（「経営者」、「研究者」、「アーティスト」、「観光客」）ならびに都市の「生活者」という5種類のアクターの視点に基づき、複眼的に都市の総合力を毎年評価している。

このＧＰＣＩのランキングによると（図２－１参照）、ロンドン・ニューヨーク・東京・パリという世界４大都市という第１グループの存在と、それに続いて、シンガポールを筆頭にしてソウル、アムステルダム、ベルリン、香港、シドニーが10位以内に入るほか、11位以下に主としてアジアとヨーロッパ、北米の主要な20程度の都市がほぼ互角の状態で存在している。

すなわち、東京の国際競争力における都市間競争のテーマは、一つに世界４大都市の中での東京

図2-1 世界44都市のランキング GPCI-2017(主要6分野の機能評価)

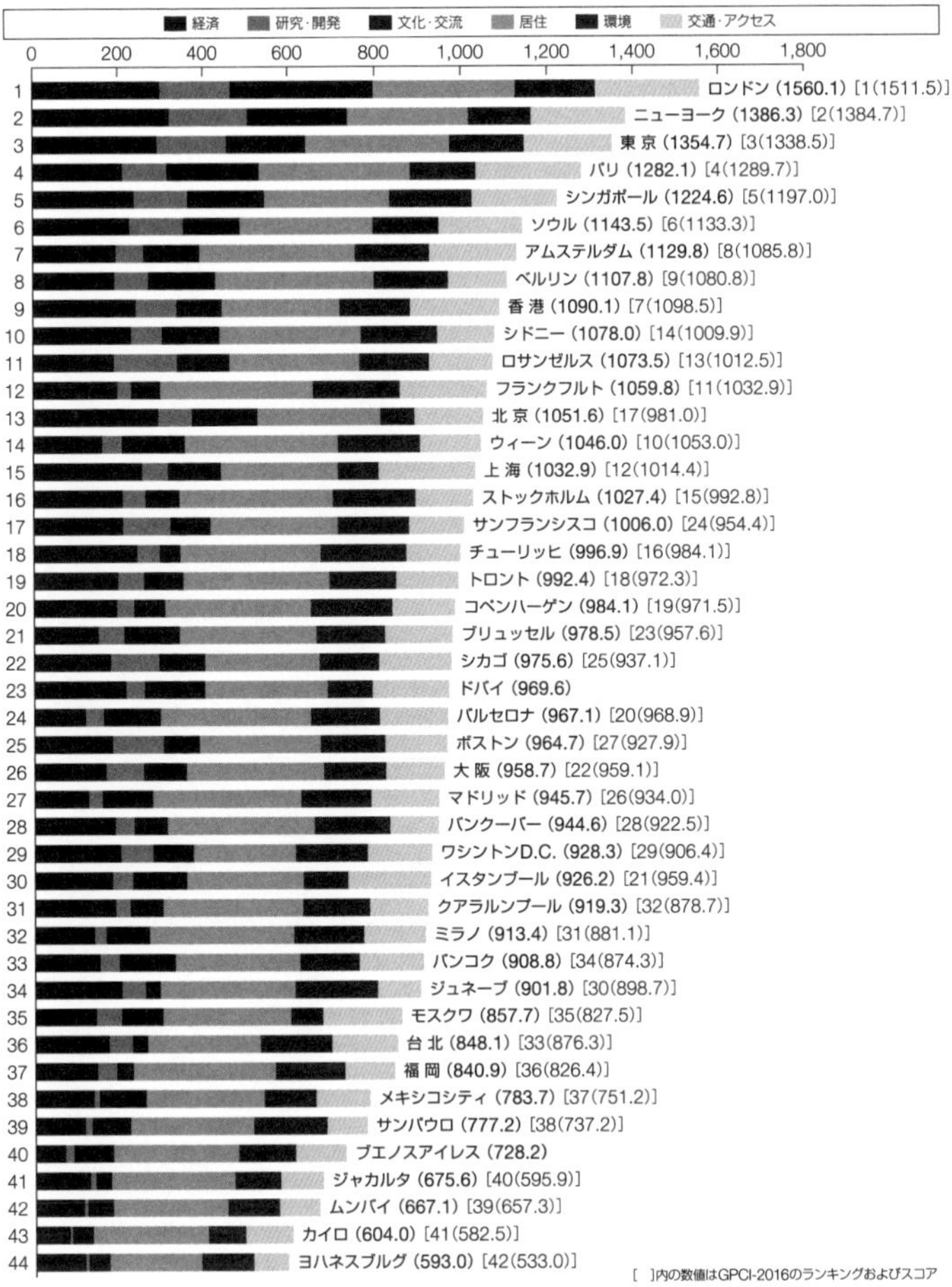

出典:『Global Power City Index 2017』(森記念財団 都市戦略研究所、2017 年)

の力がどうなっているのか。そして、二つ目にひたひたと迫ってくるアジアの諸都市との関係で、東京はどうなるのかという二つの点が検討すべきテーマとして浮かび上がってくる。

■世界4大都市での比較

世界都市と呼ばれるトップ4の中で、東京はロンドン、ニューヨーク、に続いて3位である。1位は6分野のうちで「文化・交流」の分野でトップを取るロンドンである。しかし、そのロンドンはすべての分野で強いわけではなく、たとえば「環境」では7位、さらに「居住」では17位と中位に評価されている。これは2位のニューヨークも同様で、「環境」では30位、「居住」で34位という弱点を持つ。東京はそれぞれの分野がおおむね上位に位置しているが、総合力で上位2都市に敵わない理由は、弱点もあるが、平均を大きく上回って強みとなる指標の数がロンドン、ニューヨークに劣っていることにある。パリは、「交通・アクセス」1位、「文化・交流」では3位であるが総合評価では4位に甘んじている。

世界のトップを取るには、1位となる圧倒的に強い分野を持つと同時に、都市機能の構成要素で多くの平均以上のものを持たねばならないことが分かる。本来、東京はロンドン、ニューヨークとトップを争うべき都市としてのキャパシティを持ち合わせているはずであるが、他都市に対する弱点への的確な認識と、それを克服するための政策の実施がなされなければ、トップ都市の地位獲得への道は容易ではないのである。

また、都市力を競うこれらの世界都市は、じつは排他的な関係にあるのではなく、相互に機能連関する関係にある。この世界の4トップ都市の機能の結びつきを見ると、現在のグローバリゼーションの潮流で主要な役割をもっている金融業におけるニューヨーク、ロンドン、東京の3都市のつながりの強いことが分かる。パリはそのネットワークには必ずしも組み込まれていない。1980年代中盤のバブル経済全盛の時期に確立された国際金融業における世界の3極構造は、現在にあっても、金融機関の本店、支店立地という形でのネットワークの形で依然として維持されていることが分かる。ただし、それがそのまま東京の国際金融業の世界における拠点の一つとしての地位を保証するものでないことも明らかである。なぜなら、東京の取扱量は他の2都市に比べて低下しつつあり、もはやアジアの拠点としての地位を失い始めているからである。

3　東京の課題

世界の主要44都市の総合力を70指標によって比較分析すると、東京の課題が明らかになる。

■経営者の評価が低い東京

東京の「経済」機能は現在、世界4位であるが、北京が3位、上海が5位、香港が7位、シンガポール8位、とアジアの台頭する4都市のうち1都市は東京を抜き、残り3都市も東京のすぐそこに迫ってきている。これらの都市の経済力が急速に高まってきてはいるが、他の指標のスコアがまだ低いために、総合的な評価点の上では結果的に東京が総合力で何とか今の地位を守っているという構図になっている。

ところが、アクター別ランキングのうち、都市の経済力に密接な関係がある経営者の視点によるアジア都市のランキングでは、シンガポール（2位）、北京（4位）、上海（7位）、香港（9位）となり、東京は5位であるものの、依然としてシンガポール、北京の後塵を拝している。2011年に東京都がアジアヘッド・クォーター特区を定めたとき、東京の順位は9位で他のアジアの主要都市に敵わなかったことを思えば、5年を経過して少なくとも改善されたが、経済での世界ランキングが4位であることを考えれば、もう一息の努力が必要である。

今後、アジアの有力都市がますますその力をつけていく中でこれらの都市がランキングを確実に上げていくであろうことは疑いがない。たとえば、各都市の地域総生産の状況がそれを示している。円の為替レートの推移にもよるが、仮に、現在のトレンドで今後も成長が推移すると仮定すると、10年程度で、東京は北京と上海に抜かれ、20年程度でシンガポールと香港に抜かれる可能性があると言われている。

もちろんＧＰＣＩで示された都市の総合力の指標は70であり、このうちＧＤＰ関連の指標は二つであり、それだけでアジアの盟主・東京の地位が向こう10年で他の都市にとって代わられる脅威にさらされるという論理には直接はつながらないが、かなり状況には変化の出ることが推察できる。

この状況を回避するために、東京は２０１１年に具体的に示された東京都のアジアヘッド・クォーター特区の政策、２０１４年の政府の国家戦略特区の政策等を着実に実行しなければならない局面に立たされていることは明らかである。

■東京の強みと弱みの分析

東京が都市ランキングで世界第3位に留まっている大きな理由はすでに述べたように、いくつかの指標に弱点があることと、平均を大きく上回って強みとなる指標の数が少ないことである。とりわけ弱点とされるのは、経済分野における市場の魅力、居住分野における居住コスト、環境分野における大気質、交通・アクセス分野における国際交通ネットワークの4指標グループである。一方、偏差値で65を超して強みとされるのは、経済における市場の規模など9指標グループである。

ここに示した東京の四つの弱点はこれまでも広く認識されてきたものである。「法規制・リスク」の問題点は従来から言われてきている企業立地や活動における経済的なバリアである。この指標グループに含まれる法人税率の高さが問題でその順位は33位と低い。高い法人税の是正については、その緩和の議論が長くされてきているものの、それが実施されたとしても依然として欧州・アジアの都市より高い状況にある。「市場の魅力」の指標グループは、GDP成長率が44都市中36位となったことが響いている。「文化資源」の指標グループは3指標からなるが、ユネスコ世界遺産（都心から100㎞圏）が20位である。「居住コスト」が高い問題は東京だけではなく、ロンドンやニューヨークでも同様であるが、居住環境を推し量るうえでの一つの重要なファクターである。居住コストの指標グループに含まれる2指標のうち、賃貸住宅平均賃料が28位で平均を下回る程度であるが、物価水準が35位でありこれが足を引っ張っている。「国際交通ネットワーク」は国際線直行便就航都市数、国際貨物流通規模からなる指標グループだが、前者が26位と若干低く、ソウル、シンガポール、香港に水をあけられる結果となる。

そして、もう一つの理由である偏差値65以上の指標が70指標のうち18であることが問題である。ちなみにロンドンは21指標あり、しかもその数値が高い。

ちなみに、東京の四つの弱点のうち、空港までの時間を30分に、国際線の数も増やしてソウル並みにし、さらにロンドン並みの経済自由度と法人税率ということで法人税率31・88％を25％に下げ、外国人を増やすという想定をすると、あっけなく総合力でトップになってしまう。

■平均から抜け出せない指標

東京が3位に甘んじている理由は、上記の弱点に加えて、平均を大きく上回って強みとなる指標の数が少ないことである。そこで課題となるのは、平均は上回っているものの、偏差値が65を超していない指標の存在である。

これを東京の個別課題として見ていくと、「文化・交流分野」においては、「交流・文化発信力」、「文化資源」、「集客施設」、「受入環境」、「交流実績」の指標グループが該当する。交流・文化発信力は3指標からなるが、このうちコンテンツ輸出額が15位、集客施設は3指標からなるが、このうちスタジアム数が15位と平均を若干上回る中位に位置する。文化資源は3指標からなるが、このうちユネスコ世界遺産（100㎞圏）、文化・歴史・伝統への接触機会は20位である。受入環境はハイクラスホテル客室数と英語で予約できるホテル総数から等4指標からなるが、前者が18位と順位を上げられていない。交流実績は3指標からなるが、このうち外国人居住者数が12位で、未だトップの世界都市としては低い。

「居住分野」は14位と他の4分野に比べて低いが、この分野を構成する五つの指標グループのうち「就業環境」、「居住コスト」、「安全・安心」、「生活良好性」の四つで弱点を持っている。就業環境の指標グループでは総労働時間が34位と低い。安全・安心の指標グループでは自然災害の経済的リスクが38位と低く、東京の安全性が高いといわれながらも数値としての評価に必ずしも表れてこない。

「環境分野」は12位で、「大気質」、「自然環境」を構成する一部の指標で、CO_2排出量33位、S

O_2濃度・NO_2濃度31位、都心部の緑被状況24位と平均を下回っている。

やや弱い指標グループとして「交通利便性」、「都市内交通サービス」が指摘される。これらは都心から国際空港までのアクセス時間とタクシー運賃などの指標で構成されている。都心から国際空港までのアクセス時間が28位であるが、成田空港を持つ東京にとっての避けられない課題である。

ともにそれぞれが簡単に解決する問題ではないが、現在の総合力として東京のファンダメンタルズはトップではないが、じつはかなり高いという判断もできるのである。このうち弱点となっている「交通・アクセス分野」も、2010年7月に北総線経由で日暮里と成田空港を結ぶスカイアクセスが開通して若干の所要時間が短縮された。しかし、ロンドンのヒースロー空港から都心の西方に位置するパディントン駅への直行急行の所要時間が15分であるのに対して、同じように都心まで行っていない成田から日暮里までのスカイライナーは36分とロンドンには敵わない。ただし、羽田空港発着の国際便の増加により、東京の弱点は少し緩和される状況となっている。少なくとも交通アクセスと経済活動における自由度を上げる努力をすれば東京のランクは世界4大都市に匹敵するものになるのである。

こうした個別の指標がそれぞれ10位以内に入ることになれば、指標グループとしては世界の5位以内に入ることになる。それは、トップ都市への解決の課題の一つである。

4 都心で見た都市の意味

上述した都市総合力は、原則として、それぞれの都市の行政区界をベースにして分析を行っている。ところがパリ市の市域と上海市の市域を比べると、現実には10倍以上の開きがある。この2都市は極端な例であるが、都市活動という視点から見れば、現実には行政区界にはこだわらずに、郊外も組み込んで考えることの方が妥当という考え方も可能である。しかしながら、都心から30〜50㎞までに広がる都市圏においては、個別の指標についてのいくつかのケースを除いては、現在のところ具体的な都市圏力の総合的な比較・分析の研究は存在しない。なぜなら、人口集積と都市圏の広がりの範囲が大きくても、都心と郊外域との機能連結の状況が異なっていると、それがそのまま都市の力の評価につながるとは限らないからである。

東京の場合でいえば、23区の人口が900万人あまりであるのに対して、50㎞圏の人口はゆうに3000万人を超しており、東京の都市活動はこの圏域で分析する意味はあるが、そのパターンは上海にはあてはまらない。なぜなら、都心と郊外を連結する交通網体系が東京とは異なってまだ脆弱だからである。

それに対して、都市の総合的な力は行政区域での都市圏域よりも、実際には都心から10㎞圏あたりまでで行われる都市活動の貢献度によって決定されるという考え方もできる。この場合は、国ごとの市域の異なった定義に左右されることなく都市間の相互比較が可能となる。また、少なくとも大都市においては、都心から10㎞圏での都市活動においては、機能連結の状況にあまり差異はないので比較の有効性が高まることになる。

■都市にとっての都心の魅力

GPCIにおける分析では、ニューヨークとロンドンは居住や環境の分野での弱点を持ちながらも、経済や文化・交流の分野で非常に強い力を持ち1位と2位を確保している。4位のパリは、上位3都市と比較して全体的にバランスの良いスコアを獲得しているオールランドプレーヤーと言える。3位の東京については文化・交流と交通・アクセスの分野は低いスコアだが、経済や研究・開発の分野での高いスコアでそれを補っている。

5位のシンガポールは東京と同様に文化・交流の分野でのスコアの低さが目立つが、交通・アクセスについては東京のスコアを上回っている。ソウルについても研究・開発の分野での強みを活かしてアジア都市の中ではトップグループ入りを果たし、9位の香港は経済の分野で強さを発揮してトップ10入りを果たしている。

ところが、GPCIのスコアを分析すると、必ずしも都市の規模がスコアに反映するとは限らないことが分かる。顕著なのはパリ市で、人口200万人強の程度でありながら、総合力で4位を獲得している。さらに、いくつかの指標を詳しく調べると、極めて高い割合で都市の中心の限られたゾーンに主要な機能が集中していることが判明する。そのゾーンとは、いわゆる都心＝Inner Cityと呼ばれるエリアである。

すなわち都心の状況を分析することで、都市力を評価することの意味も生まれてくる。そこで都心をどう捉えるかにあたっては、パリ市の規模とほぼ等しい「半径5㎞」ゾーンをまず「都心」と定義する。さらに、20世紀以降多くの大都市に見られる都市の多極化＝Polycentrismの要素を包含するエリアと考えられる「半径10㎞」ゾーンについても都心に準ずるゾーンと見なすこととする。この都心から5㎞圏、10㎞圏を対象として都心の都市力の把握を行った。

具体的にはGPCIでトップを占める4都市と、アジアで力を持つ東京以外の4都市の合計8都市について、「都心」のレベルでの評価を行う。そして、この都心の分析をGPICI（Global Power Inner City Index）と名づける。GPICIは、GPCIの6分野（経済、研究・開発、文化・交流、居住、環境、交通・アクセス）・70指標の中から、都心において定量的に把握することが可能で、かつ可視化できる指標を抽出した。さらにこれに都心独自の指標を加えた合計20の指標によって分析を行う。また、対象都市の行政区域における人口や地理情報を都心区域との比較のために表示している。

さらに、GPICIの20指標を六つのグループに類型する。その意味は、都心においては、

①Vital：活力がある

②Cultural：文化的である
③Interactive：接触機会が多い
④Luxury：高級感がある
⑤Amenity：便利で快適である
⑥Mobility：移動し易い

という六つの主要な評価視点が都市力を評価するにふさわしいという判断であり、これらの要素を「都心の財産＝Property」であると定義する。

★都心における活力を示す指標群

①Vitalについては、まずその都市の居住者数を採用している。より多くの人が住んでいるほど活力が大きいとの考え方である。次に、「100m以上のビル」の数をカウントする。その数が多ければ、多くの人たちがその地域で働き、住まい、あるいは滞在しているという判断からである。また、「世界トップ企業」をこのグループに入れたが、数多い企業活動を代表するという判断からである。

②Culturalとしては、都心の文化レベルを示す指標群で、「世界トップ大学」、「劇場・コンサートホール」、「美術館・博物館」、そして「スタジアム」の数を指標として用いている。

③Interactiveを表すためにはさまざまな要素が考えられるが、見知らぬ人々が同時に集まり個別にコミュニケーションを取る見本市などに利用される「コンベンション・センター」は、都市において最もマッシブな接触のためのプラットフォームの一つと言える。また、国際的な接触機会という観点から「インターナショナル・スクール」と「大使館・領事館」をこの指標として用いている。

④Luxuryを表す指標としては、「ハイクラスホテル」、「世界トップ・レストラン」、「ラグジュアリーファッションブランド・ショップ」によりそのレベルを測る。

⑤Amenityは、生活のしやすさを示す指標で健康の維持が生活に大きく影響することから「総合病院」の数を指標の一つとして取り上げている。さらに、さまざまな商品を手軽に買える「大規模ショッピング・センター」が充実していることや、身近で手軽に自然に触れる環境が快適な生活に欠かせないアイテムとして「公園・緑地」で測る。

⑥Mobilityは、移動の手軽さを、都心を手軽に快適に移動できる鉄道の充実度を「駅（地下鉄・鉄道）」数で、都心を車で移動するときの手軽さを「高速道路」のネットワークの良さで、それぞれ測ることを試みている。さらに、都心から手軽に海外都市へアクセスできることも重要であることから、国際空港までのアクセスや空港自体のパフォーマンスも「空港（アクセス・利便性）」、「空港（キャパシティ・実績）」という指標として用いている。

■都心の総合力比較

「都心」を2段階のエリアで分けて、「5km圏」と「10km圏」のデータに基づき、それぞれ集計したデータから、世界の主要な8都市（ニューヨーク、ロンドン、パリ、東京、シンガポール、香港、ソウル、上海）による相対的な指数に置き換えた100点満点のスコアを算出する。そして、20指標のスコアを5km圏および10km圏でそれぞれ合計することによって、各都市の総合スコアを得る。これによって、都心を形づくる20の指標に基づいて8都市の比較が、各都市の強みと弱みが相対評価として明確になってくる。最終的にこれらの要素をすべて積み重ねて「都心の総合力（インデックス）」を測ることを試みる（図2－2参照）。

「総合力」とはどういう力か—それは、弱さをカバーするに余りある強みを多く備えた、全体的に質と量ともに多くの魅力を持つ都市である、ということである。

集計は、原則として数値で測れる指標を選ぶ。例えば劇場・コンサートホールであれば数と座席数の両方の要素を組み込み、美術館・博物館であれば数と都市内の最大入場者数の両方を算入している。また、20指標について、すべてのウェイトが均等になるように、指標ごとに100点満点の指数化を行っている。指数化の方法は、指標の中で最大の数値を100とした時にそれぞれの数値から相対的に算出されたスコアを計上している。一つの指標で、劇場数と座席数のように複数の要素がある場合は、それぞれを指数化し、その平均値を指標のスコアとして採用している。

図 2-2　都心インデックスの構成

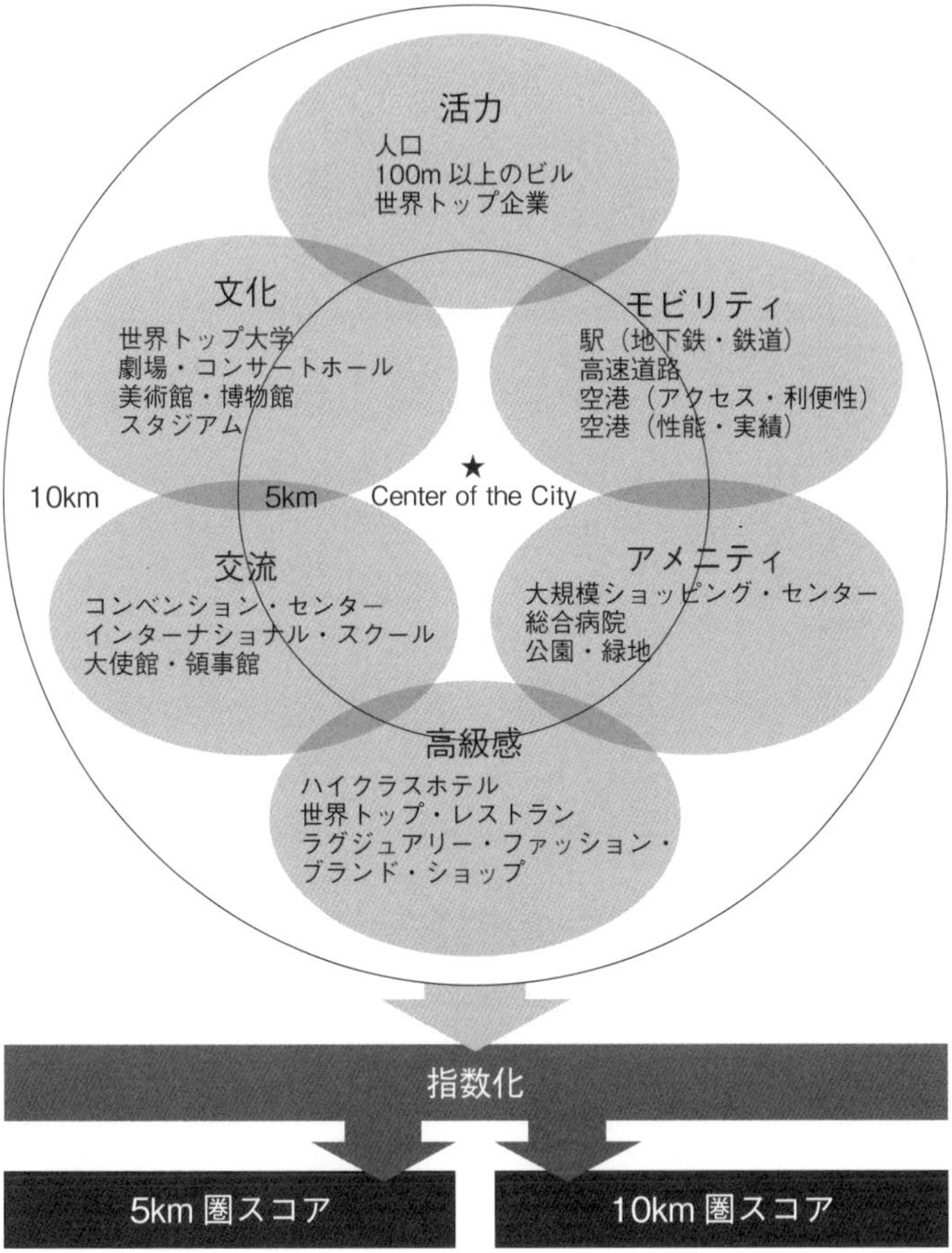

出典:『世界の都心総合力インデックス』（森記念財団 都市戦略研究所、2010 年）

分析の結果は、5km圏では香港がトップで、その他の都市から抜きん出ている。パリは、GPCIの総合順位では4位であるが、都心においては圧倒的な力を有している。指標別にみると、「100m以上のビル」と「緑地・水辺率」以外は一定以上のスコアを獲得し、総合的な力を発揮していることがグラフから読み取れる。次いで東京が2位、3位パリ、4位ニューヨークと続いている。

GPCIで2008年以来トップ4都市を占めるニューヨークは都心でも最も強い力を持つことが予想されていたが意外な結果となった。また、GPCIで総合3位の東京は、都心比較では2位と順位を上げており、高い評価となっている。

GPCIで2012年以来7年連続の総合1位であるロンドンは、ここでは5位に甘んじている。さらに、シンガポール、上海と続き、ソウルが最下位という結果となり、ここもGPCIと順位の逆転が生じている。

次に10km圏では東京が1位であり、全体の順位差が縮小していることに気づく。2位はパリで5km圏と変わらず、3位香港、4位ロンドン、5位ニューヨークと続く。5km圏で最下位だったソウルはここで6位に浮上し、7位は上海、最下位がシンガポールという結果となった。

5　都市にとっての都市圏の役割

■都市圏の役割

都市という表現は、その言葉を用いる人の認識によって多種多様である。たとえば都市に何らかの政策的な関わりを持った立場の人にとっては、空間規模や都市活動を規定せずに用いるには抵抗がある。

２０１2年の5月から韓国南岸の麗水市で開催された万博では、自然資源に恵まれながらも、30万人を切って人口減少に悩む「都市の将来」の姿を模索する議論が真剣になされた。そこでは膨張する都市圏の将来や、世界の都市間競争などとは別世界の都市の話があった。バブル経済真只中の80年代後半、東京への集中が大きな議論となったとき、ドイツの都市では集中も起きなければ開発の不整序がそれほど問題にならないと真顔で語られた。都市規模で10倍以上、都市圏では20倍も30倍も違う器を同列に並べて議論しようとしていたのである。

人々にとっては、自らの活動と移動の範囲が都市と意識する単位となるであろう。ところが、一般的な認識でいえば、行政単位で示される範囲をもったものが都市であり、これは比較的多くの人が前提と考えるレベルである。

しかし、都市活動の実際を考えるのであれば、当然のことながら行政単位の都市を越えて空間的に都市活動とその集積を持つ都市圏全体で考えないと現実的ではないという解釈もできる。東京をたとえにとると、都市活動の中枢としての都心3区〜8区があるが、都心総合力インデックス（GPICI）でのベースとなったエリアである。

より広い一つのまとまりでは旧東京市に該当する23区、さらには三多摩も含んだ東京都がある。

これは都市総合インデックス（GPCI）でのベースエリアである。また都市圏となると、第5次の首都圏基本計画で国土庁によって定義された半径30～50km圏である東京都市圏、一都三県の東京圏、さらにそれに周辺4県を含んだ首都圏などがある。人口規模は東京圏で約3600万人、首都圏で約4300万人である。もはや世界のどの都市も追いつけない巨大都市圏である。

世界の主要な10都市の都市圏について分析を行った。それぞれの都市圏で異なった人口集積と人口密度が存在するが、これらを眺めるといくつかの興味深いことが分かってくる。

人口集積でみた都市圏の広がり

東京の都市圏の人口集積にやや似たパターンをとるのは、ロサンゼルスで、実はニューヨークやロンドンではない。しかしそのロサンゼルスでも、人口集積の空間的広がりは東京の3分の1程度である。また、多くの都市の都市圏の広がりは同心円状ではなく、東京の場合には南西方向の湘南地域については30km圏を越して、50km圏の集積をつくっている。ロサンゼルスの場合には、ビバリーヒルズを越して北西方向に集積を続けている。

人口密度の特徴

アジアの都市では、ソウルが東京より一回り小さい都市圏を形成するが、人口分布で30km圏に人口の半分以上が張りついている状況は東京に類似している。一方、東京は30km圏での人口集積に加えて、それが50㎞圏にまで広がっていることが他の都市との違いである。この集積の広がるエリアは、じつは1999年に国土庁が第5次の首都圏基本計画で規定した「東京都市圏」に近いものとなっている。

都市圏の意味

いずれにしろ、東京は圧倒的な人口集積をほこる世界第1位の巨大都市圏である。ここまで分かると、これだけの郊外人口を都心にいかに滞りなく送り出せるのか、なぜ業務核都市がその役割を十分に達成できなかったにも関わらず、この巨大都市圏を運営できるのかなど、世界最高レベルの東京の都市政策の秘訣がそこにあることが浮かび上がってくる。しかしながら、これが国際競争力にいかなる影響を与えるのかについての判断は即座には下せない。

都市本体を支える都市圏に人口の集積があることは、生産と消費の側面から見ればそうでない都市に対しては明らかに比較優位となる。ただし、そのプラス要因が都市ならびに都市圏にとって有効に働くためには、集積、集中が生み出す混雑などによって機能不全が発生する外部不経済を克服することのできる十分なインフラ整備とスムーズな都市運営が行われていることが条件となる。

交通インフラのネットワーク

すなわち、都市圏が巨大化する中で人流と物流がその都市圏の集積とマッチして適正か否かが問われるのである。この人流、物流をスムーズに行わせることが可能となるのは、道路網、鉄道網を中心とした交通インフラネットワークの整備である。都市圏の人口集積状況が東京に敵わないニューヨーク、ロンドンでも、鉄道網整備は東京に匹敵するものとなっている。また、東京は都心から30㎞圏、50㎞圏における鉄道網が充実している。鉄道延長ではニューヨークに敵わないものの、運行頻度の高密化等で、世界最大の都市圏の運営を可能としている。

なお、ロサンゼルスの都市圏内の主要な交通インフラは道路であるため、鉄道網では他の都市圏に劣っている。

■現状のダイナミズム――都市圏の収縮と都心回帰

都心がこれからの焦点となる中で、世界最大の都市圏である東京に今何が起きているのか。

1980年代のバブル経済期には、都心部での急速な地価の高騰によって、住居を求める人々は郊外に住宅を求めた。都市圏の外縁部へのスプロールである。その人口移動の状況は近郊整備地帯内に顕著に表れた。埼玉県、千葉県の北側において一気に住宅開発が進んだ。巨大都市圏が広がる一方で、都心では人口減少による空洞化が始まった。ところがバブル経済崩壊後の90年代後半には状況が一変する。2000年～2005年には、人口が減少していたエリアが都心を含めすべて急激に増加に転じ、逆に、埼玉県北部、木更津側、印旛沼など郊外では一気に人口減少が始まった。

あれだけ広がった郊外における人口増加が、たった10年〜15年で呆気なく減少局面へ変わってしまったのである。湘南地区や北総線沿線では、現在若干盛り返してはいるが、遠隔の郊外では、都心方面への回帰がますます高まるという状況にある。

それではこの先、都心にどのくらいの人口が増えるのであろうか。バブル期の1991年に東京都で初めての都市白書を作成し、筆者はアドバイザーをしていたが、東京都心の人口稠密状況がどうなっているのかをデータ化するため、都心3区、8区、23区の3地域での人口動向をみた。同様に、ニューヨークでも、マンハッタン南半分のCBD、マンハッタン全体、ニューヨーク。ロンドンにおいては、グレーター・ロンドンでは大きすぎるため、都心3区、都心6区、外側のインナーロンドン＋外周6区。パリでは、パリ都心9区、パリ市全体、周辺3県を比較した。これによって顕著な特徴が分かったのである。東京都心3区の夜間人口密度が50人／ha程度、一方、昼間就業者人口は500人／ha程度。すなわち東京都心3区では、昼夜間人口比が1：8.3、ニューヨークは1：3.7、ロンドンは1：2.7。パリはなんと1：1.5に近い状況であった。確かにパリの都心には夜でも人が多い。

すなわち、東京の都心の人口密度がどこまであがるのかの目安は、ニューヨーク型なのか、ロンドン型なのか、パリ型なのか、数値の高さによってその類似性が変わっていく。バブル期の1haあたり50人という数字は、20年を経た現在、約3割増えており、昼夜間比は少しニューヨークに近づきつつある。仮に最終的に、パリ型になるとすると、都心の人口は飛躍的に増えることになる。たとえば、都心3区の夜間人口が40万、昼間人口が250万人となれば、働くことと住むことでは使用するインフラに違いはあるが、少なくともインフラのキャパシティとしてはあと200万人の人々が都心にも住めることになる。

すなわち、都心回帰現象が続き、世界の都市間競争がますます熾烈になれば、その二つの状況が相乗されることによって、これから都心で戦略的な都市整備をいかに、いつまでに行えるのかの解答が必要であることになる。

現実に21世紀に突入して、東京だけでなく、ロンドン、ニューヨークでも都心回帰現象が顕著になっている。バブル期に昼夜間人口の差が8.3であった東京の都心は、2012年に5.2となり、他の3都市に少し近づいた。ただし、昼間人口に基づいてインフラが整備されてきた東京では、新規の住宅供給にあって新たな基盤整備費が発生しないため、中流階級の所得でも都心周辺に住宅を求めることが困難ではないのに対し、ロンドンでもニューヨークでも都心部の住宅価格の高騰が問題となっている。

6　国際競争力を持った東京の実現

■問題の認識

都市の総合力、都心の総合力、そして都市圏の集積の状況で分かるように、世界の主要都市との比較で、それぞれにおける東京の特徴が明らかにされた。

都市の総合力においては、五つの指標グループにおいて弱点を有している。経済分野では、市場の魅力、法規制・リスクの二つのグループ、文化交流分野における集客資源、居住分野における居住コスト、交通アクセス分野における国際交通ネットワークである。

これに対して、都心の総合力においては、パリとトップを競う状況にあり、大きな弱点はない。もちろん、GPCIで指摘された文化交流や国際交通アクセスに関連する部分での弱点はあるものの、世界のトップ企業数、ショッピングや交通利便性などで、世界トップレベルの水準を維持して、魅力を持った都心を形成している。

都市圏については都市インデックス、都心インデックスのような圏域の機能を定量分析してはいないが、他の主要な10都市圏との比較では、人口集積、稠密性、交通インフラの整備水準から判断して、世界のトップレベルに位置することが分かる。

そして注目すべき点は、バブル経済崩壊後の1990年代後半から都心回帰の動きが顕著になってきていることである。今後、都市圏の収縮の中で都市ならびに都心の状況がどうなるかの判断は簡単には下せないが、少なくとも都心域の昼夜間人口比の現状が世界の主要先進都市に対しきわめて大きく、今後、都心回帰で人口が都心に流入しても都市空間としての受皿についての許容度についてはほとんど問題ない状況にある。

となると、90年代後半から進行する都心回帰現象はどこまで進むのか、あるいは進むことができるのかが焦点となる。

■都市総合力を強靭化する必要性

戦後の急速な成長を支えた東京都心での政、官、民の近接した空間配置と効率的な交通網、魅力ある多様な商業・文化集積、比類なき社会システムの品質と技術水準、治安のよさなどの要素で、東京は世界のほかの大都市に抜きんできた。しかしながら、バブル経済の崩壊後の東京の国際競争力は、世界の中で刻々と下降しつつあるといわれてきた。すでに述べたように、トップ4都市の中で、本来はロンドン、ニューヨークと争うべき1位の座を狙える状況に現在はない。その理由についても、いままでの分析で明らかにしてきた。

なぜ、東京の国際競争力を高めねばならないのか。それは歴史的に見ても、一国が競争力を持つためにはその中心都市が競争力を持つことが不可欠であり、日本においてはその都市は東京であるからである。それは簡単にいえば、東京という都市が持つべき役割が国内の他の都市とは異なるからである。東京の国際競争力を高めることは、日本のエンジンとして富を生み出すことになり、東京以外の国内の都市や地域への最大の貢献を生む結果となる。それとともに、さらに東京の持つ高いインフラの水準と経済力を持って日本から海外、海外から日本、そして日本国内全体のゲートウェイとしての役割を担うことができるのである。その実現のための前提条件は、世界都市の階層における最上位都市のポジションの獲得である。このことを急速に台頭しつつあるアジア諸都市に負けないスピードで行わなければならない。

「創造都市」論を提唱する英国の研究者C・ランドリーは、「都市・地域に根ざす歴史・文化を基に創造性な革新」を期待し、一方米国の都市経済学者R・フロリダは、「都市が創造的な人材を獲得する競争に技術・人材、寛容力などが必要である」と主張している。そのためにはより一層の文化の成熟、さらに国際的な接触や融合、付加価値型産業の創造などが必要となる。彼らの概念からは、空間の開発によって都市が栄えるという20世紀型の単一的価値基準から、歴史、文化、技術、人材とそれらが密接に接触融合する多様な価値観と機能が複合した都市が21世紀のこれから世界を先導してくことのできる都市であるとの可能性が読みとれる。

現在、こうした創造都市のための個別の要素の多くを幸いなことに東京は持ち合わせている。しかし、そうした都市の実現については、それらの個別要素を有機的に生かすことのできる十分な空間的・物理的なフレームが必要であるが、東京ではそれが未だ十分ではないといわれている。その代表的なものが世界トップレベルのグローバルコネクテビリティ（国際的なアクセスの良好性）とリバビリティ（良好な職住の近接した世界標準の環境）だといわれている。前節で述べた都市ランキングにおいて明らかなように、グローバルコネクテビリティにおける要素である都心から国際空港までのアクセス時間は世界28位、国際線直行便就航都市数は26位と世界水準に大きく遅れをとっている。また、リバビリティについては、住居コスト評価の要素である物価水準で世界35位、賃貸住宅平均賃料で28位、都市生活機能評価の要素である人口あたりの医師数が22位と、世界トップの水準に及ばない。こうした課題を解決することによって東京とそして日本は新たな未来を築くことになるのである。

都心をいかに魅力的に更新していくか、それによって海外からの投資の促進と、経営者や居住者をどれだけ増やせるか。成熟する国家において、さらなる国際的な接触と融合、付加価値型産業の創造、などを現実のものにするための制度や仕組みの改変、都市空間の更新が早急になされねばならない。

■おわりに

21世紀が15年を過ぎた時点で、今世紀がどちらに向かうかの兆しが見え始めている。２０１１年にわが国の人口は、戦後はじめて減少になった。ところが、その中でその後も人口増を続ける都市圏がある。それが東京である。

一方、世界では急速にアジアの国々が経済力をテコにして国力を上げ始めている。戦後の世界を牽引してきた欧米の主要諸国と主要都市がその地位を失い出している。東京は、欧米の主要都市のグループの一員としての繁栄を誇ってきたが、そこでライバルとして意識してきたニューヨークやロンドンに加えて、シンガポール、香港、ソウルなどのアジアの主要都市が新たなライバルとして加わった。それもわずか10年のうちにである。

それが東京の国際競争力をあらためて問わねばならない理由である。

註

［１］Saskia Sassen, *The Global City* (Princeton, NJ: Princeton University Press, 1991), p.65.

［２］Peter Hall, *The World Cities* (New York: McGraw-Hill Book Co., 1966), pp.7-8.

［３］同掲書、７頁。

［４］Jean Gottmann & Robert A. Harper, *Since Megalopolis* (Baltimore: The Johns Hopkins University Press, 1990)（日本語版）宮川泰夫訳『メガロポリスを越えて』（鹿島出版会、１９９３年）42頁。また、「世界都市」という言葉の語源は、ゲーテが１７８７年に初めて用いたWeltstadtにあるとジャン・ゴッドマンは紹介している。

［５］John Friedmann, "The world city hypothesis", ed. by P.L. Knox and P.J. Tyler, World cities in a world-system (Cambridge, UK: Cambridge University Press, 1995), pp.317-331.

［６］Saskia Sassen, *Cities and Their Cross-Border Networks* (Tokyo: United University Press, 2000), pp.68-70.

［７］United Nations Centre for Human Settlements (HABITAT), *Cities in a Globalizing World* (London: Earthscan Pub. Ltd, 2001), pp.69-72.

［８］注５に同じ。

［９］５２５都市を対象として、各都市の高度サービス企業（金融、会計、広告、法律、経営コンサルタント）の各オフィス（計１７２５）を、立地および機能で０～５でスコア化して順位付けしている。（http://www.

lboro.ac.uk/gawc/gawcworlds.html)

第3章 都市再生

　1990年代のバブルの崩壊の後に、経済の立て直しのために政府が選んだのが大都市における都市再生であった。それまで抑制的であった都市開発に対して特区の手法を用いながら規制緩和を進めることで、質の高い都市空間を創りあげるきっかけをつくったのである。大都市の宿命は休むことのない膨張の圧力とそれに対する基盤整備とその更新である。経済の立て直しという国家命題の中で、都市はそれを現実に進める大きな手立てを得たが、そこには民間の力の活用という新たなスキームも導入された。

21世紀に入ってから数年、都市再生の言葉が世の中を席巻した。都市再生は小泉内閣の改革路線の中の一つと思われがちであるが、この議論の出発点は、じつはそれ以前の小渕内閣にあった。総選挙における自民党の惨敗を受け、それまでの地方偏重の施策から都市部へのテコ入れを図りたい一心で始まったのである。

この論議において、まず初めに問わねばならないことは、再生すべき都市とはいかなる存在と意味を持っているのかということである。歴史的にみれば都市は富を生み出す供給源として存在してきた。

それでは、供給源として存在する都市で生活する住民は果たして快適な日々を過ごしているのか否か。都市はこれからも十分に富を生み出せるのか。都市再生が叫ばれる理由がそこに存在している。

1　なぜ「都市再生」が喫緊の課題となったのか

■社会経済的な背景からの要請

都市再生が叫ばれることになる社会経済的な背景を考えなければ、なぜ都市再生なのかが分からない。その最大のポイントは、じつは人口がピークアウトしたことにある。2000年当時には、あと10年もすると、日本全体でいよいよ人口増加が終わり、減少局面に入ることが分かっていた。東京圏でも２０２５年から30年頃にかけて同じように人口減少が始まる可能性が予想される。そもそも、２０５０年には、日本の人口は2割から3割減となることが予測されているのである。そうした流れの中で起きつつあることは今までの考え方とは明らかに違う何かである。

・発展型成長から成熟型成長への転換
・企業や組織主体から個人主体への価値観の移行
・国際社会との整合性と競争
・需給関係の見直し（需要ありきの時代の終わり）
・量から質の追求への転換

などが緊急かつ必然的な問題として浮上してきていた。

では、こうしたことへの対応、あるいは課題への返答をするためには、いかなるスタンスをとるべきなのであろうか。その答えは、まさしく「過去のさまざまな呪縛からの解放」に尽きるのである。そうした世の中の動きはすでに、20世紀から21世紀への世紀越えの過去数年間に模索すべき課題となって現れた。

・都市型国家におけるあるべき基盤とライフスタイルの模索
・持続ある発展（すなわち環境保全）の現実的対応への模索
・技術革新（情報化など）に対応した都市と国土の姿の模索
・均衡ある発展の概念を超えた新たな概念の模索

など喫緊に答えを出さねばならなくなったのである。

■21世紀型都市への脱皮

じつは、日本人の4分の3に近い人々は都市（都市地域の定義）に住んでいる。現在の日本は明らかに都市型国家として存在しているのである。ところが、55年体制崩壊後の政局の混乱を見れば明らかなように、農林業を主体としてスタートし、第3次産業全盛の時代になっても、未だにその概念から抜け出せないでいる国家の運営体制に、国民の多くは失望をしてきた。

都市部より農村部の方が対人口比では議員を多く国会に送り込んでいるという、住民の発言権における逆転現象が続いている事実こそが、従来の都市と地域（これは地方と言い換えられる）という意識の上での対峙関係を生み出し、それが解消されないどころか、21世紀の展望を描き出せずにいる。

大都市の生き様と国家の衰退は一心同体であることを、改めて認識しなければならない。それができなければ、既存都市の抱える課題に容易に答えられないのである。

・人と産業の活力の回復
・災害対応力の強化
・バランスある都市機能と土地・空間の利用
・コミュニティ復活とインフラ整備
・高質な都市空間の創出
・国際競争力の確保

など、未だ解決されない課題が山積している。それでは、その実現には何をすればよいのか。もっともらしい念仏やスローガンを掲げているだけでは何も解決しない。その大きな答えの一つは、具体的に事業を遂行することなのである。そこに、政府の音頭取りで始まった都市再生の動きがあったのである。

■政府による都市再生の動き

小泉内閣は都市再生本部を立ち上げ、2001年4月から「20世紀の負の遺産」の解消と「21世紀の新しい都市創造」という二つの側面から都市の再生に取り組んだ。都市再生が、経済全般の活性化、老朽化の進む大都市部のリノベーション、という二つの大きな目的という一挙両得の狙いを持っているため、その戦略的な視点は三つに集約されてきた。

・都市の魅力と国際競争力を高め、住みやすい都市生活と機能的な都市活動を確保する
・民間の力を都市に振り向け、新たな需要を喚起し、経済再生を実現する
・併せて、土地の流動化を通じて不良債権問題の解消に寄与する

このことを見れば、都市再生がじつは低迷し、長期化している経済の復活の起爆剤と期待されていたことが明白となる。そして、都市に対する処方箋は具体的な方向として以下の2点に具体的な方向として集約される。

・都市の外延化を抑制し、コンパクトな都市構造に転換する
・都市中心部再生へ施策を重点化する

すなわちデフレ政策に見られるような縮小均衡の中での最善策の模索なのである。この戦略と方向に基づいて、時限立法である「都市再生特別措置法」が、２００２年４月に発布、６月に施行となった。これは10年経過後に再び持続されることになった。

その中で、都市機能の高度化および都市の居住環境の向上を図るための都市再生の推進に関する基本方針等が定められ、また、政令で定める「都市再生緊急整備地域」が指定された。そこでは民間都市再生事業計画の認定や都市計画の特例等の特別の措置が講じられるが、その地域指定基準は以下のようになる。

・都市計画・金融をはじめとする諸施策の集中的な実施が想定される地域
・早期の実施が見込まれる都市開発事業等を含む地域
・都市全体への波及効果を有する的確な土地利用への転換が具体的に見込まれる地域

こうした形で、政府がめずらしく音頭を取ってきたものの、官の側で目論んだ都市再生の動きは、とても目覚しいものとは言えない状況であった。なぜなら、元気印の東京をターゲットにして作られたこの時限立法も、当の東京はその力を借りるまでもなく、十分に民間の主導で都市再生を活発に進めているからである。潜在力を持つ地域には、それなりの再生力があることを、いみじくも示す結果となっている。

一方、深刻なのは、東京以外の地方都市である。笛吹けど踊らずで、首相官邸の都市再生本部は開店休業状態になり、その代わりに、今度は地域再生本部が設置されたのである。地方から、地元から、再生の名乗りを上げよと必死になっているのである。それは小泉内閣以降のいくつかの短命内閣でも課題であり、地方再興などの政策が打ち出されたが、安倍内閣となって2015年に地方創生として衣替えがされた。しかし、それで期待される答えが得られたわけではない。

■都市再生に必要な仕組みの見直し

こうして具体的に事業を遂行することによって、低迷した経済の状況を打破し、21世紀の新たな課題を解決することを狙った都市再生であるが、その前に、そもそも社会の運営の根本を変えることが不可欠となっている。戦後の日本の驚異的な復興の秘訣は、中央集権システムという名の官主導の仕組みの下での官民、中央と地方が一体となったスクラムにある。ところが先進国に追いつけ追い越せのスローガンで頑張った日本が、いざトップグループになってみて直面したのは、こうしたシステムの時代非適応なのである。

今や、大きな価値観の変化、すなわちパラダイムシフトが求められている。強いて価値観の変化の端的な例を挙げれば、「成功者を生むことは社会の利益となる」という考え方である。なにごとも公平を旨とし弱者救済に奔走してきた行政職員からはすぐには受け入れられない。出る杭を打つのが日本社会の伝統で、多くの行財政システムが、それに基づいて作られている。しかし、従来の社会では一見、不見識とも言えるようなこの考え方への転換は、21世紀という新たな世界競争の下で勝ち残るための選択肢の一つなのかもしれない。そのためには、

・事業主体（行政、民間とも）に主導権を渡す
・国際競争力を念頭において、広域と狭域の両方で、事業に優先順位をつける
・全国一律制度の適用範囲の精査・見直しにより必要な規制と不必要な規制を明確化する
・手続きの簡素化と透明性・迅速性を確保する
・公平性の基準の再考と不公平性の概念への新たな着目をする

などの意識変革と政策転換が必然となっている。

そして、もちろんこうした政策の遂行によって生まれるであろう敗者、弱者への手厚い配慮がなければ、成功者が社会の利益にならないのは言うまでもないことである。

2　都市再生を進める対象としての大都市・東京の姿

■都市圏の変貌

今、東京では郊外から都心への人口の動き、すなわち都心回帰が進んでいる。

都心回帰とは、都心3区だけを指すのではなく、埼玉県や千葉県から東京23区の外縁の区への人口移動、すなわち都心方向への移動も意味しており、現象的には拡がった大都市圏の収縮が始まっているのである。

大都市圏において郊外の住宅が大きな意味を持つきっかけとなった「田園都市構想」という英国人E・ハワードが1902年に提案した有名な構想がある。この理想の下に、東京では住むところが短期間に外側に広がってスプロール化してしまった。しかも、その結果、人々が郊外に移り住んでしまった都心は空洞化したのである。ところが、大都市圏に住んでいるサラリーマンの実態は、郊外にいっても庭は小さくて、周辺の基盤整備のレベルは低く、通勤混雑があって、通勤時間が長い。

一方、都心には基盤整備をしなくても住める場所がいっぱいある。そこは郊外に存在するような自然はないが、きわめて利便性は高いという現実が見えてきたのである。大都市圏の中で、都心は最も基盤整備、すなわち生活環境の水準が高い。道路や上下水道などのユーティリティーだけではない。教育、医療、文化、娯楽など、生活の幅を広げる多くの機能が充実しているのである。そして、そのことに気づいた多くの住民が郊外から都心方面へ移り住み始めたのである。しかもバブル経済崩壊後の不良資産としての遊休地の放出は、相対的に安価な住宅、マンション群を都心域に供給することが可能となった。東京23区内で年収の5倍近くで住宅を求めることは、都心3区などの特異な区を除けば、ほぼ現実のものとなったのである。

■東京の再生と新たな都市構造

それでは、東京はこうした人々の動きに対する準備をしているのであろうか。答えは諾(イエス)である。

2001年10月に、東京都では新しい「都市づくりヴィジョン」を発表している。筆者はこの一連の策定作業に加わったが、大都市圏における分散政策の失敗、老朽化が始まった都市空間の更新の必要性、多様化する人々の志向と活動に適合した都市空間を生み出すには何をすればよいのか、そもそも、何がネックとなって人々の求める都市空間が生まれたのかなど、数多くの議論と検討がなされた。そして「首都圏メガロポリス構想」としてまとめられた(図3-1)。

需要に供給が追いつかない中で、とにかくレディーメードな都市空間を創ってきてしまった状況が、いよいよ高質なオーダーメードの都市をしかも迅速に創らねばならぬ局面におかれた。規制緩

図 3-1　首都圏メガロポリス構想（2001 年）

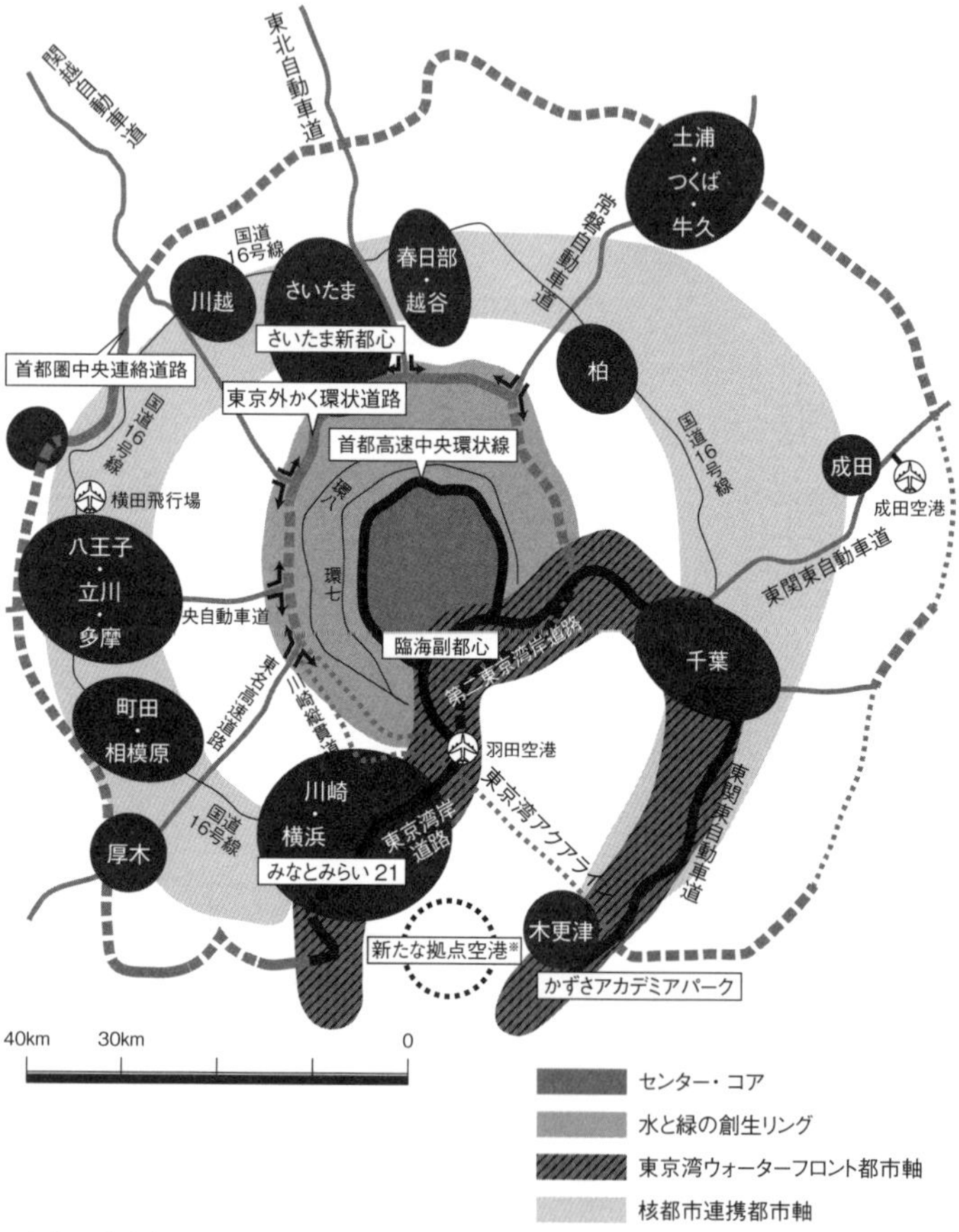

出典：東京都

和の中で問われている核心の部分である。

この都市づくりヴィジョンに示されたこれからの東京の都市構造の特徴は、都心と湾岸部に現れた。都心の機能を業務機能という単一機能のみで考えず、職住遊学の多様な機能を有するものとすること、都心の定義を広く考え、その範囲を環状6号線あたりまでとし（センターコア・エリアと名づけられた）、従来の都心（丸の内）、副都心（新宿、渋谷など7カ所）という区分けをせずに、全域的に一体として考えることである。すでに品川、汐留、六本木、秋葉原など、従来は副都心とされなかったところに拠点が次々と出現し、このことの妥当性が証明されつつある。これはすなわち、居住環境の魅力拡大を意味しており、職住近接型の都心が実際に実現する場所を生み出していることになる。

東京でもう一つ注目すべきところは、ウォーターフロントである。かつて、90年代はじめに都心の溢れ出る業務機能を受けようとしたこの地が、商業、娯楽機能と、居住機能で復活しようとしている。しかも、東京湾のウォーターフロント（ウォーターフロント都市軸と名づけられた）は、陸海空の交通の要所に位置し、国際的な起業力を生み出すことのできる産業立地の用地が豊富となっている。羽田から成田へのアクセス、日本一のコンテナ埠頭を持つ東京湾、そして首都圏の将来の大高速道路網となる3環状道路（首都高速中央環状線、東京外かく環状道路、首都圏中央連絡自動車道）のすべてが、この地域と関わりを持つのである。

巨大都市・東京は、センターコア・エリアとウォーターフロント都市軸の育成を図ることで、再び世界の三極構造の一角を固める期待が高まっている。

3 東京に求められるインフラ（基盤施設）の整備課題

かつて、東京圏人口3000万人の時代を迎える1960年代にあって、東京の基盤施設整備を飛躍的に高める契機となったのは、1964（昭和39）年にアジアで初めて開催された東京オリンピックである。急速に進むモータリゼーションに対応する形で行われた首都高速道路の建設、環状7号線の西側部分の開通、国道246号線（青山通り、玉川通り）など、羽田空港から都心、そして都心からオリンピック関連施設をつなぐ路線が優先的に整備された。

その劇的な都市基盤整備の時期から60年以上が経過した、これからの都市整備事業のキーワードは何か。

まず初めに、東京には依然として解決されない、いわば蓋然ともいえるテーマの存在がある。

①老朽化した都市空間の更新と統一的アイデンティティのない市街地の景観整備
②依然として解決しない木造密集地域の抜本的整備と積極的な公園建設
③事業化の進まぬ都市計画道路の事業具体化とそのための優先順位づけ

この三つは、いわゆる東京の基盤整備における常態としての整備課題ともいえる。①は疲弊した都市空間の刷新と質的向上という世界的レベルの都市にとっての全体的なテーマである。短期間に実現されぬ都市計画の現実に対して、都市再生特別措置法では都市再生緊急整備地域で、その解決の手法を提示している。街並み景観については、歴史的文化的に特徴のある地区を対象とするのはあたりまえのことだが、日影規制などで凸凹になっている幹線街路沿いの建物ファサードの統一のほうがより地域全体にとっては即効力を持つ。②は都市の安心・安全の中のディザスター・フリーの市街地整備のテーマである。都内には災害時の危険性の高い重点整備地区が6000haもあり、そのうちの3分の1が重点地区とされている。都市再生本部でも密集市街地の緊急整備（2001年12月）が都市再生プロジェクトとして決定された。また、街区再編まちづくりが東京都で制度化され（2003年3月）、行政の側での取り組みもより具体化し始めている。③は都市の便利、快適、効率という基本的な機能維持のための基盤施設の水準確保のテーマである。世界の代表的な都市に比較して東京の道路率はよくてその7割程度、公園に至っては2〜3割だと耳にたこのできるほど聞かされている。東京の都市計画道路がすべて完成するには今のままの整備のスピードでは、百年はかかるという悲観論もある。東京の公園と緑地整備はとりわけ隅田川の東側で遅れている。防災対策の目的から白鬚東地区には8万人、亀大小では20万人収容可能な公園が造られた。戦後に造成されたメタセコイアあふれる水元公園というヒットもある。しかし、その市街地のど真ん中に日比谷公園クラスを造れないとインパクトはない。

こうして、都市空間の更新、市街地の景観整備、木造密集地域の整備、公園建設、都市計画道路の事業化は依然として最大の課題である。その解決を速やかに実行に移さねば、いかなる制度の提案も意味もなさないことになる。

これに加えて、ダイナミックな都市活動を支える都市空間の形成という視点で見たときのこれからの東京にとってクリアーしなければならない必然のテーマがある。強いてそれを絞り込めば、以下の5点になる。

①大都市圏という視点から見た基盤整備
②少子高齢社会という視点から見た基盤整備
③環境問題という視点から見た基盤整備
④都心回帰という視点から見た基盤整備
⑤国際競争力に打ち克つ質的向上という視点から見た基盤整備

「大都市圏」という広域での都市活動を支える仕組みを都市構造を支える骨格から考えれば、集積としてのエリア（拠点）とそれを相互に結ぶパス（交通網）が主要な要素となる。東京郊外の核都市連携都市軸における業務核都市と環状の道路網の組み合わせを思い浮かべれば分かりやすい。とりわけ基盤整備という側面からみれば、交通網の整備がそれにあたる。東京圏では、インフラの骨格における放射状方向、環状方向について、鉄道網の整備はほぼ完結している。これに対して、道路についてはいわゆる3環状道路（首都高中央環状線、東京外かく環状道路、首都圏中央連絡自動車道）の整備が遅れている。いわば、東京オリンピックで先鞭をつけた都市内高速道の完結が待たれているのである。しかしそれに加えて、東京オリンピックで建設された首都高速の現状は、慢性の渋滞の中で、車線の増加、老朽化の進む躯体の刷新などの差し迫った整備と、高質な都市空間に相応しくない構造物の形態変化の必要に迫られている。

環状方向の交通サーキュレーションの充実について、3環状道路のほかに、じつはもう一本整備を急ぐべき環状道路がある。外環と圏央道の距離は20～30km離れている。ところが、この二つの高速道路に挟まれた地域に、育成が遅れている業務核都市、すなわち核都市が立地している。そして、それらの都市を直接につなぐのが国道16号線である。ロードサイトの開発が急速に進むこの国道は、生活道路と幹線道路という二つの機能の充実が求められている。輸送力増強と環境問題を解決したグレードアップをすることによって、大都市圏郊外部の都市機能と都市活動を短期的に高める効果が期待される。

「少子高齢社会」への移行は、都市の基盤整備に新たな1ページを加えつつある。なぜなら、子供と老人という弱者を対象とした基盤整備は、成熟社会における最も重要な事項である量から質への重視というパラダイムを具現化するものとなっているからである。そのネットワーク網を完成させつつある地下鉄は、それが定時最短の輸送手段として認知されていても、エスカレーターやエレベーターといった補助手段と思われていたものが主役として存在しなければ用をなさないものとなりつつある。ユニバーサルデザインという言葉が一般化し、身体障害者への配慮が基盤施設整備の必要条件となっている。しかし、だからといって、十分な幅員をもたない歩道に貼りつく盲人用の点字ブロックをしゃにむに埋め込めば、歩行不能な車椅子利用者には新たな障害としかなり得ないというトレードオフを生みつつある。しかも、歩道のカラーコーディネーションにおいても齟齬を生じている。バリアフリーへの施策、ユニバーサルデザインの具現と実現は、全体的な整合性において依然として本格的な有効打を打ち出さないまま推移しているのである。

かつて、東京市区改正委員会委員長の吉川顕正の「意見書」に「意（オモ）フニ道路橋梁及河川ハ本ナリ水道家屋下水ハ末ナリ」とあり、これは道路・橋梁・河川の設計が基本で、それが定まれば他の水道・家屋・下水が容易に定められるという計画の手順を述べていると考えられている。

このような基盤施設の整備が都市のインフラの主役であるという考え方は、その後の多くの都市整備事業で、程度や範囲に違いはあるものの、等しく貫かれてきたのである。土木事業を主体とした公共事業の根幹に位置づけられてきたインフラ整備のこの確固たる前提が、ユニバーサルデザインの時代の到来で、ゆらぎつつあるとは100年前に誰が思ったであろうか。

「環境問題」重視の風潮の中で、同じような価値観の転換が「持続可能な開発」なる世界に共通する言葉を生み出している。1972年にストックホルムで開催された国連の会議では〝かけがえのない地球（Only One Earth）〟をスローガンとし、国際社会全体として持続可能な開発の実現に向けて努力していくことを決めた。その後の92年のリオデジャネイロにおける「国連環境開発会議（UNCED）」のアジェンダ21の発表などで示されたように、社会のみならず国民のライフスタイル自体を環境配慮型に変えるための普及や啓発等に努力せねばならない時代に突入したのである。

すなわち、基盤整備は環境問題を無視してはできない状況に置かれているのである。開発＝自然環境破壊＝自然回復という必須の構図の中で、基盤整備とは自然環境創造であると考えねばならなくなってきている。

基盤整備という言葉は、早晩、基盤創造に変えねばならない日が遠くないかもしれない。都市内河川の水循環回復、日照を受けられない市街地の樹木育成、ヒートアイランドを生み出す建物や街路の改変、滞留する排気ガス排除の手立て等々、課題は山積みである。すでに、東京都でも「地球温暖化阻止！東京作戦」、屋上緑化の義務化、廃棄物処理・リサイクルなどの政策を実施に移している。環境問題に対する認識と努力は評価に値するが、その抜本的な問題解決のためには、従来の建築基準法や都市計画法に頼ったインフラ整備では対処できないことは明らかである。ところが、現代の技術革新のレベルをもってすれば、そしてそれなりの資金を投下すれば対応可能な姿は見えているのである。その実現のためには、「（都市にとっての）基盤整備」を「（人間のための）基盤創造」の思想に変えることが必要なのである。

大都市東京が遭遇している新たな局面は、「都心回帰」の現象の下で迫られている新たな基盤整備である。今、東京圏では人口が転入増に転じている。さらに、その大都市圏の中で、郊外から都心方面への人口移動が進んでいる。都心は業務機能、郊外は居住機能を分担するというデマケーションはくずれつつある。都心部への一極集中を解決しようとした分散政策の最終局面がそこにある。

2003年4月に、工業等制限法が45年ぶりに廃止された。大都市圏への集中を抑制する戦後の代表的な政策であった。「工業」とは工場であり、「等」は大学である。じつは2006年に、日本全体でいよいよ人口が減少局面に入り、東京圏でも2025年から30年頃にかけて同じように人口減少が始まる。そもそも、2050年には、日本の人口は2割から3割減となることが予測されているのである。

今できること。それは、こうした成熟社会の到来の下で、限られた資源を集中的に投下し、できる限り効率性の高い生産をし、効果を生み出すことなのである。もはや集中が悪であるという呪縛から解き放たれて、集積の効用を生かして一早い国力の回復が必要となっている。2002年6月に施行された都市再生特別措置法は、特に、そうした意識に立ったものであった。

都心には郊外に存在するような自然はないが、利便性はきわめて高い。都心のインフラの水準が高いことは、道路や上下水道などのユーティリティーだけではない。教育、医療、文化、娯楽など、生活の幅を広げる多くの機能も充実しているのである。そして、そのことに気づいた多くの住民が郊外から都心方面へ移り住み始めている。兵站の伸び切った大都市圏の縮小、すなわちコンパクト化が現実のものとなりつつある。

都心における基盤整備の課題は、こうした新しい動きに対する答えをどう出すかである。東京都の都市づくりヴィジョン（2001年10月）では、都心の機能を業務機能という単一機能のみで考えず、職住遊学の多様な機能を有するものとし、都心の定義を広くしたセンターコア・エリア（その範囲を環状6号線あたりまで拡大）での居住環境の魅力拡大を目指している。その実現のための基盤整備では、平面稠密＋立体過疎の東京の都市空間を、垂直高密＋地上空地の確保＋日照・通風など居住環境の確保というスキームが必要になる。緊急整備地域の都市再生特別地区では、その実現が容易となったのである。

世界を先導する都市として「国際競争力」に耐えるだけの都市空間の質的向上を図るためには、短期間での事業実施、それなりの整備費の投入というハードルを越えねばならない。高度経済成長期の都市改造は、東洋のヴェニスといわれた江戸の都市風景への惜別を加速させた。その時の負の遺産となった日本橋頭上の首都高をどけるのに1兆円かかるという試算も出ていた。2017年になってようやく撤去の方向が示された。しかしながら、東京はすでにソウルに先を越されてしまった。ソウルの李明博市長の最大の政策課題は、都心の河川をつぶして建設した高速道路を除去して、新たな水辺空間を都心に生み出す、2005年の清渓川復元プロジェクトの実行であった。その功績は後に大統領になる大きな弾みを与えた。

即効力としての国際競争力を生み出す空間は、陸海空の交通の要所に位置し、既存の都心から数kmの東京湾のウォーターフロント（ウォーターフロント都市軸と名づけられた）である。国際的な起業力を生み出すことのできる産業立地の用地が豊富となっているこの場所は、羽田から成田へのアクセス、日本一のコンテナ埠頭を持つ東京湾、そして首都圏の将来の大高速道路網となる3環状道路のすべてが、この地域と関わりを持っている。90年代はじめに都心の溢れ出る業務機能を受けようとしたこの地が、商業、娯楽機能、居住機能の複合用途機能で復活しようとしている。巨大都市・東京は、センターコア・エリアとウォーターフロント都市軸の育成を図ることでそのポジティブな部分を引き出し、再び世界の三極構造の一角を固めることになったのである。

このように、1964年の東京オリンピックに伴った関連基盤整備から需要に供給が追いつかない中で、とにかくレディーメードな都市空間を創ってきてしまった状況が、いよいよ人々の多種多様なニーズに合わせた高質なオーダーメードの都市をしかも迅速に創らねばならぬ局面におかれたのである。そして、その背後には技術革新の進む情報社会という与条件の変化も待ちかまえている。「国際競争力」という唯一の拠りどころのキーワードの下で、都市基盤整備の目標とその実施には量から質への大きな思想の転換が求められているのである。

4　東京都心の新しい形（提言）

■これからの都心——多様な創造性を発揮する場へ

これからの都心は、多様な機能集積により深化した知識集約型産業（ナレッジ産業）を主役として、日本の成長を牽引して国際競争力を発揮することが求められる。その背景には、ＩＣＴ化が進展したことにより、土地、労働、資本という産業革命以来の主要な生産要素に続いて、20世紀後半に大きな役割を持った情報処理能力までが、特段の希少性を持たないものとなったことがある。こうしたナレッジ化が進行する時代への対応のためには、同時に都市構造やインフラなどハード面での高度化がきわめて重要となる。

それを実現するのに相応しい都市空間の創造として「立体創造都心」が欠かせない。東京が宿命的に負ってきた平面的な過密から脱却をし、世界の主要都市の中で最も低利用にある空中の活用や世界最高水準の技術を生かした地下空間の利用を進め、立体的な土地と空間の利用を推し進めなければならない。すなわち、土地の集約化を図り、上空を有効活用するため建物を超高層化し、地上部は人工地盤を用いて重層化し、地下は地形の特色を生かしつつ効果的に活用する。

そして、その空間を利用して、世界に例のない高水準の職住近接の都心の形成にはじまり、職・住・遊・学・交・泊・医・憩のさまざまな機能が複合した都市空間を生み出さなければならない。

■安全で安心な都心

安全性の向上

東京の歴史で頻発した災害は地震による被害と火災である。洪水は盤石の基盤と施設の整備で脅威から解放されている。

震災などの災害に対する安全への方策としては、既存の耐震性の低い建物の早期建替え、面的再開発による安全な街区の構築、災害対策・復旧拠点とインフラネットワーク網の整備、リスクマネジメント体制の構築などが必要である。

新たな耐震基準の導入前に建築された老朽建物の建替えを促進すべきである。都心では医療機関、小中学校の耐震化率を１００％とするなど、被害想定死者を少なくとも半減させる必要がある。

安心への手立て

いわゆる都市生活の安心のためには、犯罪を含めたセキュリティ向上の施策が必要で、そのための24時間監視とバックアップ体制の強化による安心できる都市空間の形成、緊急事態発生時に自動で各種制御を行うシステムの導入による都市インフラの高度な維持管理などが必要である。

■健やかに暮らせる都心

少子高齢化が進む社会への対応、増加する外国人への対応、医療体制の高度化、都市生活の心地よさの創出などが必要である。

少子高齢社会への配慮

少子高齢化への対応としては、子どもが暮らしやすい生活環境の整備、高齢者が暮らしやすい生活環境の整備、誰もが歩いて暮らせる日常生活環境の整備、弱者に配慮した街路環境の充実などの施策が必要である。

東京都心においても、立体的な道路網整備により、自動車や自転車と、歩行者空間との分離を実現すべきである。都心の自動車道路を地中化し、地上および空中に連続した人工地盤による歩行者空間の実現が必要である。

外国人への魅力的な方策

これから外国人が魅力的であると感じる都心とするためには、快適な住環境の整備、インターナショナルスクールの整備、家族の生活の支援などが不可欠である。

従来の学校を、外国人児童がバリアを感じない国際的対応基準を持ったものに変えていく必要がある。また、インターナショナルスクール設立基準の緩和や不十分な公的補助の見直しを行うべきである。

医療サービス機会のレベルアップ

広い意味での医療の国際化、高度化が必要である。そのためには、高度医療・緊急医療機関の充実、多言語対応の医療機関の充実などが必要である。

内外を問わずあらゆる人々の健康を支える高度医療と緊急医療の拠点を、都心に整備する必要がある。東京ERの増設、医師の増員による質の高い医療サービスの提供など実施すべきである。

東京都心においても、外国人医療スタッフの積極的配置が必要である（医師、看護師、薬剤師、案内スタッフなど）。EEA（欧州経済領域協定）加盟国では、医師免許互換制度があり、加盟国間での自由な診療活動が原則可能である。

都心生活の心地よさを生み出す

都心での生活に心地よさを生み出すために、交流の場の創出・充実、地域主体の運営・維持管理の推進、多様な住まい方の支援（多地域居住）などが必要である。米国や英国では、BID（Business Improvement District）など法律に規定された組織が、地域の自主的な管理運営を行っている。このように、新しい公共としてのエリアマネジメント組織の権限と機能を強化する必要がある。そして、地域運営の人材や財源の安定的確保のための仕組みを構築すべきである。

■知的好奇心を刺激する都心

都心に来れば、それだけで知的好奇心が刺激される環境を生み出さねばならない。そのためには、歴史的資産の活用、芸術の発信、教育と研究の国際化と重点化、交流の活発化、憩い・遊びのプロモート、美しさの創造などが必要である。

歴史的資産の活用

歴史的な資産を活用して都心を魅力的にするためには、歴史的重層性の再評価と活用、神社や寺などの身近なコモンスペース化などを図らねばならない。

具体的には、その土地の歴史文化を顕在化させる都市開発を行う場合に、容積率緩和などの法的支援や補助金など財政支援（民間活力を利用）を実施する。あるいは、大名庭園など歴史文化的オープンスペースを使って、ライブ・コンサート、パフォーマンス、野外シアター、アートイヴェント、マルシェなどの現代的イベントを開催し、年間の半分の日数を民間の自由な利用に供して、集客と活性化を図る、等が考えられる。

芸術の発信と拠点の形成

都心から世界に芸術や独自の文化を世界に発信しなければならない。そのためには、そのベースとなる拠点が必要となる。具体的には、日本・東京発のアート・コンテンツの育成、都市を舞台とした街のアート活動の拡大が必要である。

具体的には、新宿、渋谷・表参道、銀座、六本木、虎ノ門など、専門学校や店舗を核にファッション文化の拠点整備、秋葉原などを核にマンガ・アニメ文化の拠点整備。また、既存美術館との連携、工房やスタジオなど制作の場の整備支援（税制支援）等により、世界の若手アーティストの活動拠点を整備し、また、21世紀芸術（超現代芸術）の展示・発表の場の整備を促進すべきである。これらを実現することにより、ファッション、デザイン、マンガ、アニメ、現代芸術などを中心とした「東京ブロードウェイ」が形成される。

教育と研究の国際化と重点化

魅力的な都心となるためには、教育と研究の分野での国際化の推進と重点テーマについての拠点整備が不可欠である。そのためには、教育・研究環境の世界標準化、特定分野の研究の重点的強化などが必要である。

すでにシンガポールでは、バイオテクノロジー、情報通信、化学、エレクトロニクスなど特定の分野に集中した研究開発を国策として掲げ、支援を実施している。東京都心においても、国際的研究者受け入れのための研究施設、滞在施設の整備支援が必要である。

東京都心にこそ、環境、バイオ、医療を核とした世界的研究拠点「東京バイオメディカルセンター」が必要で、都心に本社を構える企業や高度医療機関との連携を促す必要がある。

交流の活発化

世界の主要都市に遅れをとっている国際交流を活発化するための方策が早急に必要である。そのために、宿泊と一体となった国際水準のコンベンション施設の整備、国際会議開催の総合的支援などが必要である。

東京都心に、地下空間を利用し最新の設備を導入した「東京国際コンベンションセンター（TICC）」を設置する（霞が関や丸の内、赤坂・六本木、虎ノ門とのアクセスが良い地区に設置。国際会議場、展示施設など備えた10万㎡規模の施設）。東京モノレールや地下鉄の延伸により、羽田空港からTICCへのアクセス向上を図ることも必要である。

憩い・遊びのプロモート

都心を憩いと遊びの空間とするためには、そのための施設整備と活動が必要である。都市型総合リゾートの整備、東京独自のエンタテインメントの裾野の拡大などが必要である。

たとえば、国立劇場の機能を拡張し、「日本古典芸能シアター&ミュージアム（TATM）」として整備する。ICTを活用して多言語字幕・解説を取り入れ、あらゆる国の人が日本古典文化を理解し、楽しめる拠点とする。また銀座・新橋周辺には、若手演者の育成機能などを備えた歌舞伎クラスターを形成する。

だれでも舞台（安価で気軽に楽しむことができる舞台）や路上パフォーマンスのための環境を整備・支援すべきである。

美しさの創造

都心空間の美しさは、歴史的な資産を生かすものと、新たに生み出すものとの相乗効果による。そのためには、歴史的資産の再生・活用、計画的なスカイラインの形成などが必要である。

江戸以来の河川や水路の多くは、埋め立てられたり、高架下に埋もれた状況となっている。都心の失われた水辺や緑の再生により、景観の向上を目指すべきである。神田川、日本橋川、古川の河岸に建つ老朽化した建物群を除却、または地域によっては川辺景観と親和性のあるものに建替え、リバーサイドの良好な環境を再生する（容積移転の仕組みなどを導入して実現）。さらに、川沿いの緑道や斜面緑地の復活を図るべきである。

日本夜景遺産（全国133カ所）のうち、10カ所が東京都心に集中している（レインボーブリッジ、東京駅などのライトアップや、六本木ヒルズ、東京タワーの展望台など）。ライトアップなどを駆使した美しい夜間景観の形成を促すべきである。

■地球への感謝を忘れない都心

都心における環境保全や自然の再生は大前提である。そのためには、自然・生物多様性の保持、環境の持続性の確保が必要である。

自然・生物多様性の保持

自然・生物多様性の保持のためには、緑・水のネットワークと風の道の創造、生態系に配慮した緑の創出などが不可欠である。都心の斜面緑地には、景観の形成、騒音防止、視線の遮断、微気象（温度、湿度、日射の調節）、大気の浄化、防災、水源、保水、生物の生息空間形成等の効果があるため、積極的に保存・保全を行うべきである。

また、都心を流れる川の再生により、緑水空間の創出を図るべきである。東京都心を流れる隅田川、神田川、日本橋川などを一体的に繋ぐ「せせらぎテラス」を整備する必要がある。

環境の持続性の確保

環境の持続性の確保のためには、省エネ建物への建替えと面的省エネ化、再生可能エネルギーの利用とエネルギーネットワークの拡大、低炭素交通体系の構築、環境配慮ライフスタイルの育成などが必要である。

再生可能エネルギーの利用とエネルギーネットワークの拡大については、例えば河川沿岸部や発電所、ゴミ焼却場（都心5区5カ所）、廃棄物処理場（区部6カ所）を拠点とし、優れた技術と環境機器の導入により、都市廃熱や都市特有の未利用エネルギーの活用を促す必要がある。

低炭素交通体系の構築については、自転車道の整備、コミュニティサイクルの導入などにより、パリと同水準の20％程度に引き上げて自転車の積極的活用を推進すべきである。また、電気自動車用充電器を1km四方に1カ所（計75カ所）以上整備すべきである。

■次世代の価値を育む産業で競争する都心

創造的な産業によって、新たな価値を生み出す必要がある。そのためには、グローバルな産業活動の拠点として都心を再生させるとともに、都心への集客の仕掛けづくりを行う必要がある。

グローバルな産業活動を創造

外国人高度人材の積極的受け入れのための入国査証制度の改善（入国管理法改正）などを通じ、新規入国者数を増加させ、高度人材から見た労働市場の魅力ランキングは10位以内を実現すべきである。

知識創造型ビジネス拠点の形成については、今後、起業を支援するファンドの設立や、ビジネスインキュベーション施設の充実のための税制支援などが必要である。

都心への集客の仕掛けづくり

都心への集客の仕掛けづくりのためには、魅力あるコンテンツの活用、コミュニケーションツールの充実、利便性の高いインフラストラクチャーの整備などが必要である。

世界の文化の集中・融合により生まれた東京の文化を、東京の食文化の魅力発信も含めてツーリズムコンテンツとしてプロモートし、東京を訪れる外国人旅行者数3000万人を至急に実現すべきである。

また、医療ツーリズム年間受け入れ人数は、日本の2020年潜在需要は43万人と推計されている。シンガポールでは、2003年にキャンペーンを開始し、2012年までに100万人受け入れおよび医療産業GDP比1%を目指した。東京都心において、高度な医療機器や医療技術を駆使した水準の高い医療サービスの提供を促進する必要がある。

トップクラスホテルから民宿や旅館まで、バラエティに富んだ宿泊施設の充実が必要である。ハイクラスホテル客室数については、ニューヨーク並みの1万5000室程度に早急に拡充すべきである（現状の約1.5倍）。

■「立体創造都心」に求められる都市空間

大きな街区単位

東京の都心には、木造住宅が密集し狭あい道路が残る街区や、震災・戦災復興時に街区が整備され、中小ペンシルビルが林立する小規模街区が数多く残っている。これらの小さな街区は、都市空間整備に際して自由度が小さく、十分な基盤整備が進まず、土地の高度利用が図られていない。

土地の大街区化を積極的に進めるべきである。例えば2〜3haの街区単位にすれば、大規模建物を効果的に配置することができ、これらの街区を連続させることで面的な立体利用が可能となる。

立体的な都市空間

東京は、海外都市の都心と比べて低い建物で構成されており、空間を有効に活用できていない。コンパクトな都心実現のために、容積率制度や高さ制限を見直し、積極的に建物の超高層化を図るべきである。隣棟間隔を保ち、建て詰まり感のない空間とすべきである。

空中に加えて、人工地盤や地下空間を有効に活用する必要がある。人工地盤の上部は、水と緑のオープンスペース、安全で快適な歩行者空間、賑わいや魅力ある文化施設や店舗の連続をつくる。人工地盤の下部は、立体的に配置された道路や鉄道などの交通網、駐車場などのサポート施設、サンクン広場、エネルギープラントや防災施設を配置するとともに、コンベンション施設、美術館や音楽ホールなどのエンタテインメント施設等々、さまざまな用途での利用を図るべきである。

オープンスペースの創出

都心の小さな街区と密集する建物群は、開放感を味わうことのできるオープンスペースの創造をも阻んできた。

超高層化と地下空間の利用によって、地上部を広く開放し、オープンスペースの創出を図るべきである。これまで都市が犠牲にしてきた豊かな緑、水辺、公園、子どもの遊び場、スポーツグラウンド、農園などを都心生活の憩いと喜びの場として開放的な地上空間に取り戻すべきである。

用途複合の都市空間

東京都心では、２０００年前後から人口回帰現象が起こっているが、依然居住人口は少なく、いわゆる職住分離の状態は解消されていない。都心こそ、住まい、暮らす場所であるべきで、職住近接はいち早く実現すべき重要な課題である。

住宅の量的充実を図るとともに、都心で活動する外国人、高齢者、ファミリー、学生など、あらゆるプレーヤーを受け入れる多様なタイプの住宅を整備すべきである。

さらに、都心には24時間豊かな時を過ごせる多様な用途を取り入れるべきである。国際的ビジネス機能や居住機能だけでなく、宿泊、物販、飲食、教育、学習、文化、交流、アミューズメント、医療など、あらゆる都市機能を配置する必要がある。

交通網の充実

東京の都心における交通網について、道路交通に対しては、渋滞・騒音や安全面での不安、快適性に欠ける歩行者空間、自転車レーンの未整備等々、数々の問題点を指摘することができる。

また、都心の高度な都市活動を支える公共交通に関しては、鉄道駅から３００ｍ以上離れた交通利便性の低い地域が見られる。こうした地域には、都市空間の高度利用を支える地域に即した多様な交通手段を用意すべきである。例えば、地域を循環するLRTやBRT、コミュニティバスなど、新しいきめ細かな交通システムが考えられる。

首都高速道路は、高度経済成長時のモータリゼーションと物流の急増を支えてきた。しかし、建設されてから60年以上経過した区間もあり、老朽化対策の必要性が高まっている。また、東京の歴史的な景観や水辺空間への配慮が不足していたことが指摘されている。2013年度の中央環状線の全線開通で、都心環状線の渋滞が緩和された。このため路線の地下化や廃止といった抜本的な見直しを行い、ネットワークの再編を図るべきである。

東京の国際玄関口として、その役割がおおいに期待されている羽田空港での発着の国際便・国内便の一層の増強を図り、両便の24時間化を早期に実現すべきである。そして、国際空港と都心部を結ぶ交通の利便性を高める必要がある。

■「立体創造都心」に求められる都市運営

入国管理の規制の緩和

グローバル化が進展する中で、世界の高度人材を呼び込むことが、政策上の重要な課題と位置づけられるようになり、高度人材の国家間獲得競争が巻き起こっている。イギリスやシンガポールでは、一定の所得と専門資格を有する外国人を積極的に受け入れる政策を実施している。

日本においても、世界の高度人材が不自由なく活躍できるよう、外国人専門職受け入れの拡大など、入国管理の規制緩和を行うべきである。

ビジネス環境の標準化

世界企業の誘致で都市が競い合う中、ビジネス環境をグローバルスタンダード化することも重要である。

まずは、国際ビジネス用語である英語に対応すべきである。企業活動や生活に関わる行政手続書類のすべてを、英語でも受け付けられるようにする。世界企業の活動を円滑にする法律や会計等のビジネスサポートの英語対応が、一般的となるような誘導策も有効であろう。

税制面での支援・誘致

企業誘致のために、世界の都市は積極的な租税特別措置を実施しているが、東京は、この取り組みについては立ち遅れが目立つ。

日本の法人実効税率は、引き下げられたものの、海外とりわけアジアの都市と比較して依然として高い状況にある。立地企業の国際競争力強化や外国企業の都心誘致のためには、これを少なくとも20％台前半まで低減する必要がある。加えて、海外都市では企業誘致のためにさまざまな優遇措置が講じられている。東京都心においても、長期的視点に立ち、起業時の租税減免や、事業の承継を妨げない相続税制、業種・地域を限った税優遇など、機動的・弾力的な政策が検討・実施されるべきである。

寄附税制による文化支援

文化・アートは都市が育てるものであり、また、都市は文化・アートの成長によって、その魅力が増進する。海外の都市では、文化予算や民間寄附によって文化が支えられており、都市と文化の互恵関係を重視する姿勢がとられている。

東京都心においても、文化・アートを支える寄附に対して、税制面での支援を行うべきである。さらに、公共建物整備予算の一部をパブリックアートや文化への貢献活動に振り向けたり、負担者が提案して文化・芸術への寄附を租税と調整できる仕組みを構築すべきである。

優れたICT基盤の利活用

東京のＩＣＴ（Information and Communication Technology）基盤は、世界でも高い水準にあるが、それを十分に活かしきれておらず、サービスの普及や利活用の面で改善の余地がある。

セキュリティや防災、医療・健康、交通などの公的サービス分野において、ＩＣＴの利活用を積極的に図るべきである。これによって、都心の暮らしの利便性や質が向上し、よりいきいきとした人間らしいライフスタイルを実現することができる。またＩＣＴ技術を駆使して環境負荷の低減を図り、低炭素型の都市活動を支えるべきである。

コンパクトな複合機能都市空間形成のための支援

さまざまな機能がコンパクトに複合した都市空間を実現するため、教育や文化、交流、宿泊施設等を育成用途と位置づけ、容積率緩和等のインセンティブを付与すべきである。

また、低炭素で持続可能な都市空間を実現するため、多様な環境技術を取り込んだ省エネ建物への建替えや、共同化、大街区化による面的な再開発に対して、耐震性向上や低炭素化に貢献する点を評価し、支援すべきである。

さらに、マンションの改修や建替え時における決議要件の見直しや、容積率の緩和、固定資産税の減免など、早期実現を目指すべきである。

独自の都市運営

これまでの慣習や制度に囚われず、独自の特性を活かした都心を実現するために、全国一律の法体系を改め、地域を限定した法令の整備や、自治権の付与、さまざまな都市運営サポートを行うべきである。

また、都市の運営にあたっては、絶えず世界の都市の動向に気を配り、柔軟で迅速な対応がとれる体制を確立すべきである。

国家的戦略として推進

魅力的な都心の形成は、一自治体や民間の力だけで実現できるものではない。国家戦略として位置づけ、国内外の民間企業や、地域で活躍するＮＰＯなどの総力を結集して、大胆にハード、ソフトのプロジェクトを遂行すべきである。

国際的な都市間競争が激しさを増す中、「立体創造都心」は早期に実現を果たさなければならない。都心の特定地域から、重点的かつ早急に実現させていく必要がある。「国家戦略特区」制度のより一層の発展的な活用により、直ちに実現に向けた具体的取り組みを実施すべきである。

■おわりに

東京には、歴史と文化に裏打ちされた多彩な特徴的地域が存在する。それらの潜在力を十分に引き出しながら、緑と水に囲まれた豊かな自然資源の保全と創出、高度なビジネス集積と知識創造型産業の拠点の形成、世界標準で整備された住宅と住民へのサポート、多様な価値観と活動を創造・発信する文化・交流施設などによって、人々の国境を越えた活動を生み出すことがこれからの大きな課題と考える。それらが世界最高水準の規範と技術を持った都市空間と都市運営の下で魅力を放つ「立体創造都心」は、日本国内はもとより広く海外の人々を惹き付けるエリアとなるはずだ。

第4章 五輪と都市

1900年に第1回がアテネで開催されて以来、世界の33都市でオリンピックが開催されてきた。開催する都市は国威発揚のために全力の努力を払ってきたが、それは万博と並ぶ国際的なビッグイヴェントである。また、オリンピックは多くの都市にとって、その発展段階を上げるためのテコの役割を担ってきた。戦後復興を経て高度経済成長の真只中に行われた1964年の東京オリンピックはその典型例であった。首都高速や環状7号線の西側部分をはじめ東京の都市基盤整備を短期間にレベルアップさせるだけでなく、その後の日本の発展の動脈となる新幹線が東京・大阪間に敷設された。それでは、2020年のオリンピックは東京に何をもたらすのか。そして、開催後の東京はどうなるのか。

1　都市政策の視点からオリンピック・パラリンピックを考える

２０２０年の東京でのオリンピック・パラリンピック開催によって、東京は、そして日本はどう変貌するのか。戦後復興の旗印となった１９６４年の東京大会は、日本人が自信と誇りを取り戻し、世界も日本に目を向けるきっかけとなった。

観光・警備・情報などに関連する新規産業の創造や海外からの投資増加、新たな都市基盤整備などにより、経済波及効果は20兆円にもなる。前回の大会から半世紀以上を経て老朽化したインフラの更新はどうなるのかの課題などもあるが、今回の大会によって、東京の国際競争力はどこまで向上するのか。２０２０年に向けた東京と日本の新たな姿を都市政策の視点から描く。

■都市にとってのオリンピックの役割

全世界から参加者を4年に一度集めるオリンピックでは、勝利者を讃える国旗が掲げられ国歌が吹奏され、紛れもなく参加する各国の国民の士気高揚と国家にとっては国威発揚の絶好のチャンスとなる。とりわけ１９３６年のベルリンでのオリンピックは国威発揚の典型例であった[1]。

しかし、大会を開催する都市にとっては、開催に備えるインフラ（都市基盤）整備と施設整備のための社会資本への投資が傾斜的に行われ、また、それを契機に新たな産業が創出されることに大きな意味がある。すなわち、社会基盤の充実と経済の強化が同時に行われるという願ってもない絶好の機会となるのである。

もちろん、開催される国家、都市の発展段階によって、そのストーリーは変わってくる。中進国から先進国へのステップアップとしての役割を持った例として、1964年の東京、1988年のソウル、2008年の北京、そしてこれから開催される2016年のリオデジャネイロもそのパターンに近い。オリンピック開催を機にインフラの整備水準を上げることが、開催都市が招致をする一つのモチベーションにもなっているからだ。1964年の東京オリンピックは、まさにそのとおりの大会であった。

一方、成熟した都市のパワーアップの例として、至近に2012年のロンドン大会が挙げられる。すでに社会基盤が整っている都市には、新たな多くのインフラ整備は必要なく、むしろ、それを契機に都市の弱点を克服することができる。ロンドンではソーシャル・インクルージョン（弱者共生）の政策で、東ロンドンで開発の遅れたストラットフォード地域を主たるオリンピック競技開催のエリアとした。さらに全域で文化・交流機能を高めるための施設整備などを行うとともに、全国でオリンピック開催に合わせて18万回以上のイヴェントを行った。

2020年の東京は、このロンドンのような成熟都市で開催されるケースが参考例となると思われる。

■1964年大会でのインフラ整備による東京の変貌

東京圏人口3000万人の時代を迎える1960年代にあって、東京のインフラ整備を飛躍的に高める契機となったのは、1964年にアジアで初めて開催された東京オリンピックである。その準備のための費用のほとんどが、都市や国土のインフラ整備に振り向けられた。国のオリンピックに対する間接的事業費は当時の金額で約1兆円に上ったと言われているが、その約8割が新幹線、地下鉄、道路などの交通網整備に使われた[2]。

開催の5年前から始められたインフラ整備は、急速に進むモータリゼーションに対応するための都市内高速道路網の建設、幹線道路の建設・拡幅などの交通網整備に重点がおかれた。環状7号線の西側部分の開通、国道246号線（青山通り、玉川通り）などと、羽田空港から都心、そして都心からオリンピック関連施設をつなぐ高速道路が優先的に整備された。

1959年に都市計画決定されていた都内の高速道路網71kmは、オリンピック開催時の直前に32kmが完成にこぎつけた（図4-1）。

計画というのはそれが実行に移されねば政策の実効性を持たない。その意味では、オリンピック開催時にすべてが完成していなくても、計画が実行のフェーズに移されたことが重要であり、それがオリンピックの最大の効果である。その後、首都高は延伸を続ける。

高速道路や地下鉄の整備だけでなく、水道や下水道といった城南・城西地区のユーティリティー

図 4-1　首都高速道路計画（1964 年 10 月完成部分）

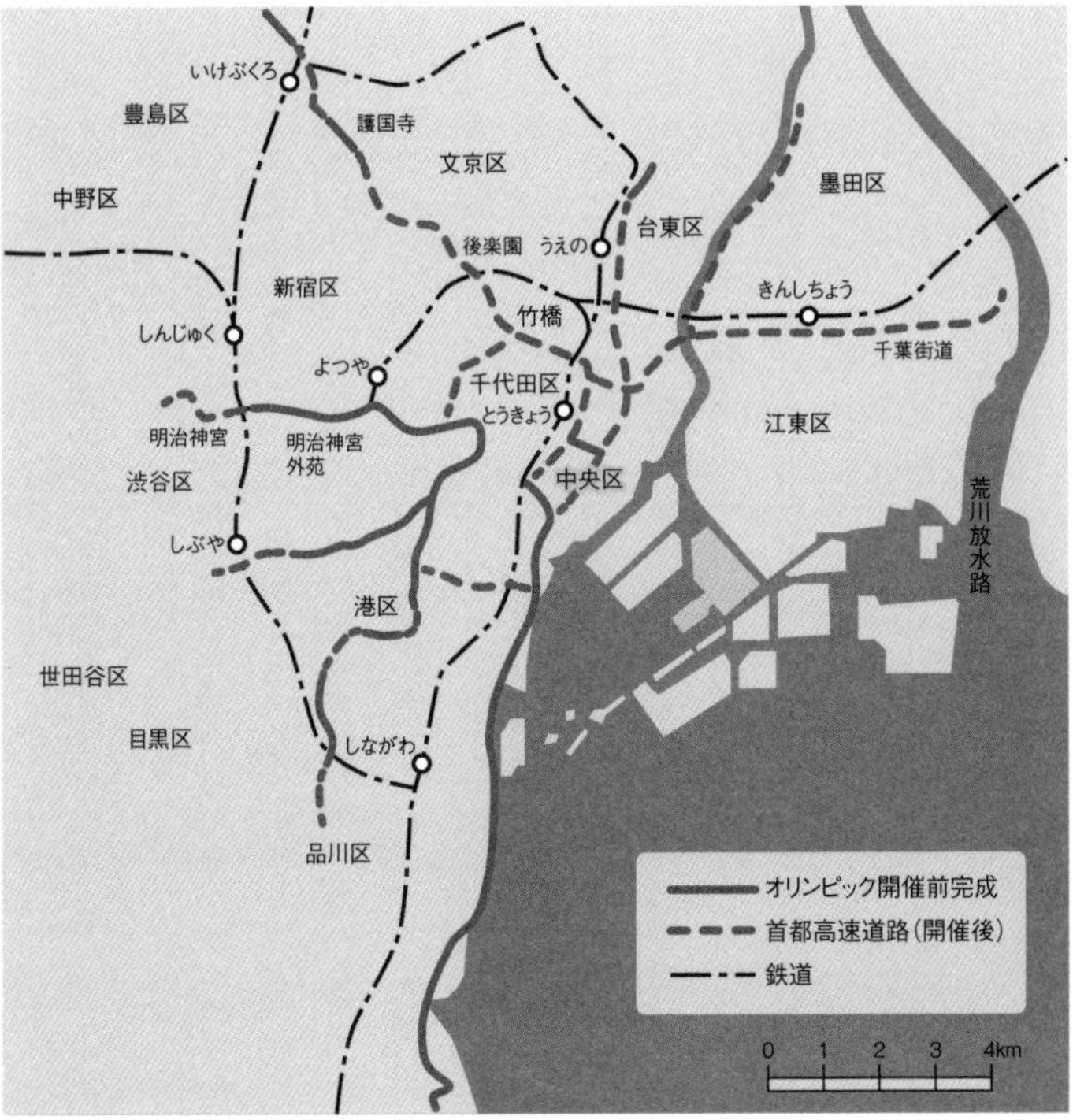

出典：市川宏雄「広がる市街地と変貌する都市空間」『東京を考える第５巻　都市を創る』（都市出版、1995 年）

の整備水準も上がった。

しかし、それは結果的に城東地区が開発から取り残されるという地区的アンバランスを生んだ。また、先を急ぐあまり、東京の市街地景観に課題を残すことになる。都心で歴史的にも由緒ある日本橋の頭上を高速道路が横切り、築地ではウォーターフロント開発の素材としての川を干上げて河川底に車を通したのである。また、渋谷駅前、上野駅前、六本木交差点など東京の代表的なサブセンターの頭上に遠慮なく高架道路が横切り、その後の都市景観形成にとっての除去し得ない異物となった。かつての震災復興の遺産である昭和通りの広々とした中央分離帯も、スルーパスの道路用地として姿を消した。

オリンピックで変貌を遂げたのは基盤施設だけではなかった。道路整備で一番の恩恵を受けた青山通りに近接する赤坂、六本木、原宿などの現代的盛り場が台頭してきた。青山通り沿いは、国際化する東京のソフィスティケーションの代表的な市街地となるのである。

オリンピックのためのインフラ整備が行われたのは、東京だけではなかった。間接的投資の3分の1は東海道新幹線の建設に充てられた。オリンピック開催の10日前に開通した新幹線によって、大阪が日帰り圏に入った。太平洋ベルト上の大阪が東京と一層の近接性を持ったことで、大阪の支店経済が衰退するなど東京への企業立地がその後進んだ。西から東への人の流れの変化も生じる。東京大学の入学者は、開通の翌年から、関東出身者が5割を切った[3]。

このオリンピックを契機にして、ホテルオークラなどの国際的な水準にあるホテルの建設、英会話学校の本格的な登場など、東京が戦後初めて世界と直接的な接点を持つにあたっての準備が進められた。ローカルからインターナショナルへ、3大都市圏から一極集中型首都圏へというその後の東京の歩みは、この時、その萌芽を見せつつあったのである。

■新規産業の発生

オリンピック開催で新たな建造物や交通インフラなどのハードウェアが急速に整備された。だが、五輪をきっかけに生まれ、その後今日まで伝えられているものはハードウェアばかりに限らない。オリンピックを契機にいくつかの新たな産業が生まれた。

日本警備保障株式会社（現・セコム）が日本初の民間警備会社として誕生したのは、1962年7月。当初は社員2名だけの、いまでいうベンチャー企業であった。63年12月に東京オリンピック組織委員会から、代々木で工事中だった選手村の警備を依頼された。日本警備保障は一気に100人の警備員を採用して業務を拡大し、選手村が閉村する64年11月7日まで、委託された警備業務を全うした。この実績で民間警備会社に対する認知度も高まって、民間警備業という一つの新たな業態が誕生したのである[4]。

1964年の東京オリンピックから新たに導入され、その後「世界標準」として定着した事柄がいくつかある。

一つは、世界で初めて、オリンピックをテレビの衛星生中継で全世界に配信した。また、各競技における順位やタイムなどの公式記録をコンピュータによるリアルタイムで一括管理するシステムを採用した。このリアルタイムシステムは、その後金融機関のオンラインシステムや、自動車メーカーの生産管理システムへと応用されたと言われている。

二つめが、ピクトグラムである。男子トイレ、女子トイレの人型のマークや、非常口のマークといった絵文字である。東京大会以前から絵文字の標識は存在したが、各競技を人型シルエットで表したり、表現を標準化して各会場に表示したのは、東京大会が世界初だった[5]。

そして三つめが、じつは選手村の料理がファミレスの原点だと言われている。アスリート1万人分の食材は、一般人2万人分に相当する。五輪開催の半年前から、食材を少しずつ購入しては冷凍していった。冷凍食品とサプライセンターを上手に活用し、セントラルキッチン方式で一度に大量の料理を作った。このノウハウは、1970年の大阪万博でさらに試行錯誤が加えられて、今日のファミリーレストランやファストフードでの調理法へと進化していった[6]。

■都市力の向上

現在の状況は、グローバリゼーションの格段の進展という点で1964年と大きく異なっている。オリンピック・パラリンピックが2020年に開催されると、東京の国際競争力はどうなるのか。五輪開催都市は都市力をアップさせる。こうした現象は、過去の歴史を見てみれば、世界の多くの都市で常識である[7]。もちろん、失速した都市もいくつかあるが、それはそれぞれ特異な理由があったからである[8]。

実際、筆者らが2008年から実施している世界の都市総合力ランキング（Global Power City Index、GPCI、森記念財団 都市戦略研究所）では世界の主要44都市を70の指標を用いて分析し、高い評価を得ているが、2012年にオリンピックを開催したロンドンがそれまで1位だったニューヨークを抜いてトップに立った。ロンドンでは、２０１２年に開催されたオリンピック・パラリンピックに向けて、その数年前から国際会議や五輪関連のプレイヴェント開催に取り組み、それにあわせて宿泊施設を整備したり、海外旅行客を誘致したことが都市の総合力アップに結びついたのである[9]。

現在、世界の都市ランキングはＧＰＣＩ以外に数十以上が各国で発表されているが、その中で主要なランキングと認知されているものに、ＭＯＮＯＣＬＥのQuality of Life Survey、Pricewaterhouse Coopers（ＰｗＣ）のCities of Opportunity、A.T.KearneyのGlobal Cities Index、Z/YenGroupのThe Global Financial Centres Index、Knight FrankのThe Wealth Reportなどがある。２０１５年下期における海外メディアのヒット数（紹介回数）では、ＭＯＮＯＣＬＥが約３００件、あとの四つがそれぞれ約２００件であるのに対し、ＧＰＣＩは約７００件に達している[10]。また、ＧＰＣＩは政策のベンチマークとなっており、政府のＫＰＩ（Key Performance Index）で現在の東京の4位を3位に上げること、東京都では舛添知事がオリンピック開催年に1位にすることが目標とされている。このうち、ＫＰＩの目標である3位はすでに達成されている。

それでは、２０２０年の東京オリンピックが、東京の都市力をどれくらいアップさせるのか。GPCI－2012の「東京五輪ランクアップシミュレーション」では、東京オリンピックが開催される２０２０年時点での、世界の都市総合力ランキングの予測を行った。

まず、２００８年から２０１３年までの世界の趨勢から各都市の成長率を算出し、２０２０年の順位を予測する。次に、そのうえで、２０２０年に五輪が行われることの影響を東京の推計スコアに加味する。参考にしたのは、２０１２年のロンドンのケースである。東京はロンドンと同じような成熟都市である。そこで、このシミュレーションは、「ロンドンオリンピックのときに起こった街の変化が、東京でも起こる」との設定で行っている。

さらに安倍政権が「日本再興戦略」の中で打ち出した２０２０年での訪日外国人旅行者数２０００万人の目標達成である。また、国土交通省航空局が羽田空港国際線の年間9万回の発着を13万回に増便を決めている。こういった大胆な観光・航空施策は、２０１２年のイギリス政府には見られなかった。

２０２０年に東京で開催された場合をシミュレートした結果は、総合ランキングがGPCI－2014の4位から3位へと上がることになった。オリンピック効果が想定される指標を14指標抽出し、過去のＧＰＣＩにおけるロンドンのスコア増加状況、既存の五輪による経済波及効果（ロンドン、長野等）等を考慮している。結果は、総合ランキングでパリを抜き3位となったのである。また、スコアでも2位のニューヨークに肉薄する。オリンピック開催は間違いなく、東京が国際競争力を上げる原動力になる[11]。

このシミュレーションをGPCI－2015に基づいて改めて行ってみたが、結果はGPCI－2012に基づいたものとあまり変化はなく、東京は3位であった。この3都市の間ではむしろロンドンの都市力が伸びていることが鮮明になった。２０１３年9月に東京でのオリンピック開催発表の後、旅行客の増加などが顕著になっているが、現段階では、その影響はまだ効果になっていない、と判断される[12]。

なお、このシミュレーションが行われた後、2016年10月発表のGPCI－2016では東京は前年の4位から順位を一つ上げて3位となった。

■東京オリンピック開催による経済波及効果

オリンピックは「平和の祭典」でありながら、同時に「巨大なビジネス」であることも事実である。そして、東京への投資は広く日本全体に波及していく。しかもそれは開催時に限ることなく、オリンピックをにらんだ事前のさまざまな経済活動によって経済波及効果を生み出し、日本の経済を上向きにしていく。

では、2020年東京オリンピックの経済波及効果はどれほどの金額になるのだろうか。

東京2020オリンピック・パラリンピック招致委員会、東京都スポーツ振興局が発表（以下、「東京都発表」）した経済波及効果（生産誘発額）は約3兆円とされていた。この試算は控えめである。そこで、東京都の試算を補う形で筆者ら（森記念財団 都市戦略研究所）が新たに試算したところ、経済効果は16・4兆円となった。両者の数値を合算すれば、経済効果は生産誘発額ベースで19・4兆円以上に上ることになる。これはGDPを年間で約0.3％上げる効果がある。この試算額は他の研究機関とそれほど大きな違いはない[13]。

この経済波及効果を算出するにあたっては、開催に伴う需要の増加、都市づくり事業の前倒し効果、新規産業の創出効果、ドリーム効果という四つの項目をとり上げた。

一つめは、訪日外国人の増加によってもたらされる需要増である。これに伴う宿泊や滞在中の消費需要の増加額を想定した。また、宿泊施設の整備拡充に伴う建設投資を見込んだ。

二つめは、東京オリンピック開催という節目ができたので、事業の前倒しが始まることである。鉄道の延伸や新線の設置、外郭環状道路の未整備区間の整備といった都市交通インフラの整備の前倒しがされるものと想定した。

また、民間都市開発事業の前倒しも想定される。その分の事業費（土地費は含まない）を東京オリンピックに伴う投資額として想定した。

三つめは、ＳＮＳ等の新たな情報インフラの拡充や、それに伴うシステム開発やコンテンツ制作などの産業の創出、観光業の拡充など、オリンピック開催までの期間にさまざまな産業が創出され、それに伴う新たな雇用の創出は２０２０年まで延べで約１０６万人。年平均で約15万人の増加である。

さらに、外国企業の進出がアジアヘッドクォーター特区構想で加速される。特区構想が終わった２０１７年から２０２０年までの4年間にかけて、新たに外国企業の進出が相当数あると想定し、この新たな進出企業による経済活動、関連して発生する各種の設備投資に伴う波及効果を算出した。

最後に、ドリーム効果である。オリンピック開催は国民のライフスタイルの変化と、それに伴う消費行動の拡大をもたらす可能性を有している。そこで全世帯のうち2割がこれまで貯蓄に充てていた額のうち半分程度を消費にまわすと仮定し、高性能電気機器の購入、スポーツ活動の拡大やスポーツ用品の購入など家計上の消費拡大に伴う経済波及効果が発生すると想定した。

なお、オリンピック終了後には経済が低迷すると言われている。インフラ整備にはじまり、過大な投資を行った国では、確かにソウル、バルセロナ、アテネなどその事実はある。ところが、すでにインフラ整備が一定の水準に達している先進国では過大な投資が無いためにそうした結果とならず、終了後に経済は成長をしている。アトランタがそうであり、ロンドンではむしろオリンピック開催を契機に、毎年、GPCIで2位のニューヨークとのスコア差を拡げつつある。東京がこのケースになることが期待される所以である[14]。

■オリンピック開催の政策的意味

東京の国際競争力を上げる政策としての国家戦略特区への期待は大きい。安倍政権は規制・制度改革をトップダウン型の政策実行で実現して、世界トップレベルの都市となることを目指し、国家戦略特別区域法を2013年12月に国会で成立させた。「居住環境を含み世界で戦える国際都市形成」、「医療等の国際的イノベーション拠点整備」といった措置を成長の起爆剤とし、世界で一番ビ

図 4-2　国家戦略特区の規制改革検討方針（内閣府 2013 年 10 月）

1. 医療

(1)国際医療拠点における外国医師の診察、外国看護師の業務解禁 *
全国規模の制度改革として臨床修練制度を拡充

(2)病床規制の特例による病床の新設・増設の容認 *

(3)保険外併用療養の拡充

2. 雇用

(1)雇用条件の明確化

(2)有期雇用の特例 *
有期雇用の期間延長を全国規模の規制改革として検討

3. 教育

(1)公立学校運営の民間への開放（公設民営学校の設置）*

4. 都市再生・まちづくり

(1)都心居住促進のための容積率・用途等土地利用規制の見直し *
都心におけるマンションの建設に際しオフィスビルに容積を移転するなどの特例措置を講ずる

(2)エリアマネジメントの民間開放（都市機能の高度化を図るための道路の占有基準緩和）

(3)潜在施設の旅館業法の適用除外 *

5. 農業

6. 歴史的建築物の活用

(1)古民家などの歴史的建築物の活用のための建築基準法の適用除外など *
歴史的建築物に関する旅館業法の特例

* 東京オリンピックの開催も追い風に、今後わが国に居住・滞在する外国人が急増することが見込まれる。

出典：筆者作成

ジネスがしやすい環境を創り出そうとするものである。東京圏では、東京都、神奈川県、成田空港地区が国家戦略特区の対象地域として選ばれたが、東京都は、当初都心9区をこの対象とし、後に全区に広げている。

国家戦略特区の成否は、どこまで規制緩和が実施されるのかにかかっている。2013年10月に内閣府によって示された国家戦略特区の規制改革検討方針にそのヒントが示されている。規制緩和の主要な対象項目として、医療、雇用、教育、都市再生・まちづくり、農業、歴史的建築物の6項目があり、それぞれに具体的な10項目（農業を除く）が挙げられ、このうちのじつに7項目に「東京オリンピックの開催も追い風に、今後わが国に居住・滞在する外国人が急増すること見込まれる。」という形容詞がついているのである。期限の限られた国際イヴェントの実施という与条件によって、通常では実行できない政策を実現に移すことができるという世界の常識がまさにここに示されたのである（図4－2参照）。

■新たな社会資本の整備――都市空間の「更新」

1964年の東京オリンピックは、戦災から復興した日本と東京を世界にアピールするための大会だった。これに対して、「コンパクトな大会」をコンセプトに掲げる今回の東京大会では、前回大会のように大掛かりな都市基盤整備は行われない。だがアベノミクスの経済回復とオリンピック期待の民間開発は東京都心のいたるところでその姿を見せ始めている。

大規模都市開発プロジェクトは、２０２０年に完了するのではなく、むしろ現在から10年後となる２０２５年頃に一気に竣工期を迎えるもので、その時の東京の都心の景観は一変していることが予想される[15]。

交通インフラでは、都心の幹線道路・高速道路の建設、新たな鉄道・地下鉄の建設、ＢＲＴ（バス高速輸送システム）などの計画の実施、構想がある。

幹線道路では２０１６年中に環状２号線延伸で虎ノ門と新豊洲の直結が予定されたが、築地市場の移転延期で未達となっている。高速道路では２０１５年度中に首都高10号線の晴海‐豊洲が開通した。また、オリンピック開催時には、銀座‐晴海にＢＲＴを走らせる構想がある。まだ、具体的な構想はないが、臨海地区の南部には軌道系がないので、新たな新交通システムなどの構想が出るかもしれない。

しかし、今回の大会開催に関連して注目すべき交通網整備は、ＪＲ東日本の羽田貨物線の旅客線転用と東京駅・新宿駅への直結が２０２５年を目途に発表されていることである。これによって東京駅から羽田空港の地下まで18分、新宿駅からは23分で行けるようになる。羽田のより一層の国際化は、今回の五輪に向けて最優先事項となっている。羽田空港の国際線発着枠４万回増加はもとより、いずれ羽田空港第５滑走路の建設も現実のものとなる可能性が高い。

そこでの最大の意味は、現在、東京の都市総合力の中で「交通・アクセス」分野における「国際線の直行便就航都市数」と「都心から国際空港までのアクセス時間」とが他の主要都市に対して劣っていることにある。すなわち、羽田の国際化がさらに加速され、都心からの時間が短縮されれば、確実に東京の国際競争力は向上するのである。

また、臨海部では、台場地区・青海地区でのＭＩＣＥ整備が構想されていて、臨海地区から品川・芝浦地区へのアクセス強化も課題となる。すでに都心から臨海部への新たな地下鉄の計画も発表されている。

■おわりに

50年ぶりに東京で開催されるオリンピック・パラリンピックは、開催にあたっての警備にはじまり、運営における多くの課題を背負っている。首都直下地震がいつ発生するのかといった自然災害から社会リスクに関する多くの危機管理対応も必要となり、政府、東京都等の関連部局はすでにその検討に入っている。

そして、この東京大会開催は、じつはこの日本という国家の分岐点に位置するであろう時代に符合する。すでに２０１１年から日本の人口は減少局面に移行し、東京圏でも２０２５年頃には人口減少と、より一層の少子高齢化社会に確実に突入していく。もちろん多くの社会基盤も老朽化する。しかし、上述した活発な都市プロジェクトの進行は、老朽化した施設の更新よりも、２０２５年に都心で建物床が新たに大量に供給される可能性を示唆している。当然、需給ギャップの問題、古いビルのコンバージョンなどが遠からず議論になるであろう。

中高年層が若年層の倍になる人口構造が2030年以降に現実となり、生産力をはじめとした国力衰退の懸念を抱える日本にとって、この国際イヴェントをどこまで有効に生かせるのか、その成否が問われている。第3次産業が世界での国家の趨勢を決めつつある中で、その舞台となる大都市間の競争はますます熾烈になっている。五輪後の2027年にリニア新幹線が東京と名古屋を40分で結ぶことによって、拡大した東京圏の存在が従来の西日本国土軸を劇的に変化させていく[16]。2020年という年は、じつはその物語の幕開けなのである。

2　2020年オリンピックに向けて、東京は何をすればいいのか
（対談）市川宏雄 vs.吉見俊哉

1964年の東京オリンピックから、今年で50年。それまでは、何かが起こった後の「復興」としての都市計画が、将来像を見通して行われたのが64年のオリンピックだった。そして2020年、成熟社会・東京で開催されるオリンピックでは、以前とは違う価値観が求められている。東京はどう変わる必要があるのか。

■オリンピック開催で最も変わったのは国道246号

市川　1964年の東京オリンピック開催当時、私は高校2年生でした。東京の空は、まだ煙たくて臭かった覚えがあります。排ガス規制もまだない時代ですね。

オリンピックには、やはり影響を受けまして、一つは進路のこと。都市の基盤整備と施設整備が急務の時代で、丹下健三さん以下、とても華やかな建築界を見て、建築学科に行くことにした。若いときは影響を受けやすいので、いとも簡単に決めてしまう。(笑)

吉見　私は6歳か7歳の頃かな。とくに、閉会式の光景はテレビの画面ではっきりと記憶に残っていますね。みんなが一緒になって大騒ぎしていて、なかなかいいもんだな、と。

また、建設中の環状8号線のすぐ近くに住んでいたものですから、家の周りの多くは工事現場。土管だとかそういうもので遊んだという懐かしい思い出があります。

市川　もう一つは、あのオリンピックは10月10日に始まるんですが、その1週間ぐらい前に都立高校の生徒を集めて国立代々木競技場で開会式の予行演習をやらされたんです。我々の高校は〝アメリカ選手団〟としてグラウンドを一周した。(笑)

式の最後に自衛隊のブルーインパルスが飛んできて、上空に五輪を描く。その時は五つとも真っ黒でしたが、本番の日に当時住んでいた本郷から空を見ていたら、ちゃんと五輪のカラーになっている(笑)。あの記憶も鮮明に残っていますね。

吉見　うちは駒沢公園も非常に近かった。あれは高山英華さんの傑作だと思っていて、オリンピックスタジアムそのものというよりも、周りの公園や緑地がとてもよくデザインされている。

たしかに、シンボリズムという意味では丹下健三さんが手がけた国立代々木競技場のほうが世界的に目立つわけだけど、駒沢公園は地域に馴染んでいるんですね。自分が小学生の頃によく遊んだし、結婚して子どもがまだ小さい頃にも連れて行った。親子二世代にわたってお世話になっている。（笑）

市川　駒沢公園と国立代々木競技場には両者をつなぐ重要な話があって。国道246号、いわゆる玉川通りですが、オリンピック開催でもっとも変わったのはこの通りなんです。代々木と駒沢を結ぶ国道246号が、東京を大きく変えていく原動力になった。

吉見　代々木をさらに都心方面に過ぎて、青山、赤坂と結ぶ青山通りも相当拡幅されました。

市川　都心から世田谷方面に抜ける大動脈ですね。

吉見　市川先生が著書の中で「東京の都心は南下する」とお書きになっていますが、それとちょっと連動する話で。南下するのは歴史的な必然性があり、1868年の明治維新では、薩長が南から攻めてきて江戸を占領するわけですが、まず、どこを取るかというと東京の南側を取る。

市川　そうですね。

吉見　もともと、薩摩・長州両藩の屋敷が六本木・赤坂周辺に比較的多かった。これらの土地は旧日本軍の軍用地となり、さらに米軍に接収される。青山練兵場は移転して代々木練兵場になりますが、東京の南部、港区・渋谷区にあったこうした広大な軍用地が、1964年のオリンピックを機に、スポーツ施設や公園に変わっていく。

市川　ソウル、北京、2016年開催のリオ、そして当時の東京もそうですが、基盤が整備されていない都市でオリンピックが行われる場合は、開催を機に街が劇的に変わる。首都高速もその一つですね。

当初は、東京全体に72kmを走らせる計画でしたが、時間が足りず、最終的には31kmの高速道路網ができた。優先的に作ったのは羽田から都心、都心から代々木や選手村に向かう道路。でも、たとえ計画どおりにいかなくても、重要なのはオリンピックを機に、こうした大きな政策を実行できたということ。

吉見　国が経済的にも人口的にも伸びていく時期に、ああいう突貫工事が行われ、そのうえで成し得たオリンピックという大イヴェントが、とりわけテレビを通じて人々の共有の記憶になっていく。これは、ソウル、北京、東京という東アジア各都市の共通体験ですね。

市川　さらに、非常に象徴的だったのは環状7号線の西側が完成したということ。ボート競技の会場がある埼玉県の戸田競艇場までつなぐ必要があったからです。

首都高速は用地買収の時間がないので、川の上に道路を造った。しかし、環状7号線は地上だから用地買収が必要なんですが、この時は〝行政のごり押し〟として大騒ぎになる危険性のある土地収用法を初めて使って、5年で造っちゃった。オリンピックで全員が同じ方向を見ていたので、反対があっても押し切れたという貴重な例です。

■矛盾だらけでも、日本人は〝繕う〟という能力に長けている

吉見　首都高速の話が出ましたけれども、逆に言えば当時の東京、あるいは日本政府が、これを造らざるを得ない状況だったんだと思います。その背景には、東京という街が戦災からの復興に失敗したという事実がある。つまり、都市デザインの復興が経済的な復興に追いつかなかったということ。

市川　たしかに。

吉見　当時、石川栄耀さんが中心になって、グリーンベルトや環状道路などの復興計画を立案した。結局頓挫するわけですが、もし、これらが半分でも実現していれば、東京には広いプロムナードや主要な拠点をつなぐ道路が、もうちょっとできていたはずです。

突貫工事で造った首都高速のように、あそこまで川を埋め立てて、景観を台無しにして、そして地域の文化や生活を壊す必要はなかった。東京の経済復興が予想より速かったがための皮肉な結果と言えます。私はそこで失ったものも大きかったと思う。

市川　これは私の解釈ですが、東京で大胆な改革が行われるのは、必ず「何かが起きた後」だということ。有名なのが1657年の「明暦の大火」、いわゆる振袖火事です。これによって、江戸の

街は大幅に姿を変える。

次に、1888年の「市区改正事業」ですね。欧米列強に負けないようにと、明治政府の肝いりで実施された。もっと有名なのは、1923年に東京を焼け野原にした「関東大震災」。この時は、偶然にも後藤新平がプランを作成中だったので、すぐに着工できたわけです、とはいえ、震災後の区画整理に変わりはありません。

吉見　なるほど。

市川　そして、第二次大戦からの戦災復興です。1945年にプランが固まって、着工が翌年。アメリカ進駐軍の意向もあって、結局うまくいかなかったんですが、いずれにせよ、すべてものごとが起きた後の〝修復〟という意味合いが強い。ところが、東京オリンピックは事前に準備した例外です。

吉見　オリンピック開催にあたって、明らかに造ってよかったと思うのは、駒沢競技場や丹下さんの国立競技場。そういうものがシンボリックに美しいことは間違いない。

米軍基地の跡地利用だと、比較的自由に先端的デザインの大規模開発ができる。ただ、そういうプロセスを通ってこなかった地域は、戦災復興計画失敗の後、たとえオリンピックがあっても、いい形に向かったとは言えないと思います。

市川　東京の北の方、東の方ですね。

吉見　復興計画の中でとくにもったいなかったなあと思うものがあって。その一つが、1946年に丹下さん、石川さん、また当時東京大学の総長だった南原繁さんらがグループを作って、「上野、本郷・小石川から神保町までを日本のオックスフォードにしよう」という計画を立てたんです。いわゆる、「文教地区構想」ですね。

このエリアには、上野美術館・博物館に代表される文化施設や、東京大学をはじめとする学問の府、そして書店街などが密集しています。

市川 お茶の水の駿河台一帯も含め、つながっていますね。

吉見 ここを大学や美術館が一体となった国際的な文化交流地域にするというプランなわけです。それは、同時に東京の文化の中心にもなりうる。オリンピックを機に一気にやらないと不可能な計画なんですが、案の定、実現しませんでした。

ちょうど中間点にあたる湯島も、国際的な交流都市になるどころか、いまや有名なラブホ街。別の意味での〝交流〟は行われているわけですが。（笑）

市川 今の話は非常に面白くて、計画案は作ったけど実行できなかったという、そこに行きつく。できなかった理由には進駐軍の意向のほかに、復員兵が大量に帰国したこともある。人口が5年間で600万人に倍増したわけですから、石川栄耀が作った人口380万人の見積もりでは追いつかない。

マイナス条件が重なった中で、唯一いじれたのがオリンピック関連事業。そこには不思議なバランスがあって、東京はなんとか繕いながらやってきている都市なんだと言えます。

吉見　いろいろと矛盾だらけでも、日本人は〝繕う〟という能力は長けていますね。しかし、それ故に根本的な革新や構造転換が、なかなか行えない。

市川　都市計画は繕ってちゃダメなんだけど、後藤新平がやった震災復興計画と徳川家康以降の江戸の街づくりは例外。しかし、その中でも意外と我々が知らないのが、東京の人口なんです。現在、広域東京圏の一都三県で3500万人以上いる。

そもそも、20世紀に始まった都市計画の発想は、せいぜい100万人から200万人。都市計画のお手本とされるロンドンは1600万人、ニューヨークは2200万人。3500万人がひしめき合って暮らす街の都市計画なんて本来成立しないいんですが、それを東京がやれているのは、繕っているという以外にも何かあるんじゃないかとは思いますけどね。

吉見　人口の爆発的な膨張期に開催されたのが1964年の東京オリンピックですが、今は成熟型社会で人口の縮小期。どういうやり方をしても、日本の人口は21世紀半ばまで減り続ける。

現在は1億2000万人ですが、21世紀半ばで9000万人にまで減ると言われています。移民政策を大胆にやったとしても、あまり変わらないでしょう。でも、逆に国が小さくなる今だからこそ、当時ではできなかったことがある気もします。

■今回のオリンピックで東京がニューヨークを抜く可能性も

市川　ここで、2013年に私が森記念財団とまとめた「世界の都市総合力ランキング」（Global Power City Index＝GPCI）を見てみたいんですが、トップ4都市は、1位ロンドン、2位ニューヨーク、3位パリ、そして4位が東京。これは前年と変わらずです。「経済」、「研究・開発」、「文化・交流」、「居住」、「環境」、「交通・アクセス」という六つの分野で、それぞれの指標をもとにランキングを作成しています。

吉見　これについては、いくつか素朴な疑問がありまして。たとえば、東京は「居住」の評価が低い。ふつうに考えると、食べ物も美味しいし、物価もニューヨークやロンドンに比べたらそれほど高くない。

市川　こういうランキングは使っている指標の影響が大きい。「居住」には「就業環境」、「居住コスト」、「安全・安心」、「生活環境」、「生活利便性」という、五つの指標グループがあります。東京は他の上位の都市より「居住コスト」が高いため、トータルでの評価が下がっているんです。

吉見　なるほど。東京は世界の大都市に比べて「安全・安心」ですが、一方で、上位3位の都市と比べて「文化」の得点が低い。東京の文化的な潜在力が世界に見えていないということだと思うんですが、それは観光客の少なさにも如実に表れていますね。

市川　まさに、そうなんですよ。

吉見　来るオリンピックのことを考えると、東京の持っているオリジナルの文化価値として何を見せていくのか、というのは重要な課題です。

市川　このランキングは、まさに政策を作っている人に見てほしい。最近は、内閣府も東京都も一つの尺度として参照してくれているようですが。

「文化・交流」という意味では、文化資源の問題だけでなく、観光客をどう呼び込むかという話にもなってきます。日本は、とくにこれが弱い。まず行わなければならないのは現状認識。そのうえで、しかるべき政策を実行する機会がとうとう来たということでしょう。

吉見　文化資源は量だけでなく、質も必要。また、それが目に見えてアクセスできる形になっていなければ観光客には伝わらない。

たとえば、都内で特別に国が政策的にサポートしているわけではないけれど、確実に人々が来続けている地域が谷根千（谷中・根津・千駄木）。規模は小さいですが、海外から来たときに生活風景やそこにある地域性がある種の国際性を持っている。そういう場所は、他にもいっぱいあるのです。

市川　日本人にとって当たり前のことが、外国人にどう見えるかを、これまで考えてこなかった。海外に知らしめる前に、我々がそれに気づく必要がありますね。

世界では、それを前面に出して「いらっしゃい」とやっている。街をどう巡るかを案内する「アーバントレイル」は、まさにそれ。東京は、まだまだ中途半端です。

吉見　点と点をつなぐ仕組みが必要ですね。日常的には便利だから地下鉄を使う。タクシーに乗る。

でも、本当の東京の魅力は、いくつかの層を持ついろんな地域が有機的につながっているところだと思うんです。

一番いいのは路面電車の復活ですが、それが難しければ都市に開かれた形で移動ができる手段を取り入れること。

市川　私はそうした資源を「感性価値」と言っているんですが、英語で直訳しても通じない。最終的には「Urban Intangible Value」という表現を使いました。これなら通じる。

吉見　「都市の触れない価値」ですね。

■今後の注目は環状2号線、いわゆる「新虎通り」のゆくえ

市川　2020年のオリンピックで東京がどう変わるかという話に戻すと、昨年、六本木ヒルズ10周年で「イノベーティブ・シティ・フォーラム」というのをやったんです。

テーマは「都市とライフスタイルの新しいデザイン」で、森美術館館長の南條史生さん、MITメディアラボ所長の伊藤穰一さん、そして私が担当で東京の未来を議論しました。

吉見　六本木ヒルズ周辺はグローバルシティとしての東京のカルチャーを発信する貴重な場ですね。

市川　今年も第2回として10月に虎ノ門ヒルズで行うんですが、虎ノ門ヒルズと言えば今、旬の話

題が足下を通る環状2号線、いわゆる「新虎通り」をパリの「シャンゼリゼ通り」にしようという計画。

吉見　大胆ですね。（笑）

市川　シャンゼリゼ通り沿いの建築物を8階建てで規制しているように、ビルの壁面線を揃える必要がある。ところが、これ道路局の管轄なので、都市整備局はなかなか口に出しづらいという側面もある。あれがどうなるかは今後、要注目ですね。

吉見　オリンピック開催となると、まず秋葉原には確実に人は来ますね。秋葉原から上野まで、たった600〜700mなんですよね。でも、道路がひどいし、標識もない。

市川　湾岸エリアも、今回のオリンピック騒動で久々に脚光を浴びています。東京ビッグサイトのようなMICE（展示会場、コンベンション会場）系の施設がどんどんできるんじゃないでしょうか。

他には、羽田空港の国際化が決まった時点で、ふだん眠っているJR東日本が目を覚ました（笑）。田町から羽田まで地下線路でつなぐ計画や、ディズニーランドまでつながる、りんかい線の買収などに動き出したようです。

吉見　ウォーターフロントは南に延びる余地もあるし、東京のこれからを考えると非常に重要なエリアですね。

市川　今回のオリンピックによって、「文化・交流」と「交通・アクセス」の各ポイントが上昇するので、東京がパリを抜いて3位に上がるのは確実。うまくやれば、2位のニューヨークを抜く可能性もある。

吉見　日本社会全体が厳しい時期を迎える2020年代以降を乗り切るためにも、残りの6年間で未来のビジョンにつながる道を造ることが急務ですね。（構成・石原たきび）

（「2020年オリンピックに向けて、東京は何をすればいいのか。」『東京人』、2014年9月20日）

註

［1］国威発揚の極端な例として、ナチス・ドイツの大きなプロパガンダの手段になったケースがある。武田薫『オリンピック全大会』（朝日新聞出版、2008年）131〜133ページ。

［2］市川宏雄「東京の基盤施設整備における今日的課題」（都政研究2004年10月号）3ページ。

［3］東郷尚武編『東京を考える5都市を創る』市川宏雄 第1章「広がる市街地と変貌する都市空間」（都市出版、1994年）51ページ。

［4］市川宏雄『東京五輪で日本はどこまで復活するか』（KADOKAWA、2013年）79〜81ページ。

［5］同上、82〜85ページ。

［6］同上、86〜88ページ。

［7］みずほ総研「2020東京オリンピックの経済効果」（2013年9月）13〜14ページ。

［8］大会終了以降に経済が失速した例にソウル（1988年）、バルセロナ（1992年）、アテネ（2004年）、北京（2008年）などの例がある。先進国と異なり、基盤整備で過大な投資をしたことなどが影響している。一方、先進国のアトランタ（1996年）、ロンドン（2012年）では経済は上向いている。

［9］森記念財団 都市戦略研究所『GPCI－2012 Yearbook』（森記念財団、2012年）48ページ。

［10］森記念財団 都市戦略研究所（2015年11月）。

［11］森記念財団 都市戦略研究所『GPCI－2013 Yearbook』（森記念財団、2013年）105～108ページ。

［12］GPCI－2015に基づいた結果で、スコアはロンドン1547、ニューヨーク1348、東京1304であるのに対して、前回はロンドン1463、ニューヨーク1305、東京1271であった。

［13］森記念財団 都市戦略研究所（2014年1月）。このほかに日本総研が生産誘発額で7～12兆円、三菱UFJモルガンスタンレー証券が29・3兆円、みずほ総研が当初2.5兆円としたが後に28・9～36兆円に上方修正している。

［14］市川宏雄他『東京2025 ポスト五輪の都市戦略』（東洋経済新報社、2015年）144～146ページ。

［15］市川宏雄（2015年）268～269ページ。

［16］詳細は、市川宏雄『リニアが日本を改造する本当の理由』（メディアファクトリー、2013年）。

第5章 都市空間のこれから

2020年のオリンピック・パラリンピックに向けて東京の様相は刻々と変わり始めている。東京への訪問客は年間で200万人ずつ増加しており、オリンピック開催時には1000万人を超して、世界の主要な都市に肩を並べる。しかし、東京の都市空間の変貌はこの2020年で終わるものではなく、むしろ世界の強豪都市と切磋琢磨できる質の高い都市空間の創造へ向けての確実なステップであると考えられる。人々の新たな価値観の芽生えや、テクノロジーの急速な進歩の中で、都市はこれからどのような未来を迎えるのであろうか。しかし、じつは現在の東京における活発な都市開発プロジェクトは、ロンドン、ニューヨークなどの世界のリーディング都市と同時進行で行われているのである。

1 新たな社会資本の整備――都市空間の更新

1964年の東京オリンピックは、戦災から復興した日本と東京を世界にアピールするための大会だった。これに対して、「コンパクトな大会」をコンセプトに掲げる今回の2020年大会では、前回大会のようにこれを機会に大掛かりな都市基盤整備を行うという方針はない。しかし、アベノミクスの経済回復とオリンピック期待の民間開発は東京都心のいたるところでその姿を見せ始めている。

■都心開発は世界の動向

世界の大都市は、それぞれ都心の再開発に力を注いでいる。たとえばロンドンでは、オリンピックパークでの開発やキングス・クロスでの大規模開発が進行中だ。その仕上がりにクロスレールウェイ（エリザベスライン）が開通する。ニューヨークでは2009年にハイラインが誕生し、その北に位置するハドソンヤードでは、アメリカ歴史上最大の民間開発がくりひろげられている。パリでは大規模都市開発の「グラン・パリ計画」で国際競争力の強化を図ろうとしている。

アジアの主要都市は、より貪欲でダイナミックだ。シンガポールはマリーナベイ地区で金融センターとMICE施設を稼働させ、香港は九龍地区ユニオンスクエアにICC（環球貿易広場）を、香港島セントラル地区にＩＦＣ（国際金融中心）を建設した。上海では、上海環球金融中心の隣に高さ632ｍの上海タワー（上海中心大厦）が建設され、虹橋には空港と新幹線の一大ターミナルも建設された。ソウルではヨイドの国際金融センターと漢江をはさんだ対岸の龍山で、630ｍの超高層ビルを含む国際業務地区の開発が行われている。もはやどの都市も、空間の洗練度は高まるばかりである。都市間競争の現実は、こうした急ピッチな都心開発に象徴されている。

その中で、東京が取り組むべきことは三つある。「文化」を育み、「国際的な接触・融合」を促進し、「産業」を創造することである。これらは独立する課題ではなく、相互に組み合わせることによって、都市の魅力を高めることにつながるのである。

特に産業については、第3次産業がベースの東京では、カルチャー産業、ＩＣＴ産業、そしてナレッジ産業の誘致が欠かせない。それによって世界を代表する創造産業の創出を目指すのである。これは東京のみならず、今の都市間競争のキーワードでもある。

■東京都心の生まれ変わる五つのエリア

現在、活発に開発が進むのは東京駅をはさんだ東西、さらに北側の日本橋、虎ノ門、渋谷、そして品川である。

東京駅周辺では既存の大丸有、日本橋地区に加えて八重洲側の開発がその動きを活発化させてい

図 5-1　生まれ変わる虎ノ門エリア

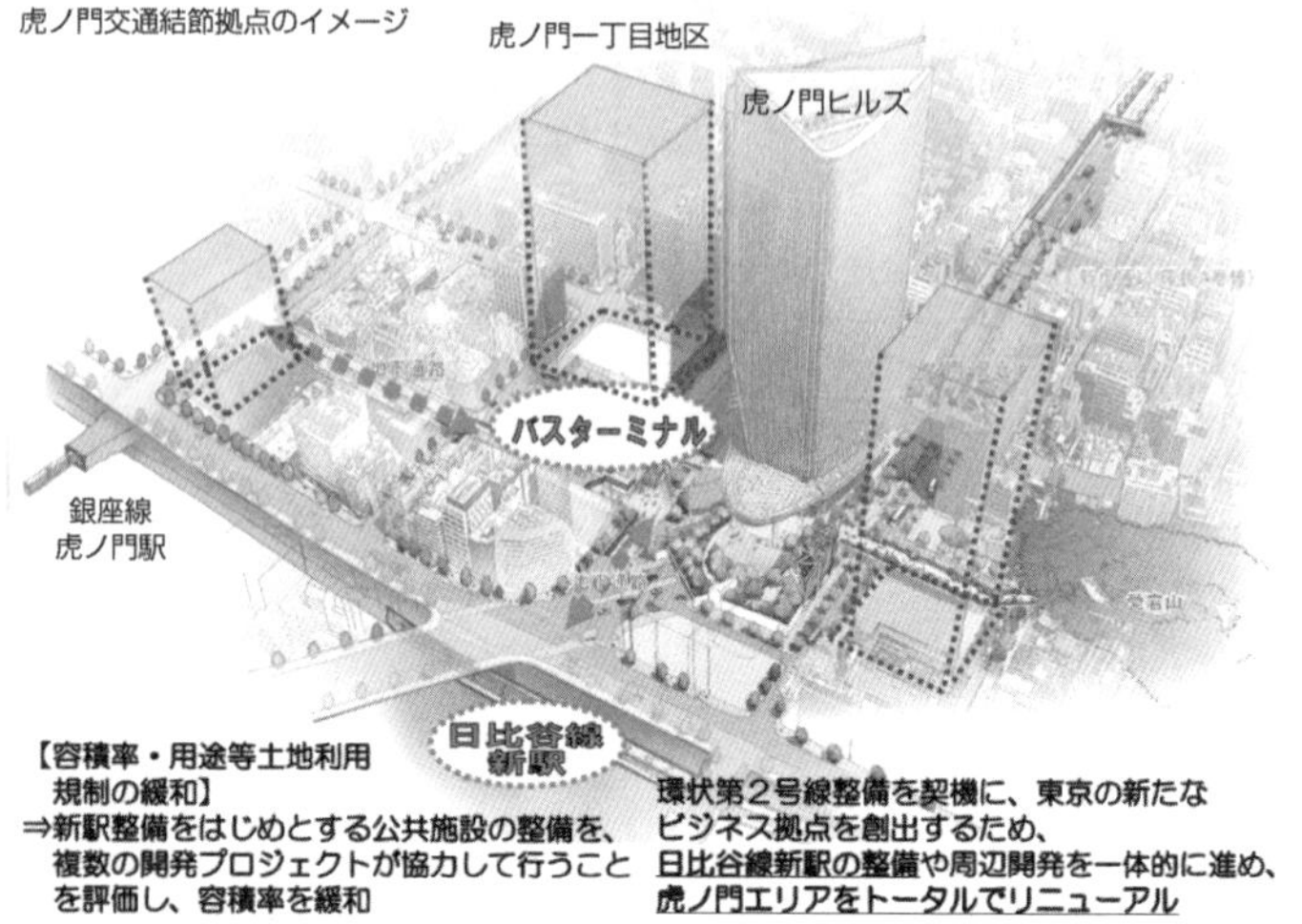

虎ノ門交通結節拠点のイメージ
虎ノ門一丁目地区
虎ノ門ヒルズ
バスターミナル
銀座線
虎ノ門駅
日比谷線
新駅
【容積率・用途等土地利用
規制の緩和】
⇒新駅整備をはじめとする公共施設の整備を、
複数の開発プロジェクトが協力して行うこと
を評価し、容積率を緩和
環状第２号線整備を契機に、東京の新たな
ビジネス拠点を創出するため、
日比谷線新駅の整備や周辺開発を一体的に進め、
虎ノ門エリアをトータルでリニューアル

出典：東京都

る。西側に対して遅れていた東京駅周辺は東側駅前の地下にバスターミナルが設置され、地上では京橋側への超高層ビル群によってオリンピックを契機にその景観が一変する。しかも、2025年を目途に常盤橋に400m級の超高層ビルの建設が開始されている。

虎の門地区では虎の門ヒルズを核として、南に日本のシャンゼリゼを目指す新虎通りの整備と、北側に日比谷線の新駅、バスターミナル設置が決まっている。周辺にはホテルオークラや虎ノ門病院の建替えをはじめ、多くの超高層ビルのプロジェクトが進行中である。臨海のオリンピック施設と神宮を結ぶ新虎通りは、前回東京大会でオリンピック通りとなった青山通りと似たような条件にあり、今回の大会で最も変貌を遂げるであろうエリアである（図5－1）。

渋谷駅では駅の大改造と駅前の東側に多くのプロジェクトが進行中で、コンクリートに囲まれた渋谷川の新たな復活も予定されている。

さらに、JR東日本が2020年に田町~品川間に山手線新駅を開業。車輌基地の跡地の開発が進められ、品川駅周辺の大規模再開発が進むことで、従来の東京の都心の都市構造を大きく変える可能性も出てきた[1]。

オリンピック開催までに街づくりは間に合わないが、新駅周辺では、臨海地区で行われる大会のパブリックヴューイングが設置される。

以下に各エリアのプロジェクトを概観する。

大手町・丸の内・有楽町

日本を代表するビジネスセンターであり、その中心エリアを「まちづくりガイドライン」対象地区に指定し、再開発を誘導している。

明治の産業近代化に伴って建てられた赤レンガのオフィスビル群は、戦後の高度経済成長期に高層ビルへと建替えられた。一方で、早くから発展したため、徐々にビルが老朽化し、1990年代初めごろからエリアとしての競争力を失っていった。

そこで1990年代後半から連続的な建替えを行い、これまでのオフィスワーカーに特化した機能から、商業や文化施設といった複合機能の街へとダイナミックな変貌を遂げ、新たなビジネスセンターとして見事に蘇った。特に丸の内仲通り沿いには、海外のファッションブランドや好感度の高い飲食店などが立ち並ぶとともに、ストリートファニチャーや豊富な緑などに彩られ、同エリアの骨格にふさわしい都市景観が形成されている。

その大手町・丸の内・有楽町エリアにおいて、さらに、以下のような都市開発プロジェクトが進行中である。

★連鎖型都市再生プロジェクト第3次事業（大手町一丁目第3地区第一種市街地再開発事業）

大手町合同庁舎跡地を活用したプロジェクトで、老朽化した建物を更新し、経済のグローバル化、高度情報化に対応するための業務中枢機能の強化を図る。国際競争力の強化に資するため、海外企業等を誘致し新たなビジネス創出支援をする「海外企業等支援センター（仮称）」や、外国人ビジネス来訪者の受け皿となる国際水準の宿泊施設を整備する。

★りそな・マルハビルおよび三菱東京UFJ銀行大手町ビル建替え（大手町一丁目2地区計画）

大手町エリア最大規模となる6000㎡の広場空間を整備する。皇居の緑と連続する緑地を含み、都心でありながら自然を感じられる場を創出する。また、約1500㎡の多目的ホールを整備することで、ビジネス交流・国際交流機能を強化するとともに、文化・芸術等を発信するイベントを通じ、来街者の交流を促す。ラグジュアリーホテルも誘致する。

設備の効率化によってCO$_2$排出量の削減を図るなど環境にも配慮するほか、災害時に備えて帰宅困難者の一時滞在施設（約4000㎡、約2400人収容）および、防災備蓄倉庫（約250㎡、約22000食の食料等）や防災井戸も整備する。

★逓信ビル・旧東京国際郵便局等跡地再開発（大手町二丁目地区第一種市街地再開発事業）
地上35階のA棟（延床面積約19万9000㎡）と地上33階のB棟（延床面積約15万㎡）の2棟の高層ビルの建設とともに、国内最高水準の通信環境を整備し、国際的なビジネスセンター機能、国際カンファレンス機能を強化する。災害時でも業務を継続できるよう自立性の高い電源（ガスコージェネレーション、非常用発電機）を導入するとともに、帰宅困難者を受け入れ支援する能力を強化するため、一時滞在施設と防災備蓄倉庫を整備する。

また、大手町と神田をつなぐセントラルプロムナード、サンクンガーデン（周囲より一段掘り下げてつくられた庭園や広場）の整備等により、魅力ある立体的都市広場の形成を目指す。

★東京駅丸の内駅前広場整備
広場中央部に、約6500㎡の大きな歩行者空間「丸の内中央広場」を2017年11月に完成させた。ケヤキの列植、行幸通りとデザイン的な統一を図った舗装や照明デザイン等により、丸の内駅舎とともに日本を代表する都市景観を創出し、東京駅周辺の都市観光の一役を担う。

また、その南北に合計約1万2200㎡の交通広場を配置した駅前広場を整備する。路線バスやタクシー等の交通結節機能を集約するとともに、四季を彩る植栽等による修景を行う。

日本橋・八重洲・京橋

日本橋・八重洲・京橋エリアには、重要文化財に指定されている「日本橋」、「日本銀行本店本館」、「三井本館」、「高島屋日本橋店」など歴史的建造物が多い。現在進行中の「日本橋再生計画」は日本橋地域が持つこれらの歴史的な特徴を「残しながら、甦らせながら、創っていく」ということをテーマに、日本橋の上空を横切る首都高もその撤去が決定され、官民と地元が一体となって推進している計画である。

2010年には「日本橋室町東地区開発」の一環である「コレド室町」が開業し、続けて2014年3月には、商業施設や映画館、オフィス、住宅などが入る「コレド室町2」、「コレド室町3」が開業した。さらに2014年10月には、日本橋における新たな地域コミュニティの核となる「福徳神社」が竣工した。

また、今後の当エリアにおける重要プロジェクトが、東京駅の八重洲口の正面で並んで展開している、以下の三つのプロジェクトである。

★東京駅八重洲口駅前整備計画

八重洲一丁目東地区市街地再開発事業では、東京駅八重洲口の正面の地下に、国際空港直行バスや主要都市を結ぶ高速バスの発着する巨大なバスターミナルを整備する。バス停留所を集約して乗り換えの利便性を高めるとともに、空港の24時間化に対応したラウンジ等の整備、多言語対応等によって利便性の向上を図る。

東京駅と周辺市街地等を結ぶ、地上・地下の歩行者ネットワークも整備される。歩道の拡幅、歩道上の既存地下出入口の撤去による歩行者空間の拡充、公共的駐輪場の整備による違法駐輪の改善などである。

また国際交流機能やビジネスの国際的中枢としての機能を強化するため、2棟の超高層ビルが新設され、日本橋のライフサイエンスビジネス拠点と連携した交流施設等の整備、外国人の初期診療や予防医療等を実施する医療施設の整備なども計画されている。

災害時に帰宅困難者を受け入れるスペースと備蓄倉庫を整備するなど、地区間連携による災害時支援機能も強化される。コージェネレーションシステムの導入や地域冷暖房施設のネットワーク化により、環境負荷の低減も図る。

上記の開発事業のすぐ南側にも、同様の事業計画（八重洲二丁目北地区第一種市街地再開発事業）がある。やはり地下にバスターミナル等を整備し、大規模複合ビルを建設してビジネス交流に寄与するサポート機能、宿泊機能を高める。また、災害に強い自立・分散型エネルギーシステムを整備して事業継続機能の確保を図るとともに、エネルギーの効率的な利用と環境負荷低減にも取り組む。

★髙島屋日本橋店再開発計画（日本橋二丁目地区第一種市街地再開発事業）
日本橋地区では、区域面積約2.6ha、延床面積計約28万2000㎡の大規模で最先端の施設計画が立ち上がっている。新設する大型複合ビル2棟の外装デザインを世界的に著名なスキッドモア・オーウイングス・メリル（SOM）が手がけ、安心で快適な高規格オフィス空間を整備する。また、重要文化財である髙島屋日本橋店を核として、商業施設やオープンテラス、観光案内所、歩行者専用道路などを設置し、新たな賑わいを創出する。
同じく災害時に備え、防災機能の強化と環境負荷の低減にも取り組む。

虎ノ門・六本木

虎ノ門・六本木エリアは、2020年東京五輪を契機として、今後、大きな変貌が期待されるエリアである。虎ノ門は、江戸時代には武家屋敷や町家が建ち並び、戦後はビジネスエリアとして発展した。周辺には、アメリカ大使館をはじめとして各国の大使館が点在し、官公庁が集積する霞が関エリアにも隣接している。これまでは、平日はビジネスマンで賑わうものの、休日は閑散としていたが、2014年3月に開通した環状2号線および同年6月に開業した虎ノ門ヒルズが起爆剤となって、この地域も大きく変わりつつある。

以下に、進行中の主なプロジェクトを三つ挙げておこう。

★ホテルオークラ東京本館の建替え

現在10階建ての本館の敷地に、38階建ての複合ビル（ホテルとオフィス）、13階建てのホテルの2棟のビルを建設する。これにより、ホテル客室数は現状の408室から約550室に増える。また、敷地の半分にあたる約1.3haを緑地として整備し、都心の貴重なオアシスとして周辺地域に提供して地域活性化に寄与するとともに、災害時には一時避難場所として地域の安全と安心を守る場となることを目指す。

★虎の門病院周辺再開発（虎ノ門二丁目地区再開発事業）

地区内の虎の門病院、国立印刷局（本局・虎の門工場）および共同通信会館は、いずれも老朽化により機能更新が必要となっている。いずれの建物も取り壊され、跡地に19階建ての新虎ノ門病院と36階建ての業務棟が建設される。

もともとこの地区周辺の地形は起伏が大きく、歩行者空間も不足しており、歩行者の安全性、快適性が十分に確保されていない等の多くの課題を抱えている。ビルの建設と合わせ、安全で快適な歩行者ネットワークを形成するなど、地区内外における交通ネットワークの充実・強化も目指す。

これにより、国際水準の医療サービスを提供するとともに、外国人ビジネスマンやその家族への業務支援機能や生活支援機能も整う。また災害時には、都内最高レベルの治療・収容拠点となることが期待される。

★東京メトロ日比谷線霞ケ関駅〜神谷町駅間の新駅整備

虎ノ門ヒルズの北側に、東京メトロ日比谷線の新駅が誕生する。２０２０年の東京五輪開催までに供用開始することを目指している（新駅の最終完成は２０２２年度を予定）。バスターミナルも設置される予定で、たとえば赤坂・虎ノ門エリアから羽田空港へ向かう場合、ＢＲＴ（バス高速輸送システム）で環状2号線を経由し、その後、首都高速湾岸線を通って行くことも可能になる。五輪開催中、虎ノ門は各競技会場と都心各地とを結ぶ「ハブ」になることが期待されるが、それだけではない。交通結節機能の強化により、五輪開催後も生活環境を備えた国際的なビジネス・交流拠点としての役割を担うことになる。

渋谷

ＪＲ、東急電鉄、京王電鉄、東京メトロの4社8線が乗り入れる渋谷駅は、日本有数の乗降客数を有する駅である。その駅と周辺の街区では、主に四つのエリアに分かれて再開発が進行中であり、２０２7年までには駅と周辺が回廊で結ばれた回遊性の高い都市空間が創出される予定である。

★渋谷駅街区開発計画

新設される3棟のビルと東西駅前広場をつなぐ多層の歩行者ネットワークを整備する。また、3階のJR線・銀座線改札と道玄坂方面をつなぐデッキを整備し、東口にはエレベーターやエスカレーターによって歩行者の縦移動を容易にする「アーバン・コア」を新設し、歩行者の利便性を高める。

★渋谷駅地区道玄坂街区再開発

18階建てのビルを新設し、その1階には国際空港へのダイレクトアクセスを可能にする空港リムジンバス発着場を含むバスターミナルとともに、国内外の来街者をターゲットとした観光支援施設を整備し、都市型観光拠点としての機能を高める。また、クリエイティブ・コンテンツ産業等の起業家や日本に進出する外国企業等を対象に小規模オフィスを提供し、産業進出を支援する。緑豊かな屋上庭園と飲食店舗も併設することで、知的創造性を刺激する空間づくりを目指す。

★渋谷駅桜丘口地区再開発

この地区には、新たに4棟のビルの建設が計画されている。そこでは、居住者、外国人ビジネスマンの生活を支援するため、健康管理機能等を有する国際医療施設や、国内外のビジネスマンの短中期滞在に対応したサービスアパートメント、未就学児を対象とした子育て支援施設等を整備する。これらの施設は多言語での対応を可能にすることで、まちの国際競争力強化の一助となる。

★渋谷駅南街区プロジェクト

現在は水流の止まっている渋谷川に、清流復活水を活用した「壁泉」とよばれる水景施設を整備する。それとともに、稲荷橋下流側に「渋谷三丁目のゲートとなる広場」、金王橋上流側に「渋谷三丁目のシンボルとなる広場」という計2カ所の広場を整備する。また、約600mにわたる緑の遊歩道を整備し、ツタなどによる護岸緑化、高木の並木による緑と水のネットワークを形成する。視覚的にも聴覚的にも、賑わいと潤いのある良好な水辺空間が誕生することになる。

品川

品川エリアは、近い将来において、都心として新たに加わる可能性の高い有望なエリアである。品川の開発は、羽田空港の国際化が大きな影響を持つ。加えて、2027年に開通予定のリニア新幹線の始発駅でもあり、田町との間には新駅も誕生する。車両基地跡地の新駅開設は2020年を予定している。また、幹線道路の環状4号線も延伸される。少し先になるが、白金高輪から品川駅までの地下鉄が新設される。

東京都は2007年に「品川・田町まちづくりガイドライン」を発表した（2014年改訂）。未

図5-2　東京の開発プロジェクトとタイムライン

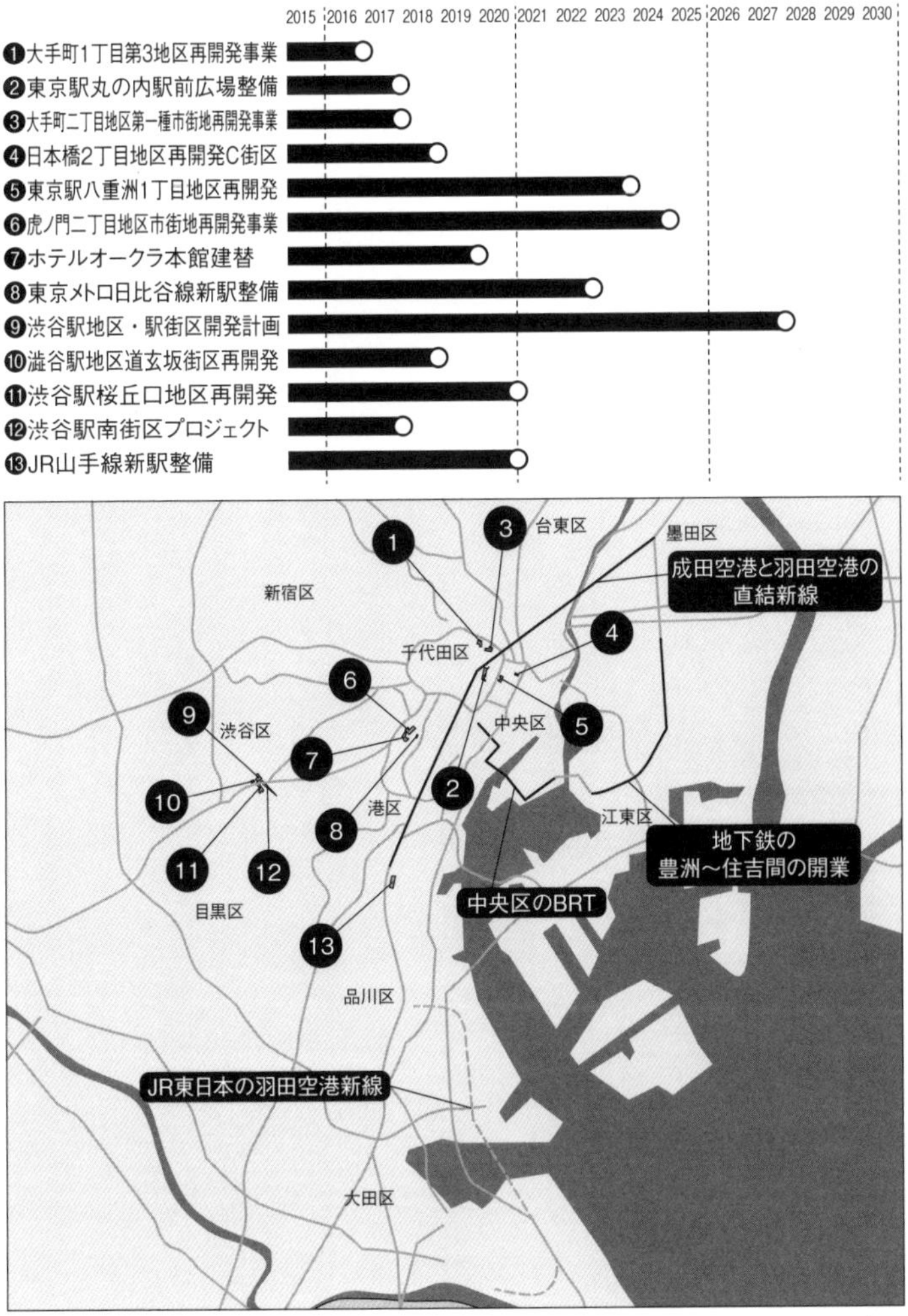

出典：『東京 2025　ポスト五輪の都市戦略』市川宏雄・森記念財団 都市戦略研究所、東洋経済新報社、2015年

利用の土地を有効活用し、国内外から人を集め、企業を誘致し、豊かな住環境を整えることが期待される。

こうした大規模都市開発プロジェクトは、2020年に完了するのではなく、むしろ2025年頃に一気に竣工期を迎えるもので、その時の東京の都心の景観は一変していることが予想される（図5－2）〔2〕。

交通インフラ

交通インフラでは、都心の幹線道路・高速道路の建設、新たな鉄道・地下鉄の建設、BRT（バス高速輸送システム）などの計画の実施、構想がある。

幹線道路では環状2号線延伸の虎ノ門と新豊洲との接続が遅れているが、高速道路では2015年度中に首都高10号線の晴海－豊洲が開通した。また、オリンピック開催時には、銀座－晴海にBRTを走らせる構想がある。また、この臨海部では、台場地区・青海地区でのMICE整備が構想されていて、臨海地区から品川・芝浦地区へのアクセス強化も課題となる。すでに新橋周辺から臨海部への新たな地下鉄の路線が交通政策審議会で認められたが、具体的な時期は明らかではない。また構想ではないが、臨海地区の南部には軌道系がないので、あらたな新交通システムなどの構想が出るかもしれない。

◆ＪＲ東日本の羽田空港新線

東京五輪の開催決定から2カ月後の２０１３年11月、羽田空港へのアクセスについて、ＪＲ東日本が休止中の東海道貨物線を使い、都心と羽田空港を結ぶ新たな鉄道路線を整備することを発表した。

現在、都心から羽田空港までは、都営浅草線から直通で京浜急行が品川からアクセスしている路線と、浜松町からＪＲ東日本の子会社である東京モノレールによる路線の２系統である。だが五輪で海外からの観光客が急増すると、輸送力が限界に達するおそれがある。そこで、山手線の田町駅付近から海岸部を通って羽田空港方面に延びている貨物線を使い、さらに空港付近にトンネルを掘って都心から羽田空港へ直結するルートが浮上した。

その結果、２０１５年3月に開業した東北縦貫線（上野東京ライン）に接続され、東北地方から一気に羽田空港にアクセスできることになる。あるいは、りんかい線と接続して、新宿方面と接続することと、また、羽田から東京ディズニーランドのある舞浜まで直接行けるようにする。

これにより、東京から羽田までは18分程度、新宿から羽田までは23分程度で行けるようになる。残念ながら五輪開催の２０２０年には間に合わないが、２０２５年前後の全線開業を目指しており、実現すれば羽田空港の国際化による東京の都市力は一段と向上することになる。羽田のより一層の国際化は、今回の五輪に向けて最優先事項となっている。羽田空港の国際線発着枠4万回増加はもとより、いずれ羽田空港第5滑走路の建設も現実のものとなる可能性が高い。

そこでの最大の意味は、東京の都市総合力の中で「交通・アクセス」分野における「国際線の直行便就航都市数」と「都心から国際空港までのアクセス時間」とが他の主要都市に対して劣っていることにある。すなわち、羽田の国際化がさらに加速され、都心からの時間が短縮されれば、確実に東京の国際競争力は向上するのである。

従来、鉄道と飛行機は競合関係にあって、相互に寄り添うことを避けてきた。しかし、JR東日本の貨物線の旅客線転用で、都心が国際空港に近接するという世界でのトップレベルの国際交通アクセスを持つことを意味している。2027年のリニア新幹線の開通で、羽田空港の国内線枠の国際線への振り替えも可能になり、国際線発着数の増加とともに、都心から国際航空への接続を高めることは、国際競争力における東京の都市力を高めることになる。

ただし、東京駅から品川駅までは東海道線、東北縦貫線、羽田空港線が同じ線路を走ることになるため、ダイヤ編成には苦労しそうである。

◆有楽町～晴海間を走る中央区のＢＲＴ

江東区が地下鉄延伸を計画しているのに対し、中央区が整備を進めているのがＢＲＴ（Bus Rapid Transit）だ。一般的には「バス高速輸送システム」と略される。ガードレールなどで区切ってバス専用レーンを設け、そこに2台を連結したバス（定員130名）を走らせることで、渋滞に巻き込まれることなく、100人規模の人員を定時輸送することができる。しかも、鉄道のように大規模な設備投資を必要としない。

中央区では、区内の道路混雑緩和のため、五輪開催が決定する前からBRTの整備を検討してきた。想定としては、外堀通りの有楽町交差点を出発し、晴海通りを過ぎて銀座みゆき通りを左折、築地市場を迂回する形で現在建設中の環状2号線を左折、五輪選手村を経由して、オフィス・住居・店舗の複合施設である晴海トリトンスクエア前で終着、というルートが考えられる。これなら、全長4.2kmで、片道およそ12分で運行できる。運行開始は当初2016年4月を予定していたが、築地市場の移転延期で実行に至っていない。

2 東京都心の未来――近未来物語

2025年には、現在進行している大規模都市開発の多くが竣工しているとともに、都心からの羽田直結線も完成している。世界の大都市で都心から国際空港までの接続が最も短い都市して東京が浮上する。海外に出張するビジネスマンがその東京都心の近未来を語る。

■東京駅～新橋

陽が傾き、真夏の暑さがようやく和らぎ始めてきた7月の午後、東京駅12番線ホームに電車の発車サイン音が大きく鳴り響いた。

スーツケースを引いたビジネスマンや、大きな荷物を肩に抱えながら子供と一緒に帰省すると見られる母親、バックパックの外国人などさまざまな人たちが東海道線のホームの上に設置されたこの2階駅から「JR羽田空港新線」の車内に次々と乗り込んだ。

「プシュー」という音とともにドアが閉まり、ゆっくりと動き出した電車の窓の外側を見ると、東側には東京駅前広場とそこから皇居へと一直線に続く行幸通り、そしてその両側に聳え立つ丸の内の超高層ビル群が、繁茂する樹木や、せわしなく動く車や人とあいまって壮観な景色をつくり出している。

西側には、地下のバスターミナルが整備された八重洲駅前広場が見えている。かつての駅舎を低層下して両側にタワーを設置することで、八重洲通りから風が入り、そのまま駅を越えて行幸通りに流れて皇居に風が吹き込むようになった。そのおかげで周辺の気温が数度下がった。新しい駅前広場も整備され、丸の内側に遅れていた八重洲側の大規模な開発が進み、その裏側の日本橋から京橋に向かって整備が進んでいる。

今日、私はこれから出張でアメリカへ発つ。午後4時の羽田空港発の便だから、2時半に東京駅を出発すれば十分に間に合う。ひと昔前に比べて、ずいぶん近くなったものである。

ルートは二つある。一つはJR東日本が東京駅から羽田空港まで直通の線を引いた「JR羽田空港新線」。東京駅から田町までは在来線を走り、田町から長い間廃止されていた貨物線を再利用している。この貨物線は田町駅を過ぎると新幹線車庫への分岐線と並行する形で海側に分岐し、新幹線の大井車両基地に隣接する東京貨物駅に通じている。羽田空港新線はここからまっすぐ南下して羽田空港に向かい、まもなく地下に潜って羽田空港ターミナルビルに至る。この間、たったの18分である。

もう一つは、以前からあったモノレールが浜松町で止まっていたものを東京駅まで延伸した「新東京モノレール」。

2020年の東京五輪へむけて、東京都心の景色は大きく変わったが、その動きはむしろ五輪が終わって5年経った今の方がより完成形に近づきつつある。羽田空港新線の車窓からは、その変化を一望できる。そこで今日は、このルートを使って羽田空港まで行くことにしよう。

ここ数年、海外出張に行く度に利用しているこの新線からの車窓からの眺めは、刻々と変わりゆく首都東京の姿を、いつもとは違った視点と速度で見ることができて見飽きることがない。車内では帰国の途についている外国人が窓にぴったりと張り付き、東京旅行の最後の景色を興奮した様子で写真に収めている。

東京駅を出発すると、さっそく見えてきたのが新橋の大規模開発。かつて新橋駅前には、戦後の復活を象徴する「新橋センタービル」が建っていた。広場には蒸気機関車も置かれてオヤジの聖地としての地位を築いていた。しかし、今はそのニュー新橋ビルが再開発の真只中。もうすぐ新しい駅前として衣替えしようとしている。

ちょうど新橋駅前の工事現場を越えて、もう少し南に行くと、右手に虎ノ門ヒルズ、左手に汐留の高層ビル群が見えてくる。この両地域は、数年前に開通した「新虎通り」で結ばれている。通称「東京のシャンゼリゼ通り」だ。この幹線道路こそ、２０２０年の東京五輪に向け、国と東京都が威信をかけて行った再開発の象徴だろう。広い歩道に面してオープンカフェが軒を連ねている新虎通りと、その先には虎ノ門ヒルズがそびえる。新虎通りの地下を走る環状2号線は、２０２０年の東京五輪の際に神宮のオリンピックスタジアムと臨海部の選手村やスポーツ施設を結ぶメインストリートとして使われた幹線道路である。

新虎通りの両側には建設工事用のクレーンが何本も立ち並び、２０１４年に開通したこの通りが、ここに来て、いよいよ大きな変貌を遂げるんだということを教えてくれている。東京五輪の開催時には確かに広い歩道が評判にはなったが、その両側の建物の整備は進まず、さすがにシャンゼリゼというには躊躇すらあった。しかし、いよいよ歴史や伝統文化と最新テクノロジーの融合、デザインコントロールされた都市景観、オープンスペースとそこで開催されるイベントの数々が結実をするのか。そんな期待をしながら数年後に、ここにいったいどのような魅力的なストーリーができあがるのか。考えるだけでも今からワクワクする。

しかし、どうやら子供たちや外国人には左側の景観の方が人気があるようだ。確かに、眼前に広がる浜離宮恩賜庭園の豊かな緑と東京湾、左手に見える晴海埠頭や豊洲新市場、右手に見えるレインボーブリッジやお台場などから構成されるダイナミックな風景は、東京を代表する都市景観の一つとなっている。

■浜松町〜品川

しばらくすると、浜松町駅通過。浜松町は、モノレールが東京駅まで延伸する前まで始発駅であった。右手にそびえていた老舗の超高層ビルであった黒色の貿易センタービルは今はなく、新たな超高層に変わっている。しばらくすると田町駅。ここからJR品川駅に至るまでのエリアは、東京の中でもここ数年で最も大きな変化を遂げてきて、かつこれからも変化を遂げていくであろうエリアの一つである。そのきっかけとなるのが、六本木ヒルズよりも大規模な品川車両基地跡地の開発計画である。全体で20ha、鉄道用地を除いた面積は13haある。

右側の窓に広がるこの開発エリアは、2020年に完成したJRの新駅「グローバルセンター」を皮切りに、急ピッチで周辺の街づくりが行われている。5年前の東京五輪の当時は、新駅以外の空間は広大な空き地であったため、パブリックヴューイングの会場として大いに盛り上がったものである。そのエリアが現在では、新虎通りで見られたクレーンよりも大きな規模のクレーンが何本も林立し、駅前広場を中心として業務・商業・住居などが複合した街へと創り変えられている。10年前には思いもつかなかった光景が、そこには広がっている。

しかも2年後の2027年には、いよいよこの駅の地下からリニア新幹線が走り出す。駅自体は品川駅の地下に造られるが、きわめて深部のため、出口の一つは「グローバルセンター駅」にもつながるのである。名古屋までわずか40分。二つの都市圏の合体は、人の流れやビジネスをはじめ、東京の都市力をさらに高めることになるだろう。

この大規模開発に合わせるように、品川駅舎の新設と周辺の再開発も始まっている。すでに港南側には、ビル群がそびえているが、いよいよ高輪側の駅前広場が完成したのである。これに合わせて旧パシフィックホテルやプリンスホテル群も建替えを始めていて、この新しい駅舎と駅前広場を軸にして10年前は思いもつかなかった光景が、そこに広がりりつつある。

■天王洲アイル〜羽田空港

列車は芝浦アイランドの住宅地を過ぎ、天王洲アイルまで進む。この景色は以前とさほど変わっていないが、驚くべきはそこから先だ。

東京五輪で最も変わった地区の一つに、この地域の臨海部がある。品川の再開発が発表された後、品川・大井周辺では急激なマンション建設ラッシュが始まった。それまで、この地域にある大きな団地は京浜運河沿いの八潮団地だけであったが、品川区と大田区がこの新線開通に合わせて海側に開発を進めたこともあり、かつての味気ない倉庫群は、ビジネス面・生活面ともに利便性が高まるよう複合的な開発が進んだエリアに変貌している。かつての開発未着手エリアが、「東京の先進ウォーターフロント」と呼ばれるまでになっているのである。

そして右手には広大な新幹線の車両基地が広がってくる。戦後の高度経済成長の中で主役としてそれを支えた新幹線の車両がところ狭しと並んでいる。海に浮かぶ大きな船に騒いでいた子供たちが、今度は「電車がいっぱい」と驚きの声を上げている。目の前に新幹線の威容に接するとまさに壮観である。2年後にリニア新幹線が開通するとこの新幹線の役割はどうなるのか。64年の東京オリンピックに開通し、丸顔の団子鼻から尖ったアヒルの口ばしにその姿を変えながら、その後の日本の経済と私たちの生活に深く溶け込んできた仲間は、これからどうなるのか。しばしその感慨にふけっていると、列車は東京野鳥公園を過ぎて、トンネルで地下に潜り始めた。このまま羽田空港の国内線ターミナルの地下に滑り込むのである。そして、その次が国際線のターミナル駅である。

東京駅を出発して約20分で羽田空港国際線ターミナル地下駅に到着した。国際線ターミナルは次々に拡張され、その横には大規模なトランジットホテルも開業している。乗り換え客は入国審査をせずに羽田に泊まることができる。

五輪を契機に羽田も大きく変わった。国際線の発着枠はかつて年間9万回だったが、13万回に増やされた。しかし五輪後、往来する人がさらに増えたため、第5滑走路を建設する計画も持ち上がっている。おそらくあと数年のうちに完成し、国際線はますます増えるだろう。そうなれば、羽田空港はアジアのハブ空港として、より大きな役割を担うはずである。

国際線ターミナルの西にある天空橋も、空港に近いという地域性を活かして東京五輪で変貌を遂げた。このエリアの開発は、東京都が掲げる「アジアヘッドクォーター特区」の構想の中で、唯一、民間ではなく大田区による官主導で行われている。私も責任者としてそれに関わってきた。国際線で訪れる海外の来訪者をターゲットとして、地元のものづくりのノウハウの伝授、民間活用によって全国各地のアンテナショップを集積させて日本初の情報発信、また造成された大規模な公園でのフェスティバルの開催。羽田空港を東京の玄関口とするなら、ここはさながらゲートウェイ応接室といったところだろう。

私の出張は3日間と相変わらずとんぼ返りだが、帰国後にはモノレールに乗ってみよう。天空橋をはじめ、車窓から見える景色は、わずかの間にさらなる変貌を遂げているかもしれないから…。搭乗ゲートでは、搭乗開始のアナウンスが流れ、ファーストクラス、ビジネスクラスの搭乗客からゲートへと向かい始めた。今回の出張先のニューヨークでは、「東京の今」についての講演を依頼されている。先月のロンドンでも東京についての講演を行った。東京五輪以降、東京に対する世界の関心がますます高まってきていることがよく分かる。フライト時間は約12時間。さて、ニューヨークでの講演に備えて、バブル経済崩壊から現在まで東京にどのような変化が起こってきたのか、そして、この後2000年代半ばまで、東京はどうなるのか、もう一度振り返っておこう。

註

［1］詳細は、市川宏雄『山手線に新駅ができる本当の理由』（メディアファクトリー、2012年）。

［2］市川宏雄（2015年）268〜269ページ。

10年後の東京の都心

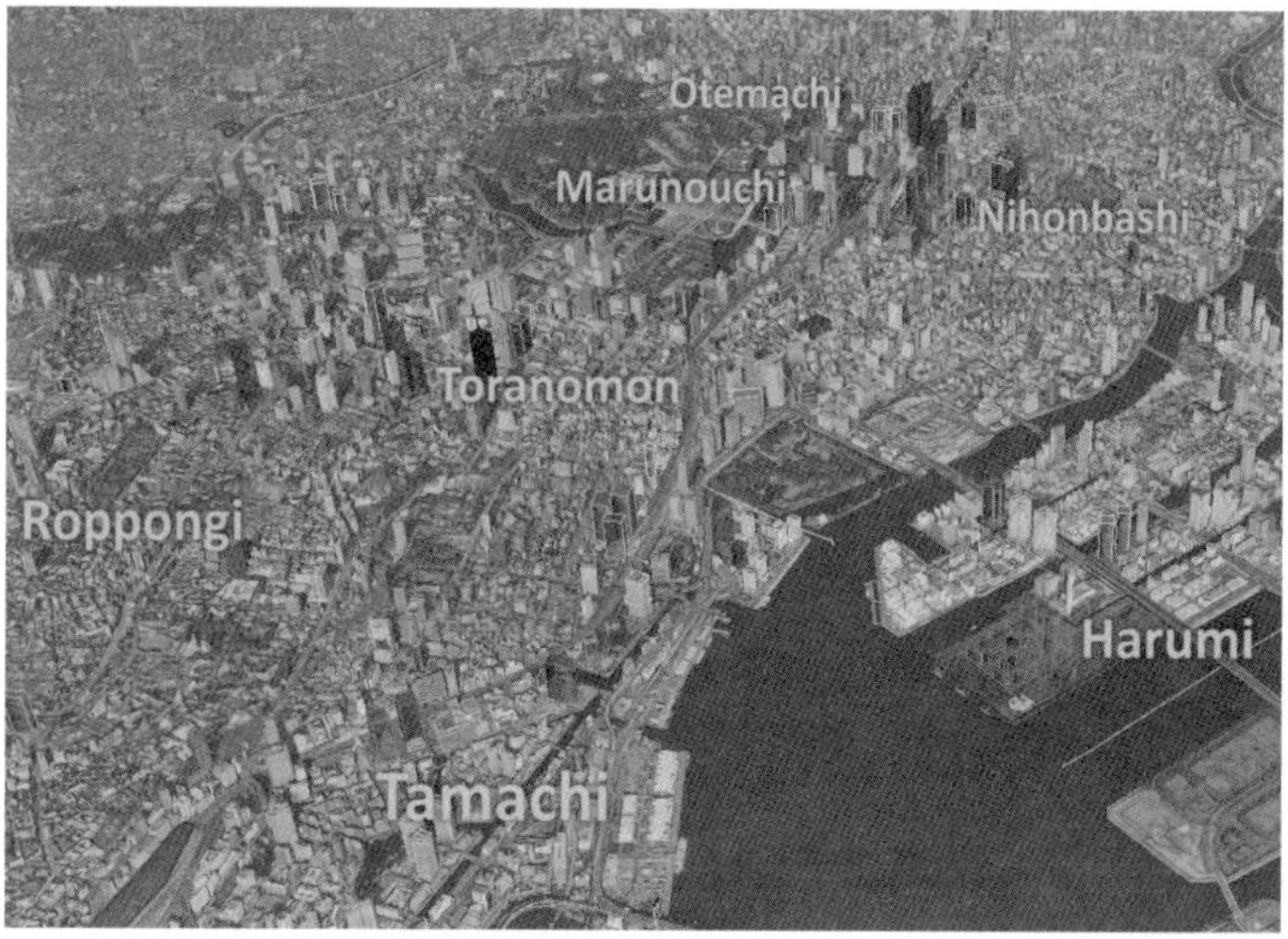

出典：森記念財団 都市戦略研究所

第6章 首都移転の葛藤

衆参両院で1990年11月に国会等の移転が超党派で決議された。いわゆる首都移転である。当時のバブル経済下での東京一極集中の急激な進行と国土計画における地域間の均衡ある発展政策の実現という大義名分であった。その後、10年以上にわたり審議会議論と法整備が進んだが、じつはこれによって東京一極集中が解消され、国政の改革が実現するわけでなく、しかも具体的な移転候補地で綱引きが始まっていた。とりわけ、バブル経済崩壊後の日本の国力回復における東京の都市力を上げねばならない時代背景の中で、国民的合意がないままに、20世紀最大の土木事業は棚上げになっていき、国会の特別委員会も廃止となった。しかし、このテーマは2011年の東日本大震災のあとに形を変えて再び浮上してきた。

1　首都移転の不可思議

超党派の国会議員によって、1990年11月に、衆参両院で「国会等移転の決議」がなされた。後に、バブル経済と呼ばれることになる経済の活況の下での、すさまじいばかりの東京への物理的集中に歯止めをかけてくれる手だてが果たしてあるのか、おそらく、一極集中に対する警鐘としての自戒の念を込めた確認のための宣言なのではないかと、当時は狐につままれながらも思ったものであった。

ところが爾来9年あまり、驚くことなかれ、国会決議の後に設置された移転調査会、そしてそれを受け継いだ移転審議会によって、移転の準備は着々と進められ、99年の秋も深まる頃には、なんと、最終的な移転先候補地が発表されるところまできたのである。

そもそも首都を新たに創るという所作は、大和時代のように天皇が変わるたびに建立した時代と違って、世界全体で見た時の国際社会への影響という点で、国家にとっての一大事であり、しかも相当なスケールの一大事業である。90年の国会決議以来、これまでに行われてきた首都機能移転の手続きは、それがそのまま、新しい首都を建造する事を意味はしないにも関わらず、しかし、それがいつでも、首都と読み変えられる可能性と、その仕掛けが組み込まれているという移転を推し進めるには、けだし巧妙なものであるだけに事態は深刻である。とすると、これほどの国家の一大事を成そうとする原動力は一体何なのか、あるいは誰なのか。

■国会決議とその後の政府の対応

超党派の国会議員245名によって行われた国会決議の1年後の92年12月には、「国会等の移転に関する法律」が成立した。そして、移転のための論拠、諸手続等、一連の具体的な内容を候補地選定基準という形で検討するために、国会等移転調査会が設置された。その後、この移転調査会は第1次中間報告「明日の日本と新しい首都」(94年6月)で移転の意義と効果、第2次中間報告(95年6月)で移転の範囲と手順、新首都の都市創りを提示してきた。そして、95年末の12月13日の最終報告で移転候補地の選定基準が出され、調査会はその役割を終えた。

その半年後、首都機能移転は候補地の選定という具体的なフェーズへと移行するために、1996年6月19日に、その3年半前の92年12月に発布された「国会等の移転に関する法律」が修正され、与党3党と新進党の議員立法による「国会等の移転に関する法律の一部を改正する法律」が発布・施行された。そして、具体的な調査審議を行うために、国会等移転審議会が1996年12月16日に設置され、それ以来、原則として月に一度のペースで審議が行われてきたのであった。1999年10月までに20回以上の審議会、さらに、その下部組織である6調査部会の検討を終えて、最終的に候補地の発表に至ることになっている。その間、阪神・淡路大震災の日からちょうど3年を経た1998年1月16日の第9回審議会で、国会など首都機能の移転先の第1次候補地(北東、東海、三重・畿央の3調査対象地域)が発表された。そして、99年9月8日の第24回審議会では、若干の絞り込みを行った第2次候補地が発表された。

国会主導で行われた遷都論議の出発点は、その15年前にさかのぼること、75年2月に発足した「新首都問題懇談会」という超党派の国会議員を中心にした一部学識経験者も含めた懇談会にあった。90年の国会決議がなされる寸前には230人もの与野党議員がこの懇談会のメンバーになっていた。75年の会の発足当時、会長である金丸国土庁長官は、「人口規模55万人、面積8100ha、移転費用8兆8000億円」という金丸構想を打ち出し、以来、村田敬次郎を会長代理として懇談会の会合を続けてきた。その間、あまり目に見える進展があったとは言い難いが、80年代末から90年代に入るあたりで、急に動きが見え始める。

その急転回の背景には急速に進行する東京一極集中への危惧という社会経済環境における客観情勢に加えて、リニア・モーターカーによる第二東海道新幹線の建設による新首都へのアクセス確保の可能性が高まったという個別案件的条件の成立という状況があった。

決議については、社公民の野党3党がおおむね賛成し、とくに野党第1党の社会党は、土地問題を解決するには、首都移転は欠かせないという主張であった。首都移転問題は、自民党より野党のほうが、より熱心な側面があった。

これに対して、首都の座を失う恐れのある東京では、鈴木都知事と自民党都連の反対があったが、首都移転ではなく、首都機能の一部移転ということで最終的に了解点が得られた。こうして、首都機能の移転を国会移転から始めるというシナリオで、決議がなされることになったのである。しかし、ここにその後、この移転問題が、単なる首都機能の移転なのか、首都移転、すなわち遷都なのかの大きな火種を残すことになるのである。

１９７７年に閣議決定された「第三次全国総合開発計画」（三全総）では、首都機能の存在が東京における中枢管理機能の集積を生み、東京一極集中の要因となったという判断から、その首都機能の移転再配置が、国土総合開発政策上の重要な課題として位置づけられた。その後、85年5月の「首都改造計画」、86年6月の「第四次首都圏基本計画」において、東京区部内に立地している政府機関の一部を首都圏内の業務核都市等へ移転する展都・分都についての推進という形で具体策が示された。さらに88年6月に「多極分散型国土形成促進法」が施行され、7月には、それに基づく移転に関する基本方針と移転の対象とする機関等が閣議決定がされ、東京に集中した政府等機関のうち、ブロック機関や特殊法人などが、業務核都市へ移されることになった。

三全総制定から10年を経た87年に策定された四全総においては、遷都問題については、引き続き検討するという形でのみ示され、その当時の民間での遷都論議の高まりからみれば、先送りにされた感もあった。しかしながら、こうした国土計画における時間的経緯が過ぎていく中で、80年代後半の東京への諸機能の過度の集中、それによる地価高騰の深刻化という状況に至り、88年の政府の総合土地対策要綱において「政治・行政機能等の中枢的機関の移転再配置について、幅広い観点から本格的検討に着手する」と明記された。そうした一連の動きの中で、90年1月に、国土庁に「首都機能移転問題に関する懇談会」が開催された。移転懇で行われた作業は、その後の移転法の立法、移転調査会の検討のベースとなるもので、92年6月の最終とりまとめでは、新首都の規模を最終的に人口60万人、面積9000ha、建設費用14兆円（うち5兆円は用地取得費）という数字を公表している（これは後に、移転審議会によって、人口56万人、面積8500ha、建設費用12・3兆円に下方修正される）。

すなわち、88年7月という至近の時期に閣議決定による展都・分都型の東京一極集中の是正の方向を決めながら、その一方で、本格的な首都移転への手続きを政府は始めたのである。

■背後にあるドライヴィング・フォース——二つの思想

今回の首都機能移転の動きの背後には、思惑の異なる大きな二つの推進力が複雑に絡み合っていることが、その動きのゆくえを複雑にしている。

一つは戦後の国土開発の思想に乗ったものであって、その信念は、日本が近代国家となった明治以来の発想である基盤整備を主体とした公共事業としての建設行為が国家を創る（それには産業の活発化の意味も併せ持たれている）という理念である。この理念は、昭和37年の第1次の全国総合開発計画以来、日本全国の地域格差を是正するというテーゼのもとに、主として基盤整備を行いながら国土の開発を行わしめてきた。第2次の全総計画にあたる新全総では、現在の全国の国土交通体系の全貌を描き出すことになる高速道路網、新幹線網の構想の全体像が示された。また、都市部と地方の地域間均衡を図るために、第1次での新産業都市の指定、第2次でのテクノポリス構想などで、製造業をテコとした工業開発で地方の振興を目指した。しかしながら、その結果は思惑どおりには行かず、都市部と地方の地域格差の是正はなされることなく、それどころか、東京とそれ以外の地域の対峙関係という形で格差がついていった。それが最も顕著となった80年代後半に、第4次の全総計画が作られることになるが、そこでは多極分散という概念を適用し、工業ではなく、業務機能の集積によって日本全国に東京型の拠点を育成しようというそれまでの全総計画の手法の方向転換まで図った。しかしながら、いずれにしても、国土開発が国を興すという方向に変わりはなく、こうした土木事業を伴う地域開発の考え方を仮に「国土開発思想」としておこう。

もう一つは、明治期に確立された中央集権型システムが戦時下に強化され、そのシステムが、戦後、東京を繁栄させる一方で、それ以外のすべての地方を衰退させてしまったという視点に立った考え方である。そのシステムとは中央政府が最終的な権限を持ち、その結果、すべての地域の意思決定が中央でなされるため、地方では、補助金の交付に象徴されるように、自立よりも依存体質になり、さらには人材までもが枯渇してしまったという筋書きである。この解決には、中央集権の制度や機構を改め、地方に権限と財源を移す地方分権型の国家を創らねばならないことが自明の理である。しかし、その実現となると簡単ではない。東京の一人勝ち、すなわち、牽引力としての役割を東京に与えることによって日本の発展を可能にし、それを謳歌してしまった現在、そのシステムを自ら打ち壊すことは至難のワザであり、そもそも、そうしようとする意欲も希薄である。そうであるならば、物理的な所作で強制的に中央政府の移転を行い、それによって、中央をピラミッドの頂点としたシステムの刷新をするしかないというものである。これを仮に「改革推進思想」としておこう。

前者の思想は戦後の日本の驚異的な発展に寄与し、後者の思想はオイルショック後の経済の回復基調の中で、すでに80年代の初め頃から存在していたといえよう。ではなぜ、この二つの思想が相乗し、90年代初頭に国会等移転の決議が現実に実行に移されることになったのであろうか。１９８0年代に至るまでに東京から首都を他に移そうという提案は、戦後すぐの磯村英一氏による富士山麓遷都に始まり、部分的な首都機能の移転から一括移転するものまで、バリエーションは幅広くなされてきた。その多くは、肥大する東京を危惧してのものであった。すなわち、一極集中により、大都市問題が深刻となり、それを軽減するためには問題の発生となる過密を解消するための手だてを考えればよいという発想である。そのため、60年代に都市化が進み、都市における問題が身近になるほど提案は増加した。しかし、なぜそれが現実のものとならなかったかといえば、そもそも集積によってできた都市が、その集積のメリットを享受している限り、そのメリットを上回るデメリット、すなわち過密に起因する大都市問題が耐えらざるレベルにまで至らない限り、決断は簡単にはなされないのである。それは、マーケットメカニズムに乗って発展を続けてきた日本の性《さが》ともいえるべきものである。都心部のオフィス立地を規制したために、インナーシティ問題で都心部の産業が弱体化したロンドンの例などを見てしまうと、ますます、決断は遠のくのである。

しかしながら、オイルショック以来、長い間低迷していた経済も、80年代に入ると復活の兆しを見せはじめ、85年の国土庁の首都改造計画が分岐点であるかのように、東京における業務地需要が過大評価され、ヒト、カネ、モノの凄まじいほどの東京への一極集中が進行する。

国会等移転決議のタイミングは、じつに止まることを知らぬこの一極集中進行下での心理的な恐怖感という背景の中で行われた。いよいよ、過密に起因する大都市問題が耐えらざるレベルにまで至るのではないかという意識が人々の間に芽生えていたのである。特に、急速な地価の高騰などで、野党の社会党や民社党が、この問題に熱心であった。

こうして、二つの思想に乗ったグループの推進力という十分条件に、一極集中の弊害の顕在化という必要条件が加わり、超党派ともなる大多数の議員の賛成で必要十分条件が整い、国会決議の成就となるのである。

その期を捉えて、政治の側で音頭をとった金丸信氏は「国土開発思想」のグループの政治の側のリーダーであると考えるのに違和感はない。そもそも、政府は、第3次および第4次の全総計画で、ともに首都機能の移転の可能性と検討の必要性（もちろん遷都だけでなく、展都や分都も選択肢として含まれている）について触れており、それを一歩、政治の側で踏み込んで移転の決議をしても整合性はとれている。しかし、その契機として、全総計画とは直接の関わりのない、リニア新幹線実験線の山梨県敷設が決定されたという事実の存在はきわめて大きい。莫大な基盤整備費を投じて完成する第二新幹線の沿線に移転先を求めるというには、あまりにも理由がつけやすい格好の題材だからである。

これに対して「改革推進思想」のグループはどうであったか。戦後の55年体制が崩壊し、大蔵省はじめ、中央官庁の不祥事が頻発して世の中に明らかになるのは、バブル経済が下降期に入った90年代前半のことであるから、この時点では、まだ既存の仕組みに対する批判は表立ってはいなかった。しかしそれ以前から、民ではない官主導の体制がいずれは破綻をきたすとの考え方をもっていた堺屋太一氏は、社会経済国民会議（後に社会経済生産性本部）の中で、その改革の思想を温めてきており、同会議に設けられた新都建設問題特別委員会の座長として、スリムな政府の形成と国会の移転による新都（首都ではない）の建設という具体案を提示し、国会決議の後押しをした。バブル崩壊で既存のシステムが破綻をきたすことを事前に予見していたことは、至極、慧眼であったといえよう。

■移転の論拠は崩れた

移転による新都市建設による物理的な一極集中是正の効果も限定的な小さいものであることが、具体的な数字によって、すぐに明らかにされた（東京都1994年、および市川1995年）。国土政策における、地域間格差是正というテーゼは、首都機能の移転をもってしてもなし得ない現実に直面したのである。しかも、経済波及効果としての土木事業の役割も、移転先にプラスの効果を生むものの、日本全国では、総体としてマイナスの効果となってしまう試算も出され（東京都１９９９年）、経済団体が望むものとはならないのである。

一方、中央集権型システムの改変については、移転に先立って行われる省庁再編がスリムな政府を生み出さないことが明らかになり、また、地方分権についても、国からの機関委任事務が地方自治体の自治事務と法定受託事務に再構成されただけで、権限と財源の移譲が殆どなされなかったという結果に終わってしまった（地方分権推進委員会第五次勧告）。強制的な首都機能移転で既存のシステムの改変を図ろうという思惑は、すでに、移転を仕掛ける前に外堀を埋められてしまったのである。

現在、唐突に残っている論拠は、防災の視点からの新都市創りである。95年1月に、その恐ろしさをまざまざと見せつけた阪神・淡路大震災の教訓は、日本人にとって忘れてはならないものであるが、それは人々が日々生活を送るすべての都市にとっての教訓である。首都機能を持った都市だけのものではない。

■なぜNOと言わなければならないのか

一極集中の弊害という必要条件の下で、国土開発思想と改革推進思想という二つの思想に乗ったグループの推進力という十分条件が加わって必要十分条件が整ったのだとすると、すでに一極集中の弊害としての公害や渋滞などの都市問題が深刻なものでなくなりつつある以上、条件の片方が落ちてなくなりかけている。そして、より重大なのは、国土開発思想と改革推進思想のどちらをとっても、もはや首都機能移転の論陣を張るには、その説得力が失せつつあるという社会経済環境に周囲を囲まれてしまっていることである。

そもそも、国土開発思想は、右肩上がりの経済の発展の下で国家運営を行う時期に、最もその威力を発揮するものである。開発の潜在力が溢れているからこそ、地域格差の是正の名の下に、全国あまねく開発を行い、また、スクラップ・アンド・ビルドをしながら施設の更新を行って、その次の需要を喚起してきたのである。ところが、経済の発展が一段落し、人口もピークをうち、高齢化が本格的となる成熟社会を迎えると、新規の基盤や施設の建設は、新たな維持・更新の負担を発生させることになり、発展どころか足かせを増やすばかりとなる。パイが広がる中で行われてきた20世紀型の開発形態は終焉し、きたるべき21世紀は、あまり広がらないパイの中で、既存のストックを最大限に有効活用することがテーゼとなるのである。これは、量を追い求めることから、質を追求することへの大いなる価値観の転換を意味している。

改革推進思想にとっても、グローバリゼーションの進展の中で、そのよって立つものが脅かされつつある。80年代後半に、特に国際経済の動きの中で東京の存在はニューヨーク、ロンドンと並んで世界の三極構造の一角を占めるまでのものとなっていた。しかしこれは、国内においては東京が突出して一極集中の弊害が顕著となり、東京以外の地方の衰退を招くという地域間アンバランスを助長し、これが改革推進思想の標的となったのである。

例えていえば、国内的絶対パワーである東京の力を削ぐことによって、国内の弱体化した地域や仕組みを改善しようとする考え方に近い。しかし、これは日本の国際的役割と国力の維持（プレゼンス）という国際社会での日本の置かれた状況からみれば、安易な東京依存的な発想にしか見えない。そもそも、日本が国際社会でそれなりの地歩を固めてから、未だ間もないのである。プラザ合意以降の円の通貨としての価値の上昇がその証の一つだとしたら、10年を少し超した程度である。そして、その牽引的役割を果たしてきたのは東京である。国家の牽引力としての十分な役割を持てる国際的スタンダードの都市が、日本では東京しかないとしても、その東京が決して他の世界の有数の都市を圧倒的に凌駕するほどの力を持ち合わせているわけではない。むしろ、アジアの有力な都市の台頭で、その地位を脅かされている状況にある。これをみれば、21世紀に向かって、国家としてなすべきことは、東京を国内的なローカルな視点で揶揄するよりも、むしろ、経済、文化を含めたインフラが最低限整備されている（それもやっとであるが）東京を前面に打ち出して、国際社会でのプレゼンスの回復を期すべきものであろう。東京の繁栄は、国家にとっても、またそれぞれの地域にとっても利益となることを念頭におくべき必要に迫られている。

現在までに行われてきた首都機能移転の動きには、あくまでNOと言わなければならない。


（「首都移転の罪—目覚めねばならない悪夢」『都政研究』、2002年5月）

■首都移転本当に必要か

国会等移転審議会が1996年12月に発足し、首都機能の移転先候補地の審議が着々と行われていくが、このテーマにも、その内容についても国民はほとんど関心を持っていなかった。その警鐘の意味も込めて、1998年12月に読売新聞の「論点」で首都移転への疑問を呈した。記事の掲載された12月22日は奇しくも筆者の誕生日であった。

首都機能移転を社会改革への「挑戦」にしようという議論がある。戦後確立されてきた行財政システムが行き詰まり、何か妙案が緊急に必要であることを否定するものではない。しかし、社会改革が、国家的事業という名の下での物理的所作によって簡単になされるとは思えない。

今回の一連の論議の発端となったのは、1990年11月、超党派の国会議員によってなされた国会等移転に関する決議である。当時はバブル経済の真只中で、東京への一極集中が急速に進行していた。その後、政府は移転の意義と効果として、「東京中心の社会構造の変革」、「新しい政治行政システムの確立」、「新たな経済発展」、「国土構造の改編」、「首都機能の災害対応力の強化」などを挙げてきた。2014年をめどとして建設される新都市は当初の人口が10万人で、将来は60万人程度の都市になるとされる。しかし、どんな大義名分、美辞麗句を並べられても、これらの指摘事項が、新都市で具体的にどのように成し遂げられるか未だに判然としない。

東京が政経一体のしがらみの中で中央集権構造の弊害を生み出しているとの意見があるとした

ら、問題の所在は、それを生み出した既存の政治・行政システムそのものにある。その解決のために、地方分権や規制緩和の具体的な実施内容と実行スケジュールが刻々と決められていき、そのプロセスの中で新都市の建設が語られるのなら、少なからず理解をする手立てともなろう。しかし、新都市さえできればただちに新たな国家運営システムがスムーズに始動するという、いわゆる改革の起爆剤としての役割論は、ひいきめに見ても説得力を持ちえない。

首都機能を持った新都市を創る政経分離の好例として、ワシントン、キャンベラ、ブラジリアがよくいわれるが、これらの都市はすべて、州の権限の強い連邦型国家の中央政府の首都である。これをモデルとするならば、首都機能移転に先立って、道州制まで踏み込んだ地方分権を実現しなければならないだろう。国土建設という観点から21世紀の社会が20世紀と異なるのは何か。それを考えてみると、成熟社会への移行という経済社会環境の変化により、既存のストックの有効利用が最優先課題となることである。これまでのスクラップ・アンド・ビルド型の開発形態は終焉すると見てよい。

ところが今回の議論を検証すると、首都機能を持った新都市建設の効用論には、空間規模と時代概念の錯誤がしばしば見受けられる。例えば、たかだか人口規模60万人弱の都市が、東京圏人口3200万人の一極集中を緩和できるだろうか。あるいは現代の「遷都」が、国家の仕組みも人口規模も全く異なる平安時代と同じような人心一新の効用を引き出せるだろうか。

成熟段階に達した国家が、このような新都市を建設した例が未だ世界にないことも考慮するべきだ。国会等移転審議会から出され新都市のイメージ図（中間まとめ）を見る限り、田園地帯に国会の建物だけが燦然と輝いている印象が残る。既存のストックを有効利用したうえで、21世紀という「時代」を象徴する理念が盛り込まれているとは言い難い。

将来の日本をアピールするような新都市を創るならば、それがもたらす財政問題、環境破壊問題について、納得のいく説明は当然のことである。しかし、それ以前に、透明性をもった意志決定プロセスの存在も不可欠である。徹底した情報開示によってのみ、国民的合意は生み出される。情報公開が不十分なのに、首都機能移転をやらなければ日本の政治や行政の再生があり得ないと提起するのは、地方分権や規制緩和などの課題が簡単には実現し得ないことへの代償作為としか写らない。順序が逆なのだ。しかも、誘致に名乗りをあげた自治体は、利益誘導に走っているとの非難を受ける立場に、いずれは追い込まれる可能性すらある。

新都市建設の財源の半分以上は民間投資・負担によるものだという説明があるにしても、12兆円を超える大規模な公共事業であることに間違いはない。公共事業評価のシステムの確立がいわれ、昨今は、事業の必要性の検討や見直しが現実のことになり始めている。社会経済状況の異なる8年前の決議に拘束されることの是非に改めて立ち返ってみる勇気が必要なのではあるまいか。

（読売新聞「論点」、1998年12月22日）

2　首都移転の罪——目覚めねばならない悪夢

■はじめに

世の中には論理の破綻が明らかになっているにも関わらず、依然として霧消せずにさまよい続ける事象の存在が少なくない。いわゆる首都移転問題も、これに類するテーマと見なすのに奇しくはない。そもそも、「いわゆる」という冠をつけねばならないこと自体が、このテーマに内在する問題の根深さを物語っている。1990年11月に衆参両院でなされた「国会等の移転に関する決議」以来、首都を移すテーマは、「首都機能移転」と名付けられ、首都ではなく、首都機能の移転なのだとされ、波間に見え隠れしながら、しかし沈むことなく、国政の課題として漂っている。

国会決議から10年以上を経た21世紀になって、首都移転問題は「功罪」という議論の段階をすでに通りすぎ、遂には罪を語らねばならない段階に入りつつある。その罪とは何か。それは、おそらく三つに分けて考えることができるであろう。一つはテーマそのものが内包する矛盾に起因するもの、二つ目はテーマの現実化に向けて行われてきたプロセスが生み出してきたもの、そして三つ目はテーマの存在自体が原因となって生ずるものである。

■移転問題が内包する矛盾

首都を移転するためには新たな都市の建設が必要となる。このような土木事業によって国土を開発し、整備する方式、すなわち大規模開発の持つ意味が、国家の財政危機の局面の中で真剣に問われねばならない状況となりつつある。

国は、首都移転の意義を幾度かの変遷を経た後に、その迷走の結論として、最終的に「国政全般の改革」、「東京一極集中の是正」、「災害対応力の強化」の三つに絞り込んできた（1998年の国土庁の移転に関するパンフレット）。そもそも初期の移転懇談会がまとめた移転の意義（1994年）では、「国政全般を新たな視点から見直す機会」、「歴史的役割が高いこと」、「東京が首都として制約があること」の3点とされていた。ある意味で、抽象的であったといえる。その後、移転調査会の最終報告（1995年）では、その意義と効果として、「東京中心の社会構造が変革されること」、「新しい政治行政システムが確立されること」、「新たな経済発展が図られること」、「国土構造の攻編が進むこと」、「首都機能の災害対応力が強化されること」の5点に踏み込んだのである。そして、また3年後に三つになるのである。世の中の風向きを見ていたのか、そもそも移転する根拠が薄弱だからとの批判を受けたからなのか、短期間に移転の意義の変わること自体が問題である。

今回の一連の首都移転の騒動の発端となった国会決議がなされた当時の時代背景を考えてみれば、80年代後半に急激に膨張したバブル経済は、その真只中であり、確かに諸機能の東京への集中が行きつくところが見えないかの状況を呈していた時期に重なっていた。

その意味では首都移転の論拠は、一極集中の是正に主眼が置かれていて、それが結果的に21世紀にふさわしい政治・行政機能を促進する波及効果があるという文脈となっている。

ここから解釈すれば、国がとり上げる三つの意義の中で、「国政全般の改革」というのは「21世紀にふさわしい」という表現を乗り越えた、明らかに飛躍した期待値である。また「災害対応力の強化」という直裁的なキーワードも入っていなかった。強いて言えば、文中には東京への一極集中が災害時における都市機能の麻痺等を生じさせることの危惧には触れているが、首都移転が災害対応力の強化になることまでには言及していない。

このように、国会決議に基づいて作られた移転の論拠が変質していったのには、それなりの理由がある。「一極集中の是正」は、決議当時の社会経済状況下で持ち出された決定的な論拠である。しかし、その後、移転という新都市建設による物理的な所作では、一極集中是正の効果は、じつはきわめて限定的で小さいものであることが、具体的な数字によって、すぐに明らかにされた（東京都1994年、および市川1995年）。国土政策における地域間格差の是正（国土構造の改編）というテーゼは、東京からの首都機能の移転をもってしてもなし得ない現実が明らかにされたのである。それでもなお、国はこの看板を下ろさずに掲げている。それは、これこそが決議にあたって賛成した多くの議員の共通した意識であったため、さまざまな否定の証明がされても、簡単に下ろす訳にはいかないのである。そして、直接的に一極集中が緩和されるのではなく、中央政府へ集中した権限の分散に寄与するという、社会構造の変革という抽象論を展開することになってしまっている。

さらに、「国政全般の改革」という表現となると、ますます、あやしくなってくる。首都移転は政経分離を断行するので、地方分権、規制緩和などの改革を促進することになるというのである。そもそも、地方分権は中央政府が持っている権限を地方に渡せばよいのであるから、政経分離との直接的な関係は見出せない。規制緩和も、政府が握っている権限を民間に開放することであるから首都を地方へ移したから実現するものではない。むしろ政治だけ地方へ移って、かえって閉鎖的になるのではないかとの危惧が生まれるだけである。

「災害対応力の強化」は、これとは事情を異にするが、やはり牽強付会の理由付けである。時間的な経緯でいえば、1995年1月に阪神、淡路地方を襲った大地震の存在が意味を持ったのである。近代建築の粋である大都市は、自然災害によっていとも簡単に崩壊させられるのだという事実を衆目に明らかにしたこの地震は、ことさらに大都市の危険性を警鐘するのにうってつけの材料となったのである。災害対応力の強化というのであるから、東京の街を強くするのかと思えば、そうではない。政治・行政機能が新首都に移り、経済機能が東京に残るので同時被災しないから都合がよいというのである。さらには、国会や霞が関が東京都でも広幅員の道路に囲まれ、広大なオープンスペースを持つために、災害からは隔絶された地域であることや、移転候補地が必ずしも被災リスクの低いところではないことなどには言及していない。さらに、移転跡地を防災拠点とするといいながら、首相官邸や合同庁舎はすでに建替えられ、迎賓館などは移さないとなると、実際は140ha

程度の用地が残るだけで、しかも、それらは防災拠点とはならないところに点在している。また、跡地は民間に売却される可能性も高いため、じつは、防災目的に用いられる跡地は殆ど存在しないのである。

結局、移転すべき、説得に十分な論拠はどう考えても見えてこないのである。苦しまぎれに、それなら人心一新を図れるから、なぜなら古代の日本では天皇が変わるたびに首都を変えたからと、人口規模が極端に異なる国家の状況や、しかも、御所を短期間に度々変えた理由を述べずに、首都を次々に建設した過去の事実だけをとり上げるに至っては笑止千万でしかない。

結局、移転の論拠が希薄であるがために、その正当化をしなければならず、次から次へと罪を重ねてきてしまったという構図となっているのである。

■テーマの実現に向けて行われてきたプロセス

決議が国会でなされて、法律ができて、政府で検討がなされ、移転先候補地を粛々と決めてきたのだから、やらねばならないという声が根強くある。しかし、その主張が強ければ強い程、それは地方に土木事業をしなければならないのだという声に聞こえてきてしまう。

水需要の変化してしまったダムの建設は取り止める、採算のとれない高速道路は作らない、十分な離発着が見込めない地方空港の建設はしない、といった費用対効果の見込みのない土木事業は、今までの経緯に関わらず事業を中止するというのが昨今の良識ある判断となっている。
今回の首都機能移転の手続きを振り返ると以下のようになる。

「国会」では
1990年11月　衆議院、参議院で「国会等の移転に関する決議」
1992年12月　「国会等の移転に関する法律」の公布・施行
1996年6月　与党3党と新進党が「国会等移転法改正案」を国会に提出、成立

「国会等の移転に関する特別委員会」では
1991年8月　臨時国会で衆参両議員に設置
2000年5月　衆議院で2年を目途に候補地を絞り込む決議

「資金の投入凍結」では
1997年7月　財政構造改革の期間中である2003年度までとして、閣議決定

「新首都問題懇談会」では
1975年2月　超党派の国会議員が結成、新都市を提案（55万人、8100ha、8兆8000万円）

「首都機能移転問題に関する懇談会」では
1990年1月　国土庁長官が有識者らからなる懇親会を開催
1991年6月　「首都移転に際しては、政治・行政機能に純化した新首都を想定する」をとりまとめ
1992年6月　新首都の規模と建設費用をとりまとめて公表

「首都機能移転問題を考える有識者会議」では
1990年12月　首相が開催を決定
1992年7月　とりまとめを発表

「国会等移転調査会」では
1993年4月　第1回目を開催
1994年6月　第1次中間報告（首都機能移転・その意義と効果）
1995年6月　第2次中間報告（首都機能移転の範囲と手順・新首都の都市づくり）
1995年9月　調査会の「基本部会」が移転先の選定基準などの審議開始

「国会等移転審議会」では
1996年12月　候補地の選定作業
1998年1月　1次候補地の発表
1998年秋　候補地の現地調査
1999年12月　首都移転候補地3カ所の発表

この一連のプロセスで審議会の議論は終わり、議論は政治の場に移されている。改正移転法（1996年6月）で義務づけられた移転候補地と東京との比較考量についても、それを中立の立場で行える機関は存在していない。

ここで明らかとなるのは、手順を踏んだプロセスの積み重ねが存在するという理屈の下で、社会経済状況が変わったことや、あるいは当初に説明されたことの真偽の程が見えてきたにも関わらず、それに対処できない（あるいは、したくない）という推進者たちの言動である。それを許すのであれば、結局、過去に犯した罪をまたくり返すだけのことなのである。

■テーマの存在自体が関われること

こうして見ていくと、結局、どうしても新首都を創りたいのはなぜなのかという疑問につきあたる。いずれにしろ、この議論については、いいかげんに目を醒まさねばならない。

未来の都市、最新の技術を駆使して建設される新都市は現代の都市が直面するすべての問題を解決してくれるユートピアなのである——という夢を抱くのに不思議はない。しかし、最新の技術を用いて何が具体的に解決されるのであろうか。

ブラジリアという1960年に建設された新首都がブラジルにある。キャンベラやワシントンが国家の独立を契機にして建設されたのとは異なり、既存のリオデジャネイロやサンパウロという熟成した都市がありながらの新都建設であった。モータリゼーションがこれからの時代の趨勢だとして思いきった巨大スケールの空間を創り、確かに徒歩では何もできない、しかし都市計画的にはなかなか美しい20世紀の記念碑的な事業として人々の記憶に留められることになった。

しかし、現実には、その巨大土木事業建設のために国家財政はその後、長期にわたって破綻をきたし、建設実行の責任者である大統領は国を追われたのである。超近代都市ブラジリアの周辺には、ゴミゴミとした、しかし言葉を変えれば、ヒューマンスケールの都市がベッタリとくっついているのである。

この移転問題の議論については10年間は長かったというかもしれないが、10年間も夢を見たと思えば、それはそれで楽しかったのではないかと考えることにするしかない。21世紀に入った今、目を醒まして現実に戻らねばならないのである。立ち遅れた日本の現状は、東京再生によって新たな出発をしようとしているのである。

国は、新首都を建設するには、初めは14兆円（最終完成時）かかると発表した。しかし、無駄遣いではないかとの批判を浴びて、12・3兆円に下方修正し、しかも公的負担が4.4兆円で、残りの7.9兆円は民間投資であるから負担は軽いと説明した。しかし、過去に行われた公共事業が大幅に当初予測を上回ってきたのは周知の事実であり、東北新幹線では、６８００億円の予定が2.8兆円への４倍になったのである。

これは、巨大公共事業は、建設に必要とされた費用が、完成の後に、どのくらいの、あるいはそれに見合っただけの効果を上げられるのかを、よく見極めなければならないことを意味している。最近の東京都の試算によれば、じつは20兆円を超すのだという結果も出ている。

首都移転というテーマが、移転候補地の関係者、そして首都を移されると脅された東京に関わる人々の両方に与えた精神的、金銭的な負担は、長きにわたってきたが故に罪つくりである。移転の運動に積極的に関わってきた岐阜県知事は、もし中止するなら、今までにかかった費用を返却せよとまで憤っている。

（「首都機能移転の不可思議」『都政研究』、１９９６年9月）

3　首都東京のバックアップに答えはある

２０１１年3月の東日本大震災を機に、首都機能を一部移転すべきだとの声や「副首都」を創るべきだとの声が突然に盛り上がった。今後予想される直下型地震に対して大都市東京の機能のバックアップの重要性を語るべきテーマが、いつの間にか首都機能移転の我田引水となっている。

■大震災の発生をうけて

千年に一度といわれる巨大津波が3月11日午後に東北地方の太平洋岸を広域に襲い、震度6以上の揺れで、内陸部の工場も被災したところが出た。しかし、首都東京の人的・物的被害は大地震でありながらも軽微と言えるものであった。帰宅困難者が街に溢れて混乱したが、運行を停止した鉄道が深夜に一部、翌日にはほとんど再開したために解消した。この混乱の中で、略奪・暴行事件は1件も発生せず、日本人の自制心の高さと東京が世界一治安のよい都市であることをあらためて見せつけた。しかし、福島第一原子力発電所で、3月12日の1号機に続いて14日に3号機が水素爆発を起こしたことで、放射能汚染の心配、さらにはそれに伴う計画停電の実施に至った。外国人の国外退避、大使館の移転・閉鎖、さらには電力不足に伴う西日本への製造拠点の移動など、予想していなかったことが起きた。

こうした震災に関わる一連の事象の発生で、日本の原動力である東京の存在があらためてクローズアップされ、日本最大の都市機能の高度な集積への不安が高まった。たしかに東京は首都であると同時に大企業のほとんどが本社を置き、外資系企業の7割が東京にその拠点を持っている。官民ともに日本のヘッドクォーターである。日経新聞が4月下旬に行った全国知事へのアンケートでは、防災対策の一環として首都機能の分散・移転が必要だと答えた知事が27人いた。そして、首都機能のバックアップ、首都機能の一部移転、さらには副首都についての具体的提案が出はじめた。

■それぞれの動き

こうした動きが、関西、関東、東北で起き、とくに関西の財界と議員連盟が積極的である。例えば西日本新聞は3月28日の社説で、この動きを首都圏一極集中を緩和する機会と捉え、東京に残さなければならない機能や組織と、そうでもないものを分けて、首都圏以外の地域と分担したり、危機の際に一時的に肩代わりできる態勢をとることを主張している。

関西広域連合では東京の首都機能が災害等で損なわれた時に、国会や中央官庁などの中枢機能を一時的に関西で代替する体制を5月に提言している。そのためには、関西連合を形成する各自治体が所有する既存の施設をあてはめ、国会は国際会議場で、日銀は大阪支店を、東証は大阪証券取引所、さらにはブロック機関である近畿財務局、近畿地方整備局などがそれぞれ該当する中央省庁の役割を担わすことを目指している。さらには天皇の国事行為は京都御所を充てるなど、新たな施設建設を必要としないで、東京崩壊時にパッケージで首都の機能を持つという考え方である。

こうした関西の動きに反発する東北では、復興構想会議で5月に村井宮城県知事が東北に首都機能の代替機能を整備することを提言した。宮城県の震災復興計画に、政府の危機管理機能を代替する拠点を設けることを組み込もうというものである。さらに、6月には福田福島県知事が東北・関東の5県で「栃木・福島地域」への国会等移転実現の共同提案に向けて動くことについて言及した。過去の国会等移転審議会（1999年12月）で候補地として最高評価を受けたことを意識した発言ともとれる。また、栃木県の経済同友会は、地震に強い那須地域の優位性をあらためて強調して「キャンプ那須」構想を打ち出している。

なお、東北については、すでに（財）東日本大震災復興支援機構による「首都機能（遷都）による被災地及び東北6県の復興計画（案）」の提案もある。一刻も早い復興のために国家的事業としての首都機能移転（遷都）で被災地住民への復興期待と安心を目的としている。他の提案と違って、首都のバックアップ機能の提案ではない。

政治の動きも活発化している。4月13日に、超党派の「危機管理都市（NEMI）推進議員連盟」（会長：石井一民主党副代表）が会合を開いた。2005年に超党派の議員によって立ち上げられたものであるが、今回の災害を機に再活動を始めている。非常時に東京の代替機能を果たす、約500ha、25万人規模の「副首都」を伊丹空港跡地に建設しようというものである。早急に副首都建設に向けて検討を進める意向を示し、副首都整備基本法（首都代替機能整備推進法）案の検討に着手、秋の臨時国会に超党派議連で提出の構えでいる。5000億から1兆円の大規模プロジェクトの構想である。これは、大阪府の橋下徹知事の副首都の提案と連動している。

首都機能移転、あるいはそれに類する議論、提案は戦後から幾度となくされてきている。その中でも実現への第一歩を踏み出したのが、1990年11月に衆参両院でなされた国会移転決議に端を発した国会等移転プロジェクトである。国会移転法の制定に始まり、二つの審議会で5年を超える審議をしたものの、最終候補地を絞り込めずに2候補地＋1候補地という玉虫色の結論になった（1999年12月）。そして、石原都知事の肝いりによる首都移転反対1万人都民集会に始まる東京都の猛反発と、財政の厳しい中での無駄な公共事業との誹りをうけて動きはにぶり、最終的には2003年の衆参両院の国会等移転特別委員会の消滅により冬眠状態に入った。2011年の6月には国交省の首都機能移転企画課も廃止された。

このときの移転の論拠はいくつかある。一極集中の是正、行政改革全般への寄与、災害対応のための東京からの退避、国民の志気高揚効果、そのほかに均衡ある地域の発展という国土計画のテーゼ、そして大規模プロジェクトの実施による経済の浮揚効果、などである。

■東京が危なくて他の地域は安全なのか

今回はこの3点目の災害対応での首都機能のバックアップという視点が主役となっている。内閣府中央防災会議の首都直下地震の向こう30年間に70%の確率で発生するとされている地震における被害想定（2005年）では、冬の夕方6時に風速15mという火災が最も発生しやすくしかも延焼しやすい強風下を最悪の与条件としている。この状況下で東京湾北部にM7.3の地震が発生し、東京の大半が震度6強または6弱となる。想定死者は約7800人、火災による焼死はその約6割の4700人で、約12万棟の建物倒壊が予想されている。しかし、与条件が変われば被害規模は大幅に変わる。東京都防災会議（2006年）がこのうち風速を15mから3mと変えてみた結果は、想定死者約3750人、焼死は約850人となって死者は半減し、特に焼死者は激減する。倒壊建物数にあまり変化は出ないが、地震発生時の風速によって火災被害は、じつは大きく変わるのである。同じ中央防災会議の想定でも、地震の発生を火災発生確率の小さい朝の5時に設定した場合は、死者数が半分、焼死者は総死者のわずか1%という数字となる。

では、中央防災会議の最悪の与条件の下での震災発生で、東京の首都機能はダメージを受けるのか。じつは首都機能が存在しているエリアにおいては、ほぼ深刻な被災は起きない。中央防災会議では、地区別の全壊棟数と焼失棟数についての細かい推計を行っているが、千代田区内の三権が存在する三宅坂（最高裁）、永田町（国会）、霞が関（政府）エリアでの全壊と焼失はほぼゼロである。しかも、司令塔である国会裏の首相官邸は、地下の危機管理センターも含めて万全の建築となっている。また、千代田、中央、港、新宿の都心地域についてもきわめて被害は小さく、三権エリアに火災なりの延焼が及ぶ可能性は低い。隅田川以東の地域での建物倒壊、環状6号から7号にかけての西側地域での火災発生が想定されている。しかし、そこには東京壊滅のシナリオは存在しない。

それでは首都機能移転、首都機能バックアップ、副首都のための候補地における安全性はどうな

図 6-1　移転先候補地と日本列島活断層図

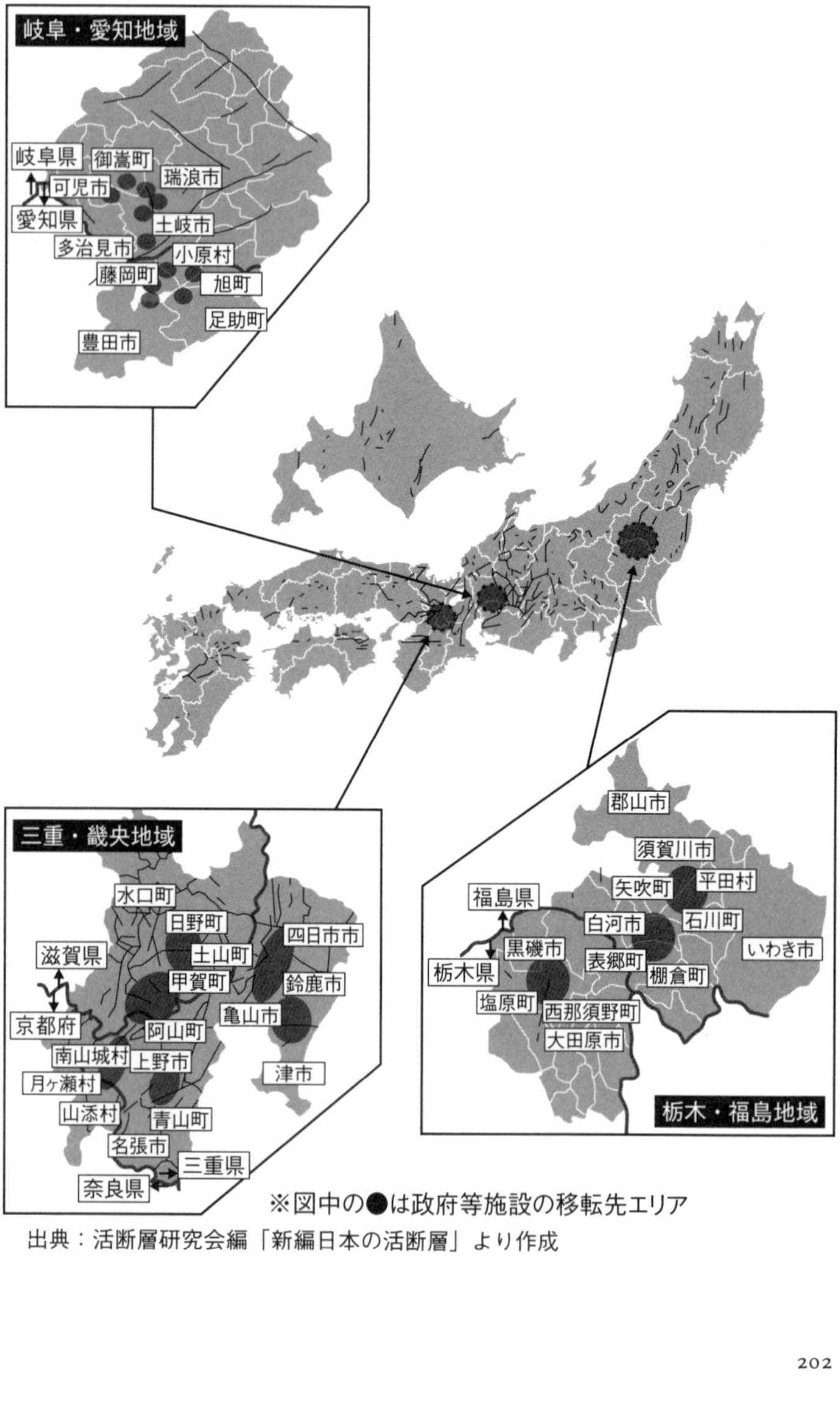

※図中の●は政府等施設の移転先エリア

出典：活断層研究会編「新編日本の活断層」より作成

のか。2002年4月の衆議院国会等特別委員会での参考人招致で、筆者は日本全国がほぼ活断層に覆われているとの東京都の主張を地図で示して説明した。これによって、当時の3移転先候補地のうちで、那須は一本だけであるが、岐阜東濃も畿央地域もともに多くの活断層に囲まれているか、まさしくその上に立地していることを明らかにした。東京が危ないから他に移るとの論拠はこれで崩れたのである（図6－1）。

とりわけ危機管理都市としての大阪の構想には疑問符がつく。中央防災会議による東京の首都直下地震の被害想定は、全壊・焼失家屋は85万棟、死者1万2000人であるが、大阪の場合はそれを上回る被害である。伊丹空港の北には有馬高槻断層が東西に通り、すぐ東側には南北42㎞わたって上町断層が走る。その上町断層地震の被害想定は、全壊・焼失家屋が97万棟、死者4万2000人と首都直下地震をはるかに上回る規模である。それでも伊丹空港跡地が危機管理都市の用地として相応しいとの論拠があるとすれば、それは何なのであろうか。

それでは大都市東京の首都機能と都市機能のバックアップはどうすべきなのか。

■首都機能と都市機能のバックアップ

首都機能の一時的バックアップについては、すでに国会等移転論議が終息し始めた2002年に7都県市（現在の9都県市）によって、対応するシナリオが出来上がっている。首都中枢に被害が出て首都機能の一部を失う事態となった場合、それをすみやかに補完するためには距離的、時間的に至近の場所にその代替機能を見つけなければ意味がない。ここでいう首都機能とは、国会ならびに国会運営を直接に担当する関係機関などの立法機能、内閣と中央省庁の行政機能などが該当する。司法機能は緊急の災害時に必ずしも対象としていない。これに加えて首都機能を支える機能として情報通信機能、ライフライン機能、輸送機能などがある。

すでに立川広域防災基地が政府の代替機能を持っているが、これに加えてさいたま新都心と横浜みなとみらいを防災拠点から立川並みの防災司令機能を持ったものへの整備が必要で、これによって霞が関、立川、さいたま新都心、みなとみらいの同時被災はないとの前提にたつ。

もう一つの大都市東京の都市機能のバックアップはどうか。これにも答えはある。戦前に日本が持っていた都市構造は首都機能を東京が持ちながら、東日本の代表として東京、西日本の代表として大阪があった。しかし、今からこの体制に戻すことは、戦後60年以上かかって形成した国土の都市体系を崩し、時計の針を戻すことになる。現在、日本の国土は複数の中枢都市群がそれぞれのテリトリーを維持しながら都市体系を形成している。九州は福岡、関西は神戸、大阪、京都の3都市、東海は名古屋、東北は仙台、そして北海道が札幌である。

東日本大震災と命名された今回の地震の主たる被災地は東北である。東北に工場を集約していた企業は、他地域にバックアップをもたずに一定期間の操業停止に追い込まれた。これを教訓とすれば、東京の都市活動、産業活動のバックアップを早急に考えねばならないのは、主として民間企業である。首都機能の一部を移転などするより、民間投資を引き込むほうが地域のためにはるかに役立つとともに、日本のためである。そうなれば、東京も安心して都市運営ができる。これだけの集積を持った世界最大の都市から逃げ出すシナリオはない。それが今回の震災で得た最大の結論である。なぜなら、災害リスクは日本全体のテーマであって東京だけのものではないからである。

（「首都東京のバックアップに答えはある」『都政研究』、２０１１年9月）

第7章　都市と鉄道

近代化に向けて明治政府が積極的に推進したのは、鉄道網整備であった。狭い国土に合わせて狭軌道という日本独自の形態で全国津々浦々へ路線を伸ばしていった。都市機能の向上にとって交通網整備は大前提であり、大都市圏の形成に郊外電車は重要な役割を果たしてきた。都市内にあっては地下鉄網が交通アクセスの鍵を握る。大都市ロンドン、パリ、東京、そして上海では街のいたるところに駅が設置され、歩いておおむね10分以内で地下鉄に乗ることができる。都市の未来にとって鉄道はなくてはならないが、同時に人口減少の局面に入った国家においては、いかにして鉄道事業を維持していくのかが課題となっている。その一方で、2027年には世界で初めてリニア新幹線が開通し、東京と名古屋を40分でつなぐ。依然として鉄道にとっての生命線はスピードにあることが分かる。これによって、東京圏という世界最大の都市圏がその一角に名古屋を組み込むという新たな歴史が始まるのである。

1　都市にとっての交通の役割と課題

都市の力を構成する都市機能には、経済活動から都市空間の状況まで多くの要素がある。かつて20世紀の前半に機能的な都市を提唱したル・コルビュジエは未来の都市計画の鍵は「住居」、「労働」、「余暇」、「交通」の四つの都市機能の明確な分離にあることを主張した。現在においで確かに交通は都市にとって主要な要素の一つとなっている。

本章では、都市の国際競争力の視点から交通の役割と課題を世界の主要都市の比較から探っている。焦点を当てているのは都市間競争に大きな影響を与える交通アクセスであるが、これを国際交通、都市内交通、交通利便性から分析している。さらにその背景として存在する大都市圏の都市力を都市構造と交通ネットワークのバランスという視点からも分析を加えている。

■都市の総合力における交通分野の位置づけ

都市の総合力に関するランキングＧＰＣＩは、都市の力を表す主要な都市機能として、「経済」、「研究・開発」、「文化・交流」、「居住」、「環境」、「交通・アクセス」の六つの分野を設定している。このうち「交通・アクセス」は四つの指標グループで構成されている。全体で26指標あるためその評価のランキング全体に対する比重は、15・４％となる。ランキングの中ではあまり大きい影響ではないように思われるが、後で述べるように、他の分野での評価が競合都市間で均衡してくると、弱点が突出していると、その影響が大きくなってくる。東京はまさにその典型例で、この交通分野でのスコアが他の有力都市に劣後することとなっており、全体での都市の総合力の足を引っ張っている。

「交通・アクセス」の構成指標

「交通・アクセス」分野の四つの指標グループには、その各々に二ないし三つの指標があり、合計で10の指標が用いられている。その四つの指標グループとは「国際交通ネットワーク」、「国際交通インフラキャパシティ」、「都市内交通サービス」、「交通利便性」で、都市の交通関連特性を評価するにあたっての視点となっている。

「国際交通ネットワーク」の指標グループは国際線直行便就航都市数と国際線直行貨物便都市数の二つの指標で構成されている。「国際交通インフラキャパシティ」の指標グループは国際線旅客数と飛行場の滑走路本数の二つの指標で構成されている。「都市内交通サービス」の指標グループは公共交通（地下鉄）の駅密度、公共交通の充実・正確さ、通勤・通学の利便性の三つの指標で構成されている。「交通利便性」の指標グループは都心から国際空港までのアクセス時間、人口あたり交通事故死亡者数、タクシー運賃の三つの指標で構成されている。

交通分野における東京の状況

東京では「交通・アクセス」分野は他の分野に比べて大きな課題を抱えている。総合力で3位でありながら、この分野の順位は6位である。確かに都市内によく整備された交通網を持ってはいるが、「国際交通ネットワーク」という面で圧倒的に世界の主要都市に遅れている。例えば「国際線の直行便就航都市数」は東京は85都市で、ロンドン（317都市）の3分の1以下でしかない。また「交通利便性」の面でも、例えば空港から都心までのアクセス時間が長いという問題がある。2010年に成田スカイアクセス線が整備された結果、以前より時間が短縮されてはいるが、トップ3都市との比較で見れば、まだ競争力があるとは言えない。そのうえ、東京のタクシー料金は世界の都市の中で最も高い。こうした点が、東京の「交通・アクセス」におけるランキングを下げる要因になっている。

こうした中で、指標グループ別の偏差値で東京の強み・弱みを整理すると偏差値65以上の指標グループは、交通・アクセス分野では「都市内交通サービス」がこの分類に入っている。一方、弱みを示す偏差値が50未満の指標グループは、交通・アクセス分野の「国際交通ネットワーク」、「交通利便性」となっている。

トップ4都市での比較

交通・アクセス分野では、パリがトップ4都市で最も高い評価を受けた。ニューヨークは4位、ロンドンは2位である。ロンドンはヒースロー空港の規模の大きさを武器に「国際交通ネットワーク」と「国際交通インフラキャパシティ」という国際交通の側面で強みを発揮しており、指標別に見ると国際線直行便就航都市数、国際線旅客数が40都市中トップになっている。一方で東京は「国際交通ネットワーク」の偏差値が50を下回り、「国際交通インフラキャパシティ」についても他の3都市より劣っていて、これらが弱みとなっている。

「都市内交通サービス」では、パリがトップ4都市中最も高い評価を受けている。これは公共交通（鉄道）の駅密度の高さによるものである。東京は、公共交通の充実・正確さが40都市中1位という高い評価を得たことにより、トップ4都市ではパリに次いで「都市内交通サービス」の偏差値が高くなっている。

「交通利便性」については、ニューヨーク以外の3都市で偏差値が50を下回っている。ロンドンと東京はタクシー運賃の高さが低評価の要因となっている。パリはシャルル・ド・ゴール空港が都心から約50分と離れた場所にあり、都心から国際空港までのアクセス時間で評価が低くなっている。

■都市における海外へのアクセス

国際空港の容量と海外への接続

国際競争力の視点から見れば、世界とのつながり、そして都心から空港までのアクセスの良好さは大きな意味を持つ。

とりわけ国際空港のパフォーマンスの高さが重要である。ここで最初に着目するのは、空港のパフォーマンスの決め手となる滑走路である。各都市とも都市圏に年間100万人以上の国際線旅客数がある空港を抽出し、2000以上の滑走路を集計している。本来であれば国際線と国内線を区別する必要があるが滑走路については通常は併用されるためここではその合計値を出している。

その結果、三つの国際空港を持つニューヨーク（9本）がトップとなり、パリ、ロンドンと続いている。成田と羽田で6本の滑走路を持つ東京は、羽田空港で2010年に32年ぶりに国際定期便を復活させたことでアジアの都市の中で一歩先に出ることになったが、今後、各都市からの激しい追い上げが予想される。すでに、上海の浦東空港では滑走路の増設工事が始まっており、シンガポール、香港、ソウル（仁川）ではすでに増設のための用地を確保している。

次に、国際直行便が就航している都市および便数について、トップ4都市の結果を見ると、ロンドンが最も高く、それに続いてパリの便数が多く、とくにヨーロッパの狭い地域内での就航便数の多さがそれに寄与をしている。これに対して東京は最も低くなっている。ロンドン、パリについで、ニューヨークの就航便数が多くなっており、その他の都市と比較した場合に、アメリカの主要都市とのコネクションが含まれない数値としては高いと言えよう。

残るアジアの6都市については香港、シンガポール、ソウル、北京、東京、上海の順となっており、アジアのハブ争いの現状を示しているとも言える。

国際線直行便就航都市数に関しては、トップ4都市ではロンドンまたアジア主要都市では多くが急速な増加を見せる一方で、東京はゆっくり増加となっている。こうした傾向は、東京が交通・アクセス分野で6位に低迷する要因となっており、今後の改善が求められる点である。

都心から国際空港への接続

都心から海外都市へのアクセスが良いことが、ビジネスや観光において大きなアドバンテージとなることは間違いない。海外に行くためには国際空港を経由する必要があるが、飛行機に乗っている時間より、空港までの移動時間のほうが長くなるのであれば意味がないことになる。ここでは、都心から海外へのコネクションが良いことを都市のモビリティの高さの一つと位置付けている。

各都市とも都市圏にある年間旅客数100万人以上の国際空港を抽出し、各空港から都心の主たる駅（最も主要なターミナル駅もしくは都市の中心に位置する駅）を決める。各空港の国際線旅客数の割合を各数値に乗じて、都心の主たる駅から国際空港へのアクセス時間、距離、運賃を算出した。

まず、渋滞がなく、最も運行時間が正確な鉄道について各都市を比較してみよう。最短で空港に到着できるのは香港である。次にシンガポール、上海と続いている。ニューヨークとパリは地下鉄を乗り継ぐ必要があるため、2倍以上の距離がある東京に近い時間となっている。

次に、発着場所が多数あり、多くの人が手軽に利用できるバスについて検討を加えたが、交通事情により時間を正確に見積もることが難しいため、走行距離で比較した。結果は、ソウル、東京、ロンドンの3都市が50㎞となり20㎞前後のシンガポールとはかなりの差で、とりわけ東京の成田空港は約67㎞と、世界的に見てもきわめて遠い場所に位置する空港があることが知られている（ちなみに羽田空港は約22㎞）。

■都市圏全体としての交通網の評価

都市圏としての東京が、世界最大の３５００万人以上の膨大な人口を抱えながらも、きわめて高い精度で日々運営されていることは特筆すべき事実である。東京には巨大な都市をきわめて高い正確性をもって管理する洗練されたシステムが備わっており、その高度な運営能力は、世界に誇るべきものである。そのことを都市構造と交通の連結システムの状況から分析してみた。

極軸と都市圏内連結軸のバランス

都市圏の中には、都市活動を効率的に行う意味でも、膨大な人口を受け入れるためにも、現実的にそれぞれ拠点となる都市がある。東京でもニューヨークでもロンドンでも特徴は異なるが、これらの拠点都市の存在が大都市圏全体の運営をサポートしているのである。一般論で言えば、一定の都市機能のまとまりを持つ拠点がほどよい数で都市圏の中に立地し、そしてそれが交通ネットワークで結ばれていることが必要となる。すなわち、都市圏内に複数の極都市が存在し、それらの間の連結が密であるほど、バランスが良い都市圏ということになる。

図 7-1　極と都市圏内連結

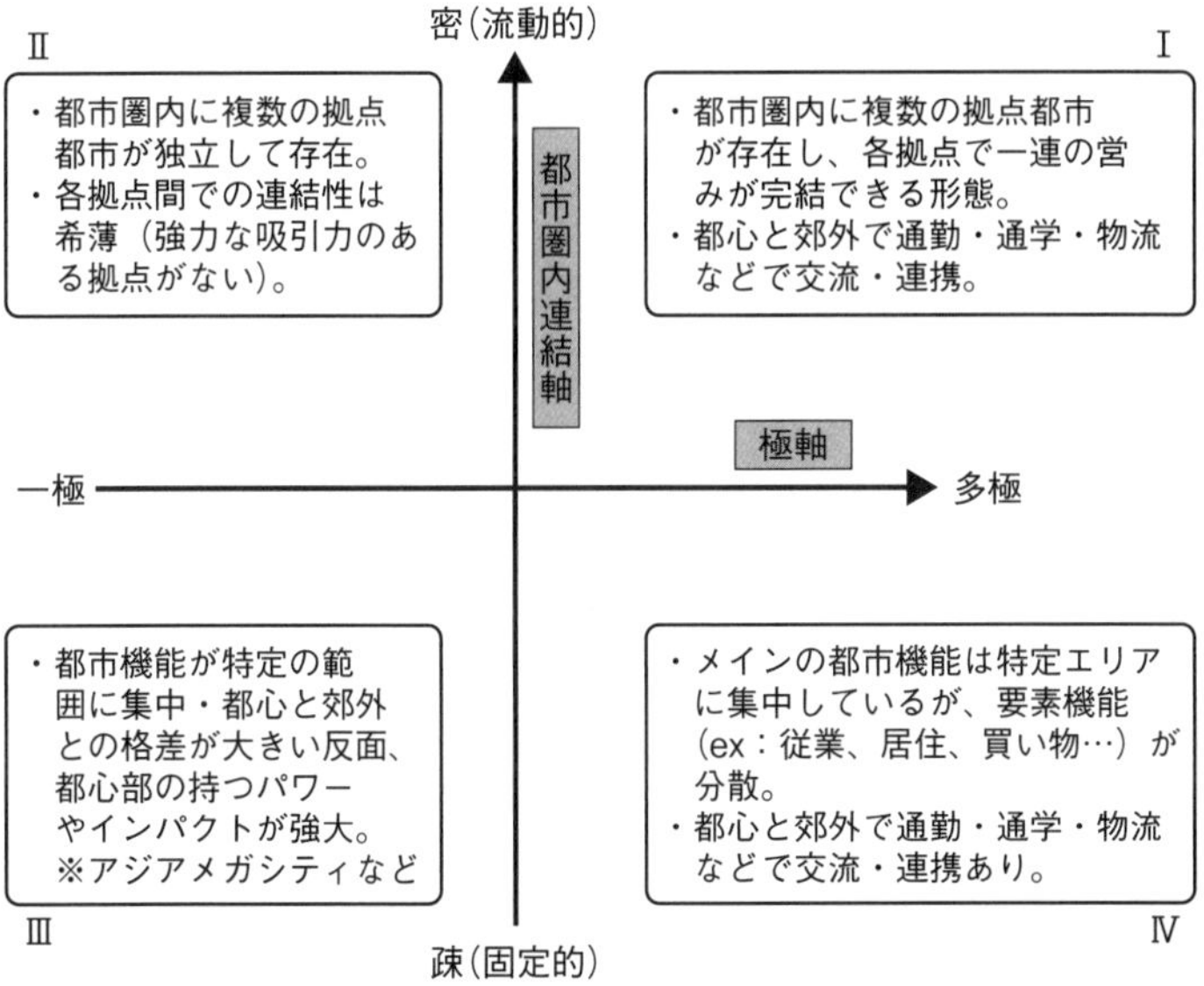

出典：森記念財団 都市戦略研究所

この視点に基づいて、世界の主要な10大都市圏（アムステルダム、香港、ロサンゼルス、ロンドン、大阪、ニューヨーク、パリ、上海、ソウル、東京）についての分析を行った（図7－1）。

ここにおける設定は、都市圏内の拠点の集積を「極軸」として横軸に置く。この場合、軸の左から右に向かって極の数の増加を示す。また交通網の連結状況を「都市圏内連結軸」として縦軸に置く。軸の下から上に向かって状態が密（より流動性が高い）になることを示す。

この結果、第Ⅰ象限では都市圏内に複数の拠点都市が存在し、各拠点で一連の営みが完結できる形態となることを示している。また、都心と郊外で通勤・通学・物流などで交流・連携が活発に行われることが想定される。第Ⅱ象限では都市圏内に複数の拠点都市が独立して存在するが、各拠点間での連結性は希薄、すなわち強力な吸引力のある拠点がないことを意味する。第Ⅲ象限では都市機能が特定の範囲に集中・都心と郊外との格差が大きい反面、都心部の持つパワーやインパクトが強大であることを意味し、これはアジアのメガシティなどに見られる現象である。第Ⅳ象限ではメインの都市機能は特定エリアに集中しているが、要素機能、たとえば従業、居住、買い物などが分散している。都心と郊外での通勤・通学・物流などでの交流・連携は悪くない。

最も理想的なのは、第Ⅰ象限であり、右上に向かうと最もよい。その反対は第Ⅲ象限で、左下に向かうと最もバランスが悪い都市圏の状態を示していることになる。

このうち、極軸を構成する要素は五つで、

★人口密度：居住地の極に注目

　都市圏の人口密度において４０００人／㎢以上の区域数が全行政区域数に占める割合

★従業者密度：産業集積地の極に注目

　都市圏の従業者密度において４０００人／㎢以上の区域数が全行政区域数に占める割合

★ＧＤＰ：経済集積の度合いに注目

　都市別名目ＧＤＰ

★昼夜間人口比：人の流れの極に注目

都市圏の区域別昼夜間人口比の全行政区域における平均値

★証券取引所の株式時価総額：経済集積の流れの極に注目

都市圏に立地する証券取引所における株式時価総額

また、都市内連結軸を構成する要素は六つで

★物流施設数：連結の供給量に注目

都市圏内の物流施設数

★スタジアム数：連結の供給量に注目

都市圏内のスタジアム数

★高速道路・鉄道路線延長密度：連結の供給・流動量に注目

都市圏の中心から同心円上の距離帯別面積あたり高速道路・鉄道路線延長密度を距離帯別にウェイトをつけ、都市の中心から離れたところにインフラがあるほど、点数が高くなるようスコア化した数値

★乗用車増加率：連結の流動量に注目

都市圏に含まれる広域自治体の乗用車車両台数の年平均増加率

★高速道路・鉄道路線延長：連結の供給・流動量に注目

図7-2　10大都市圏の分布

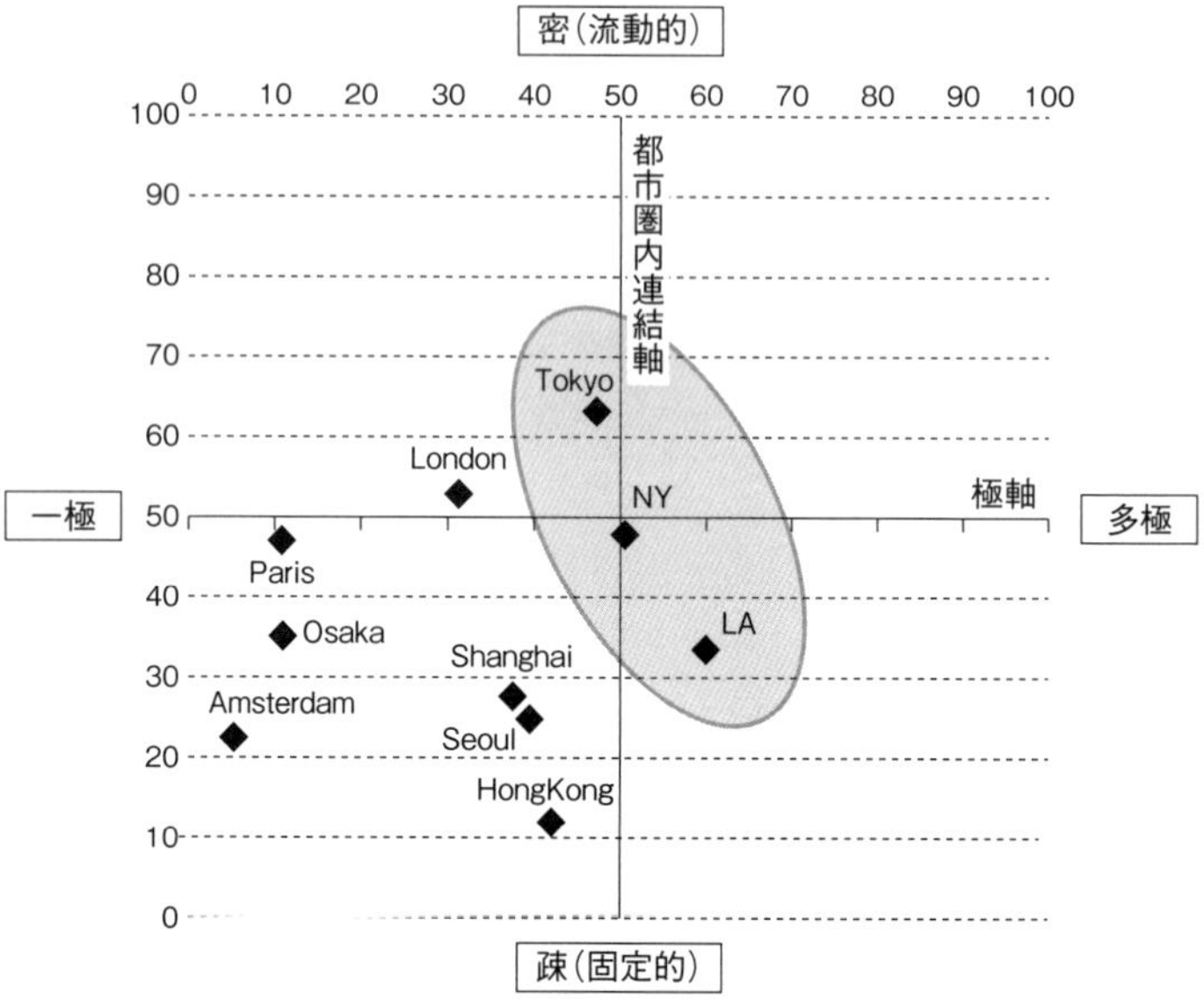

※距離帯（5km、10km、30km、50km）別にウェイトをつけ、都市の中心から離れたところにインフラがあるほど、点数が高くなるようスコア化した数値。
出典：森記念財団 都市戦略研究所

都市圏内の高速道路・鉄道路線延長

★道路関連支出増加率：連結の供給・流動量に注目

国別の道路関連支出の年平均増加率

さて、このデータを基にして10大都市圏の分布を見てみると（図7－2）、極が多く、しかも連結が密である第Ⅰ象限にあるいわゆる理想的な都市圏は存在しないことが分かる。

ただし、グラフはX軸、Y軸の交点がゼロなのではなくて、それぞれの指標の中間点である50点を示している。その意味では、第Ⅰ

象限に存在していなくても、それに近い都市圏は、そうでない都市圏に対して、よりバランスしているとの結論が出せる。その観点で見てみると、その両方の軸の交点、すなわちそれぞれほぼ50点を取るのはニューヨーク都市圏であり、極と都市圏内連結が最もバランスした都市圏であることが分かる。

これに対して、より都市圏内連結が強いのは東京であることが分かる。東京の場合には、都市圏内の拠点都市間に稠密な交通網体系が出来上がっており、極の存在はニューヨークに近似しているが、連結状況はより流動性が高い。これに対して、多くの拠点都市を都市圏内に持つが、交通体系の連結がそれほどでないのがロサンゼルスである。

■おわりに

東京は都市総合力ランキングで3位であるが、これまで長い間4位であった。そのランキングの評価を行う六つの都市機能の一つである交通・アクセスでは6位とランクが低く、総合力ランキングを押し下げる一因となっている。その理由は国際交通インフラキャパシティが他のトップ3都市に比べて低いことと、さらに国際交通ネットワークと交通利便性が世界の44都市の中で平均を下回っているからである。とりわけ、国際線直行便の都市数の増加、都心から国際空港への所要時間の低減が都市総合力を上げることに必要である。

また、都市圏としての都市構造と交通体系等との関係を見てみると、世界最大の都市圏である東京のポジションは必ずしも悪くはない。都市圏内の極の存在と交通連結の状況を見てみると、その両方が最もバランスしているのはニューヨークであるが、東京は、都市圏内の拠点都市間に稠密な交通網体系が出来上がっており、連結状況はニューヨークより流動性が高い。

2　人口減少時代への鉄道会社のビジネスモデルの模索

すでに人口減少時代に突入したわが国では、国内市場の縮小を前提として各産業がその対応に向けた動きをしているが、鉄道も例外ではない。年間延べ200億人を超える旅客を運んできた日本の鉄道だが、その数はすでに減少の一途にある。その中で、鉄道各社は生き残りをかけた新たなビジネスモデルを模索し始めている。

■人口減少時代の鉄道の状況

鉄道の最大顧客「定期利用者」が減っている

「国民の足」－鉄道産業はそのように称され、長きにわたって通勤、通学のために電車に乗る人々、つまり定期客によって支えられてきた。ところがその構図が、ここ20年ほどの間に変容しつつある。

鉄道の利用客は、通学・通勤など定期券で乗車する「定期客」と、乗車するたびに運賃を払う「定期外」とに分けられる。このうち、鉄道会社にとって収入の柱となる定期客の推移を見てみると、私鉄の年間の定期客はバブル経済の終焉が表面化し始めた1992年に過去最大となる86億3802万人に達している。また、JRの定期客は、私鉄に遅れること3年後の1995年に過去最大の56億9784万人に達した。

しかし、私鉄、JRともにそれ以降、利用客は減少しており、2011年で私鉄は76億6876万人に、JRは54億8174万人に、それぞれ1割以上減っている。

ただし、定期客が減る一方で、私鉄、JRともに定期外の乗客は増えている。私鉄とJRが、それぞれに定期客がピークだった年の定期外客を見ると53億2188万人と32億8443万人である。それが2011年には、私鉄は61億9900万人、JRでは33億5565万人と、とくに私鉄は約15%も増えている。

したがって、定期客が減っても、定期外の乗客がその落ち込み分以上に増えているのであれば、鉄道会社の経営には支障は生じない。しかし、私鉄の1992年の輸送人員合計（定期+定期外）139億5991万人に対して、2011年の輸送人員合計は138億6875万人にとどまっている。JRの定期+定期外も1995年に89億8228万人だったのが、2011年には88億3740万人と、いずれもトータルでの輸送人員を減らしている。

また、輸送人員数ではなく、運んだ旅客数（人）にそれぞれの乗車した距離（キロ）を掛け算した数の累積値である「旅客人キロ」で見てみると意外な事実もわかる。この旅客人キロの推移を見ると、定期外の乗客は必ずしも増えていない。私鉄の定期客の旅客人キロは、輸送人員の増加ほどに増えていないし、ＪＲに至っては、むしろ１９９６年にピークを迎えた後は減る傾向にあるのである。

この事実は、短距離主体の定期外客－短い距離の乗車券を買って乗る客の割合が増えていることを示している。鉄道会社の利益にはあまりつながらない「あまり儲けの出ない乗客」であるということだ。

乗客を維持している地域は限られる

「乗客数の減少」という点でいえば、京阪神の鉄道会社はＪＲも全路線の半分ほどが減少しているほか、私鉄に関してはほぼすべての路線が下落傾向にある。

関西において最も有力な私鉄である阪急でさえも、ドル箱路線の阪急神戸本線（梅田－三宮）が２億２４１３万人から２億６３８万人と１７７５万人、7.9％減少している。私鉄最長の営業キロを運行している近鉄にいたっては、14路線中13路線が減少しており、なかでも代表的路線である近鉄大阪線（上本町－長谷寺）は２億９６１８万人から２億２３９万人と９３７９万人、じつに31・6％も減少している。

中部地方も状況はよくないが、名古屋だけは現状を維持している。しかし、名古屋は人口が多い割に鉄道乗客数が少ない。これは他の地域に比べて自動車文化が普及しているからである。

首都圏は東側の通勤圏を走る路線の減少が著しい一方で、東京の西側で乗客が増えている。特にJR横浜線は1995年に1億6492万人だったのが、2009年には1億8624万人と、13%も増えている。南武線や東海道線も好調だ。南武線（川崎－立川）は2億4371万人から2億6704万人と2333万人8.7％増、東海道線（東京－平塚）は13億3610万人から14億7690万人と、1億4080万人、9.4％増だ。

すなわち、日本全体の人口が減っていく中にあって、地域によって、〝儲かる路線〟と〝儲からない路線〟の格差が明確になってきている。

「スピードアップ」と「大量輸送」時代の終わり

鉄道会社は、日本の総人口の増加とともに客を増やし、そして売上を伸ばしてきた。とくに首都圏では、増え続ける人口に対して、線路を複線、複々線化し、ダイヤを可能な限りギリギリまで切り詰め、車両の室内空間を広げて定員数を増やすなど、大量の乗客を輸送することに注力し、そして売上を増やしてきた。しかし、日本の人口が減れば、乗客も減る。乗客はなにも特別な人たちではなく、ビジネスパースンであり、学生であり、沿線の住民である。少子高齢社会により、これまで最大顧客であった定期客は減少し、「大量輸送」時代は終焉のときを迎えている。

また、かつて1980年代後半から2000年代前半にかけて、鉄道会社がこぞってスピードアップを競い合っていた時代があった。性能のよい車両が導入されるたびに、多分にイメージ戦略の意味合いから、特急列車に「スーパー白鳥」、「スーパーひたち」、「スーパーあずさ」、「スーパービュー踊り子」など「スーパー○○」という名前を付けたのはその一例であろう。

だが、整備新幹線の計画がほぼ実現して全国に新幹線網が配備され、リニア中央新幹線が実現しようとしている中にあって、在来線特急に「スーパー」などという名前をつけたところで、もはや乗客のイメージはスピードとは結びつかないし、既存の特急列車が少しばかりスピードアップしたところで、もはや乗客増につながらない。

■鉄道会社がこれまで行ってきたビジネスモデル
2000年以降売上を伸ばした大手鉄道会社は、5社だけ

JR、大手私鉄のうち、2000年以降、売上を伸ばしている鉄道会社は、5社しかない。本業の運輸部門で売上を伸ばしている鉄道会社は、国内最大の鉄道会社であるJR東日本、東海道新幹線を擁するJR東海、九州新幹線が2011年3月に全線開業を果たしたJR九州、2008年6月に副都心線を開業させた東京メトロの4社だけである。東急は百貨店事業を中心とした小売部門がきわめて好調なので全体では増収となっているが、運輸部門では減収である。

売上増で目立つのはJR東海で、2000年度の連結収益が1兆2941億円、2013年度が1兆6525億円と、約27%の伸びを示している。国内最大の売上を誇るJR東日本は、2000年度の2兆5460億円から2013年度は2兆7029億円と6%程度の伸びにとどまる。それ

以外のＪＲは、ＪＲ西日本が1兆３３２５億円から1兆３３１０億円とほぼ横ばい、ＪＲ北海道は９１１億円から８２７億円と約10％減（単独決算）、ＪＲ四国に至っては３９２億円から２７９億円と、じつに約40％減と厳しい状況が続いている。

私鉄では東武と小田急が辛うじて横這いを維持しているだけで、あとは総延長６３０㎞を擁する日本最大の私鉄・近鉄も、また近鉄、東武に次いで総延長３位の名鉄も軒並み減収となっている。総延長が長かったり、たくさんの駅を持っているなど、鉄道施設の規模の大きさは、もはやアドバンテージにはならない。

つまり、一部の大手をのぞき、このままでは〝じり貧〟であり、既存のビジネスモデルを踏襲しながら経営を続けていくことはむずかしい状況にあると言わざるを得ない。

乗客を増やすために沿線住民を増やす

これまで鉄道会社が乗客を増やしてきた代表的なものが沿線開発である。

沿線開発は、住宅開発と集客施設の設置（誘致）に大別される。住宅開発は、沿線に住む人を増やし、住民に鉄道を利用してもらうという大手私鉄が得意としてきたスキームである。もちろん鉄道利用者を増やすばかりでなく、線路を敷くことでその土地の価値を上げ、住宅販売で利益を上げるという目的も含まれる。大正から昭和初期は鉄道会社が事業主体として住宅地を開発するケースが多かったが、近年は、自治体や都市再生機構、複数の不動産企業などが参加し、商業施設も併せて開発する大型プロジェクトが多い。住宅地の売主として鉄道会社が前面に出ている例としては、JR東日本の長野新幹線沿線の「びゅうヴェルジェ安中榛名」、東北新幹線沿線の「びゅうフォレスト喜連川」などがあるが、その数は多くはない。

近年になって、そうした街づくりの視点にたった再開発が行われるようになったが、それも、単に住宅ができたからといって人が移り住んでくるわけではない。人々に「住みたい」と思わせる沿線をつくるには、その沿線独自の魅力づくりが必要である。かつては、その一つの手法として、度々大学の誘致が試みられてきた。

大学誘致で沿線の価値を高める

大学誘致は、そこに通う学生を乗客として取り込めることに加え、沿線に文化的な雰囲気を成熟させることにも役立つ。大学誘致のわかりやすい成功例として、東武東上線の志木駅がある。志木駅は北口を出てすぐの場所に慶應義塾志木高校があり、南口を出ると徒歩15分ほどのところに立教大学の新座キャンパスがある。このうち立教大学新座キャンパスは、同学の拡張計画を知った東武鉄道の初代根津嘉一郎社長が、1957年に自らが所有していた土地を「寄贈」することでつくられたものだ。

そして、そこには不動産の付加価値を高める戦略が隠されていた。駅から徒歩で15分という遠隔地に大学のキャンパスを置けば、駅からそこに至るまでの広大な農地が学園町という文化の息吹あふれる高級住宅地となる。すなわち、住宅地開発でも収益を上げることができるのである。

大学側にとっても、学校の近くに駅がつくられるメリットは単に学生を集める手段という以上に大きかった。小田急小田原線には成城学園前駅、玉川学園前駅という二つの大学名を冠した駅があるが、このうち成城学園前駅は、成城高校（旧制）の二代目校長だった小原國芳が小田急の創業者利光鶴松と交渉し、1927年4月の小田原線開業に合わせて招致したものである。

そしてこのスキームは、小原が1929年に自ら玉川学園を創立する際にも応用された。玉川学園側が駅の敷地と駅舎を提供する条件で、小田急が「玉川学園前駅」を新設している。そのおかげで成城学園前と玉川学園前は現在の小田急沿線でも屈指の高級住宅街になったのだから、小田急にとってとても効果的な誘致であった。

学園駅はこの他にも、大泉学園、小平、国立などがある。

集客施設で乗客を呼び込む

大学を誘致する以外にも、沿線開発に弾みをつけるために、戦前戦後を通じて鉄道会社は自らさまざまな集客施設を作ってきた。

東武鉄道は1981年に上野動物園の名物園長を引き抜いて東武動物公園を開設し、東武伊勢崎線と日光線の目玉にしようとし、小田急電鉄も1927年に向ヶ丘遊園をつくり、2002年に休園するまで運営していた。後者は今となっては駅名しか残っていないが、跡地には川崎市が運営する藤子・F・不二雄ミュージアムが建っており、小田急線の新名所になっている。

今ではIT企業が親会社になるケースが目立つプロ野球チームも、高度成長期からバブル時代にかけては鉄道会社が多かった。なかでも1980年代は阪神タイガース、西武ライオンズ、南海ホークス、阪急ブレーブス、近鉄バファローズと、セ・パ12球団中5チームが鉄道会社系という時期もあった。プロ野球チームのホームゲームは年間60試合（現在は70試合）ほどあり、沿線に球場をつくれば大量の野球ファンを乗客にすることができる。

商業施設の経営も定番のスキームである。駅の近くに百貨店、あるいは駅と直結した駅ビルなど商業施設を建設すれば、ショッピング客が電車に乗ってくれるだけでなく、テナントの家賃収入も入るという意味で鉄道会社には一挙両得である。

JR東日本系列のルミネは、「駅の上」という立地の強みを活かすことで、百貨店が軒並み苦戦していたバブル崩壊後の90年代末から2000年代にかけて10期連続で増収増益を記録した。小田急も2006年11月に、線路上に作られた遊歩道のような商業施設やホテルから成る、「新宿テラスシティ」という大型商業施設を小田急線新宿駅に開設している。

東京ディズニーランドへの投資で優良企業に生まれ変わった京成

「集客施設」といえば、年間3000万人以上が来場する東京ディズニーリゾートはその代名詞だ。その恩恵を直接受けている鉄道会社は、最寄駅の舞浜駅を持つJR東日本だが、その東京ディズニーランドに直接アクセスする路線を擁しているわけでもない京成電鉄も、多大な恩恵を受けていることで知られている。

１９７０年代から１９８０年代にかけての京成は経営的にどん底だった。京成が奇跡的にV字回復できたのは、三井不動産、朝日土地興業との３社共同出資で１９６０年に設立していた子会社オリエンタルランドのおかげだった。同社は１９７９年、米ウォルト・ディズニーから東京ディズニーランドを招致することに成功する。そしてこれが83年４月に開園されると、わずか1カ月で１０００万人が来場する超人気アミューズメントパークとなる。この結果、京成本体もオリエンタルランドからの配当で１９８８年度に単年度の経常利益を計上。１９８９年上半期には巨額の累積赤字さえも解消し、今やすっかり優良企業である。

■人口減少でビジネスモデルが通用しない時代となった巨大な沿線開発はもはや無理

京成のディズニーランドへの出資はいささか例外的だだが、いずれにしても大手鉄道会社は沿線開発なり商業施設、集客施設の運営を通じ、乗客を増やすための努力を続けてきた。そしてそれらの取り組みが、日本各地の都市の発展に大きく貢献してきた。ところがこうした沿線開発を中心とした鉄道会社の既存のビジネスモデルは、日本全体の人口が減少局面に入ったことで通用しなくなりつつある。特に大都市で顕著な都心回帰は、郊外部の人口減少を加速させている。

少子化にあって、大学誘致による乗客増はかなり厳しい状況にあるが、一方でここにきて状況は未知数ながら、カジノという新産業による沿線開発という目も出てきた。横浜が候補地として立候補する中、京急がカジノに参加する意向を示している。もともと京急は駅前の一等地を大量に持つなど資産は潤沢にある。しかし、これまで小売業で積極的な動きを見せず、不動産事業が全体の売上の1割程度と他の鉄道会社と比べ少ない京急だが、カジノをきっかけに変わる可能性があるかもしれない。

駅ビル開発は二極化へ

鉄道会社の商業施設経営も、これからはうまく行く会社と、うまく行かない会社に二極化していくことになるだろう。沿線の地価とそこに住む住民の平均年収は、不動産販売関連のさまざまなデータを見ると相関関係を示しており、そうした平均所得が高く購買力のある住民が住む地域は、東京であれば西部や南西部など限られてくる。このエリアに該当する駅を数多く持っている会社とそうでない会社では、小売業を営む上での条件に歴然たる格差があるからだ。

東急などは、戦前から高級住宅地にすることを目指して沿線開発を進めて成功しているので、商業施設の経営に関しては昔から圧倒的に強い。長い時間をかけて醸成された沿線のブランドは簡単には揺らぐことはないであろう。これに対して、消費力の高い住民が集まっている駅を抱えているわけではない鉄道会社の不利は否めない。東武は2012年5月に自らが事業主体となって東京スカイツリー（東京ソラマチ）を開業し、東武東上線業平橋駅を「東京スカイツリー駅」に改称するなど名実ともにスカイツリーに社運をかけている。だが開業から2年が経ち、以降も順調に客足が伸びているかといえば、そうともいえない。

不採算路線の廃止論議はもはや避けられない

２０１３年３月、西武ホールディングスの株式の35％を保有する外資ファンド「サーベラス・キャピタル・マネジメント」が、西武鉄道に対して西武ライオンズの身売りやプリンスホテルの料金値上げと不採算５路線（多摩川線・山口線・国分寺線・多摩湖線・西武秩父線）の廃線を経営改善策として提案したと報じられた。これに地元は猛反発し、西武鉄道側も、「公共交通機関なので守る」というメッセージ出すに至った。

西武とサーベラスとの間で生じたようなことは、今後どこの鉄道会社でも起こりうることだろう。東武は私鉄において東日本最長の４６３・３㎞もの線路を抱えているから莫大な維持費がかかっているが、その一方で大手私鉄の中でも特に旅客収入を大きく減らしている。単に長い距離の路線を所有して、ビジネスとして成立させるのは難しくなっていくはずだ。

地方ではすでに廃止が現実となっている

地方の路線は、かつては地元住民にとって欠かせない存在だった。しかし、モータリゼーションの時代の到来とともに、住民たちの移動手段が鉄道から車に変わってしまい、貨物輸送がトラック輸送に代替されたことも、ローカル線の衰退に拍車をかけた。

1968年には国鉄諮問委員会が、「営業キロが100km以下で、鉄道網全体から見た機能が低く、沿線人口が少ない」、「定期客の片道輸送量が3000人以内、貨物の1日発着600t以内」、「輸送量の伸びが競合輸送機関を下回り、旅客・貨物とも減少している」などの基準に基づき、83路線に対して「すでに使命を終えた」として廃止を提言している。実際にこの83路線のうち11路線は、提言から3年のあいだに廃止された。

今では朝と夕方の通学以外の利用客はわずかで、首都圏の鉄道会社から譲り受けた中古車両を朝晩だけ1時間に1本、日中は2時間に1本運行させて、駅も全線の半分から8割の駅を無人駅とさせたりしながら辛うじて生きながらえているのが、日本の地方鉄道の現実なのである。乗客が減ったから廃止にするのではなく、それでも地元が必要とすれば税金を投入して、可能であれば第三セクターとして存続の道を探すことになる。

■鉄道会社の生き残り戦略——輸送手段から付加価値が求められる時代へ

「座れる」という新たな価値

鉄道はこれまで、定時性（正確性）と安全性で他の交通機関を圧倒することで抜群の信頼を獲得してきた。だが人口減の時代にあっては、鉄道にも何か別の付加価値がなければ生き残っていくことはできないだろう。

だが、模索すべきその付加価値とは、スピードのことではない。もともと単純な速度では飛行機には敵わないし、スキー場や温泉など、辺鄙な場所にある目的地に直接アクセスする時間を考えれば、高速バスと比較してもそれほど優位性があるわけでもない。では、どこに付加価値を見い出せばいいのかといえば、残されているのは安定感、そしてスペースといえる。

なぜ「スペース」か鉄道の売りになり得るのかといえば、乗客が減っていくということは、裏を返せば、座席スペースが今までより確保しやすくなるということでもあるからだ。通勤電車でぎゅうぎゅう詰めになる必要がなく、ゆとりを持って乗車できるのであれば、少しくらい余計に運賃を払うという人は少なくない。これを鉄道会社が意識してサービスとして提供できれば、十分な付加価値として成立する。

鉄道そのものを観光資源に

こうした集客力に特段優れたものがなければ、最後に残された可能性は、鉄道そのもの、つまり移動の時間自体を楽しんでもらうことだ。

かつて鉄道会社がスピードを競い合っていた時代は1分でも速く、正確に目的地に着くことばかりが強調された。だがJR九州が2013年10月に運行を開始した観光列車「ななつ星in九州」は、福岡・大分・宮崎・鹿児島・熊本の5県を4日間かけて回るという従来の国内の鉄道の概念をくつがえすものだ。発車する駅と到着する駅がともに同じ博多駅に設定されており、スピードのみならず、移動すらも目的とした列車ではない。客室は1両につき2室、3室しかないため、一室ごとにホテルのスイート・ルーム並の広さが確保されており、ラウンジ車両はバーカウンターを備え、ピアノの生演奏を聴きながらソファでくつろげるほかパノラマ状の車窓から星空を楽しむことができる。料金（3泊4日の場合）は最も安いプランでも48万円、最も高いものだと130万円というきわめて贅沢な列車だが、裕福な高齢者を中心に運行開始1年が経っても人気は衰えず、予約申し込みには今も定員の30倍近くが殺到するという。リピーター率も高い。

同じような全室スイート・ルームの観光列車はJR東日本もJR西日本も17年中に日運行をスタートさせる。

駅の付加価値を高める

最近、道の駅が人気となっている。群馬県利根郡川場村の主要地方道「平川沼田線」上にある「川場田園プラザ」は、「関東好きな道の駅 5年連続1位」、「日経プラス1 家族で一日楽しめる道の駅 東日本第1位」に選出されたこともある道の駅だ。「家族連れが一日いても飽きない」という評判があるが、たしかにサービスの種類が豊富だ。地元の農産品を材料にした料理や郷土料理が食べられる各種のレストラン、物販店はもちろん、摘みとり体験ができるブルーベリー農園、ターゲットゴルフ場やサッカーコート、散歩コースがあり、ホテルで宿泊することも、日帰り入浴することもできる。こうした総合アミューズメント施設のような道の駅が、これ以外にも各地に作られるようになっている。

「駅」が本来的に備えている機能がなにかといえば、人が移動している際に感じる、どこかで少し足を止めて休みたい、という欲求を満たすことにある。そうした場所を設けて地元の雰囲気を少しでも感じられる演出を施し、モノやサービスを売れば、確実に人は集まってくるし、カネを使ってくれるのである。駅もホテル化すればいい。今でも熱海など温泉地の駅には駅構内に足湯があったりするが、道の駅で温泉に入れるのだから、鉄道の駅に身体ごと入れるような温泉があったところで何もおかしくはないのである。

おわりに——新たなビジネスモデルのヒント

人口減少社会は大量輸送を最大の武器としてきた鉄道にとっては、まさに正念場ではある。しかし、それでも鉄道が生き残る必然があると考えられるヒントはいくつかある。

★日本人の鉄道に対する愛着

現在、発展途上国では高速鉄道の敷設が活発であるが、そもそも鉄道網の広がりはどこの国にとっても発展の象徴でもあった。日本人が鉄道に寄せる信頼もまさしくそこにあり、鉄道への愛着はきえることがないはずである。

★鉄道の定時性への信頼
鉄道の長所は、大量輸送力と定時性である。このうち、定時性は日本人の生活スタイルの中で最も評価されるもので、これほど鉄道の運行時間が正確な国は世界にどこにもない。自動車交通では常に渋滞の発生から時間が読めない不安がある。

★サーキュレーションの中心としての駅への信頼
歴史的に多くの街は駅を中心につくられてきたので、鉄道不在の街の場合、街の中心が明確にならない宿命がある。その点、鉄道がある街では、街の中心は駅であり、そのため人は駅前周辺に集まるとともに、心のよりどころともなっている。

★鉄道のヒューマンスケール
鉄道の場合の持つ独特な特徴は、国土に適したヒューマンスケールを持てるという点である。山野をトンネルが抜け、海辺を列車がかけめぐる姿が人々に親近感を沸かせるのである。

★鉄道が持つ情緒的な魅力
車外に流れる景色を、車窓から眺めながらのんびりと旅ができるのは鉄道の持つ最大の魅力である。食事もできるし、車内を散歩できる。そして、ゴトンゴトンという鉄道の音も五感に訴える大きな要素の一つである。

★鉄道は今よりもっと快適な乗り物になる

そして、人口減少が鉄道にとって唯一ポジティブな点は、鉄道利用者一人あたりが使えるスペースが広がる、ということである。そこに、今までの価値とは違う新たな展開が期待できるのである。その試みは始まっている。

3 リニア新幹線で何が変わる

2027年、リニア新幹線が東京–名古屋間で先行開業する。現在1時間36分を要する品川–名古屋間が、約40分にまで短縮される。そのインパクトは非常に大きいと考えられる。

■名古屋の変貌

まず勝ち組として筆頭に挙げられるのは、名古屋である。リニア開業による経済効果は10兆円を超えると言われていて、すでに46階建ての新ビルの開発計画などが進んでいる。また、あと10年を切って、名古屋で何かが起きるということで関係者は大きな期待を寄せている。

しかし、中には、名古屋から東京へ人や資本を吸い取られる「ストロー現象」が起きるのではないかと真剣に危惧する声もある。確かにかつて1964年の東海道新幹線開通で、6時間半以上要した東京－新大阪間が3時間10分に短縮された結果、企業の拠点が次々と大阪から東京に移り、それだけが理由ではないが、新幹線の開通が大阪の地盤沈下を引き起こした要因の一つであるという事実もある。

しかし、名古屋に関しては、そうしたストロー効果は起きないのではないか。当時の大阪は東京に似た都市機能を持っていたことが、結局、より効率的な業務運営ができる東京への流れを加速してしまった。ところが、現在の名古屋はトヨタ自動車を中心とした製造業主体の地域となっていて、サービス業主体の東京とは産業構造が全く異なるタイプとなっている。むしろ製造業が弱い東京の産業構造を補完する形で理想的な相互関係が成立する可能性が高い。しかも、わずか40分で東京まで行けるので、トヨタやその関連企業が、本社を東京に移す必要もない。課題は乗車賃であるが、現在は東京から浜松までしか認められていない新幹線定期券が名古屋まで認められれば、リニア通勤も現実のことになる。

逆に東京から見れば、大宮や立川といった電車で40分圏内に、名古屋という226万都市が誕生したことに等しい。その背後には、さらに1100万人を超える名古屋圏が控えている。東京在住の人にとっては、多摩東部に名古屋の街が名古屋城やテレビ塔ごと引っ越してきたと考えることができる。そうなれば、どれほどダイナミックな変革が起きるのか予想もつかない。

当然、東京側の起点となる品川も勝ち組に入ることになる。品川は新幹線との乗り継ぎも良く、着々と国際化を進めている羽田空港の玄関口でもある。また、20年には車両基地跡地の田町駅寄りにＪＲ山手線の新駅が完成し、さらにエリア全体の大規模な再開発も見込まれている。20年後の品川駅は東京駅のライバルとなり、世界の大都市で最も国際空港に近い「国際新都心」として発展しているという夢物語も描けそうである。

一方、名古屋までの先行開業で窮地に立たされるのが、大阪である。近畿圏の京都、大阪、神戸の３都市は規模の程よい大都市であるが、残念ながらこの３都市の都市圏としての相乗効果があまり現れてきていない。60年代の高度経済成長以降、関西経済は地盤沈下を続けてきた。地元からは名古屋までの先行開業に嘆きの声が聞こえているが、ＪＲ東海は27年に大阪まで延伸させる気はない。当初45年開通予定であったが、政府の介入で37年開通に前倒しされた。しかし、その実現についての確約はされていない。

しかし、指を咥えて待っている必要はない。数年前まで大阪の経済界では冷めた見方が多かったが、少しずつ空気も変わっている。もし大阪まで開通すれば、その経済効果は16・８兆円と試算されている。関西の民間企業主導でリニアを早く大阪まで引いてほしいと積極的に政府にアピールすればよい。

では、東から相模原、甲府、飯田、中津川の四都市に設置される中間駅はどうであろうか。停車するのは1時間に1本と想定されるが、プラス材料のほうが大きいと考えられる。

中でも、最も大化けする可能性があるのは長野県南部の飯田。現時点の交通アクセスを見ると、飯田周辺が最も遅れている。東京から飯田に行こうと思えば、1時間に1本の高速バスで約4時間かかる。ところが、リニア開通で、品川-飯田間は推定43分まで一気に短縮される。人々の暮らしも激変するに違いない。

観光客は間違いなく急増する。じつは飯田には、天竜ライン下りが楽しめる天竜峡や秘境百選にも選ばれた遠山郷、さらに昼神温泉など豊富な観光資源がある。リニアは物流を変えるのではなく、人の流れを変える乗り物。そういう意味では、観光資源がある駅ほどメリットが大きい。

飯田の陰で涙を呑んだのが、諏訪地方の茅野ということになる。土木技術的に難しい南アルプスルート(飯田経由)に決まるまでは、迂回ルート(茅野経由)が現実的だと見られていた。茅野はリニア誘致で盛り上っていたが、いまやその熱気はない。長野の観光名所は諏訪や松本から、20年後は秘境の飯田に移っている可能性も高い。

いずれにしても、これからの国際競争は、都市と都市の戦いになる。日本には、世界でも例を見ない巨大都市圏「東海道スーパーメガロポリス」が誕生する。これは大きな武器となる。そういう意味では、最大の勝ち組は日本だと言えるかもしれない。

第8章

都市と危機管理

巨大都市の運営は複雑多岐にわたるマトリックスを縦横のバランスを取りながら動かしている綱渡りに似ている。どこかが欠けてもいけないし、たとえ一部分がうまくいっても全体が結果として整合が取れなければ意味がない。とりわけ、安心・安全は都市にとっても、そこで住まい、働く人にとっても最優先の事項である。一都三県の東京圏の人口は3700万人に近づきつつあり、紛れもない世界断トツの巨大都市圏である。この都市圏を深刻な課題を抱かせないで運営させている原動力は何なのか。行政の対応もあろう。そこで活動する人々の制御能力もあろう。そもそも東京が有している独特な機能特性もあるかもしれない。2011年の東日本大震災では大量の帰宅困難者を発生させたが、都市としての機能維持はきわめてレベルの高いものであった。そこでは市民の自制的な行動が大きな混乱を生まずに都市活動を持続させた。一方、市民の自制を失うようなワールドトレード・センターの爆破という大規模なテロに遭遇したニューヨークでは、一人の果敢な市長の行動が都市活動崩壊の危機を救った。

1　行政組織とリスクマネジメント

行政組織、そしてリスクマネジメントという二つのキーワードを並べると、2011年3月11日に東日本を襲った未曾有の大災害で、司令塔としての自治体の機能不全によってその両者の接点が脆くも崩れてしまったことに思いを馳せてしまうのは私だけであろうか。

■災害対応と自治体の役割

1959年に紀伊半島から東海地方一帯に大きな被害をもたらした伊勢湾台風は、自然災害の対応についての行政組織の役割を体系的に定めていなかったわが国の盲点をついたものとなった。それまでは、災害の都度、関連法律が制定され、他法律との整合性について充分考慮されないままで、防災行政は十分な効果をあげることができなかったのである。その反省から、この災害の2年後に災害対策基本法が制定され、その後の日本にとっての災害対応の道筋が示されることになる。この法律の第1条には、「この法律は、国土並びに国民の生命、身体及び財産を災害から保護するため、防災に関し、基本理念を定め、国、地方公共団体及びその他の公共機関を通じて必要な体制を確立し、責任の所在を明確にするとともに、防災計画の作成、災害予防、災害応急対策、災害復旧及び防災に関する財政金融措置その他必要な災害対策の基本を定めることにより、総合的かつ計画的な防災行政の整備及び推進を図り、もつて社会の秩序の維持と公共の福祉の確保に資することを目的とする。」と述べられている。

そもそも、行政組織の活動が国民の安寧な生活を担保することを謳ったものであり、現実にその後の多くの災害で、この法律で定められたプロセスに基づいて、国や地方自治体によって災害対応がなされてきた。ここでは、指定行政機関、指定地方行政機関、指定公共機関、それぞれの機関が災害発生時にそれぞれの職域における責任を果たす義務を負っている。しかしながら、災害発生時に一義的に防災対策の責任を負うのは被害を受けた自治体であり、市町村長に避難の指示、警戒区域の設定、応急公用負担等の権限が付与されている。自治体は災害対策本部の設置にはじまり、市町村長に権限を集中することによって現場対応を行い、必要に応じて国や関係機関、他自治体からの応援を仰ぐ仕組みになっている。また被災民のために、避難施設の設置にはじまるさまざまな行政サービスを行わなければならない。

ところが、東日本大震災では、地方自治体の庁舎や職員も被災したことによって機能不全に陥り、局面に応じて柔軟に対応する司令塔としての役割を果たすことができなかった自治体のケースが発生したのである。大槌町では、震災直後に平地にある庁舎の前で災害対策会議を開いた結果、津波警報の発令もむなしく大津波にさらわれ、町長および課長級の職員が20名以上亡くなった。陸前高田市でも南三陸町でも庁舎は破壊され、司令塔の役割を発揮できない状況に陥った。そもそも、災害対策基本法では役場や市役所の機能不全という事態を前提にしていない。すなわち、災害対応における大前提が崩れたのである。全国から多くの自治体職員が応援で被災地に入って役場や市役所の機能を支えているが、地元の職員による復旧、復興ができないことのもどかしさと不効率は想像にあまりある。

これらの事実は、確かに未曾有の災害に遭遇したという不幸な事態に間違いはないが、それでも住民の安全を守るべき行政組織そのもののリスクマネジメントはどうなっていたのかが問われても仕方がないことを示している。

■災害発生を受けて

戦後の災害の歴史において都市部で最大の被害を生んだのは阪神・淡路大震災による神戸市、芦屋市などの大都市中心部である。この時、災害発生の情報が首相官邸に届くのが遅れて国の緊急即応体制に不備が生じたことや、県知事から自衛隊への援助要請のタイムラグや現場における自衛官の権限のあいまいさ、殺到するボランティアへの役割分担と対応への指針のなかったこと、高齢者や障害者等に対する措置が適切でなかったことなど、多くの課題が浮き彫りにされた。そのため、震災発生の2年後に災害対策基本法の大幅な改正が行われた。その災害対策の強化策は、東日本大震災において、自衛隊の速やかな救助活動の実現につながった。

このように災害の起きた後には、従来の計画、基準、マニュアル等の見直しや点検が当然のことに求められる。たとえば、災害対策本部は「5強」の震度によって設置することになっている自治体が多い。ところが、東日本大震災時において都内の多くの地域は「5弱」であったものの、午後2時46分という業務時間内の発災だったため、ほとんどの職員が出勤していたことが幸いし、急きょ災害対策本部を設置した自治体もあった。新たな災害に遭遇して、既存の規定は柔軟に改定される必要があるのである。

また、首都圏の自治体においても、自治体の庁舎が震災で使用不能になった例が複数存在する。庁舎の直接的被害により行政機能そのものが損壊し、災害対策が機能不全に陥ることになる。庁舎の多くは、災害発生時などに災害対策本部や避難所等として使われることになるが、建物の中には、建築後相当の年数が経過して、老朽化に伴う崩壊リスクといった安全面で問題を抱えているものもある。従来、学校の耐震化が主たる論点となってきたが、災害対策・復旧作業の司令塔となる自治体庁舎の耐震化、改築についても真剣に検討すべき時期にきている。そのためには、耐震化を含めた庁舎の建替え整備にあてるための災害に強い庁舎づくり交付金などの制度の創設を図らねばならない。

国の機関においてもこれからの地震予測についての変更を余儀なくされる。文部科学省の地震調査委員会では、向こう30年間の三陸沖から房総沖にかけての地域でのM7以上の地震発生確率を90%以上、ただし中間にある福島沖は10%以下と想定していた。ところが、現実には連動して地震が発生したため、M9の巨大地震となってしまった。すでに海溝型地震の長期評価の高精度化へ向けて動き出している。また、内閣府の中央防災会議においても基準等の見直しがなされ、2014年3月には、大規模地震防災・減災対策大綱が決定された。現在の首都直下地震についての被害想定はM7.3で、2005年に発表されたものである。東日本大震災によって地殻変動が発生し、東海・東南海・南海地域の地震をはじめとして、東京の防災を考えるには、首都直下地震以外にも、千葉県沖、茨城県沖を震源とするM9までの地震が想定に入るべきであろう。内閣府の首都直下地震モデル検討会、南海トラフの巨大地震モデル検討会では、過去数年にわたり、さまざまな被害想定を示してきている。いうまでもなく、災害対策基本法は、阪神・淡路大震災の時よりも大幅な改正が行われるであろう。

災害における行政対応は、一般的に、減災・被害抑止、事前準備、(災害発生時の)応急対応、復旧・復興の4段階となっているが、上記に述べたことは、再度の災害で被害を最小化するための減災にあたるものとなる。災い転じて福となすのことわざが、災害への組織の対応や政策立案にはことさら当てはまるのである。

■リスク対応は自然災害だけではない

行政組織のリスクマネジメントは対自然災害だけのものではない。平時の業務運営、事務事業遂行にあたっても数多くのリスクが存在する。

組織である以上、職員の不祥事等に関するリスクは必ず存在する。役所にかぎることではないが、組織の一構成員が問題を起こすことは、結果的に行政組織全体への信頼感を低下させる。行政の不作為にはじまるサボタージュから個人の金銭問題まで、不祥事と見なされる事象は増える一方である。また、単なる不祥事でなくても、災害時に稚拙なメディア対応でさらに批判を浴びるケースも多く散見されるが、これこそ平時からメディア対応についての方針を固めておくというリスクマネジメントの問題である。組織内の不祥事発生の阻止のためにはコンプライアンス確立が必要であるが、民間企業とは異なる行政組織としての固有のガイドラインの設定が不可欠となる。

日常の業務遂行にあたってもリスクは潜在している。典型的なのは、庁内事務の電子化（電子自治体）にともなうリスクの発生である。段階的、各部局単位で電子化を進めてきた自治体の多くは、庁内に導入されているシステムについてシステム担当課という部署が置かれていながらも、一元的に把握、管理していないケースが少なくない。また、外部への情報漏えい、不足の事態発生によるシステムダウンなど、予期せぬ問題の発生もあり、一元的なバックアップ体制を早急に構築する必要に迫られている。

データのバックアップがとられていても、サーバー自体のバックアップが存在しないケースも多い。サーバーの設置してある庁舎が被災した場合には、バックアップデータだけでは何の役にも立たない。自治体間でシステムの共通化が進んでいないため、他自治体のシステムを借用することも困難となる。情報化が進む行政組織内でのリスクマネジメントも課題の多いテーマである。

外部委託や契約等に関するリスクも見込んでおかなければならない。指定管理者等への業務委託において利用者の死亡等、事故が発生した場合には、委託元の自治体が最終的な賠償責任を負うことになる。契約内容や委託先団体の安全管理等については普段からチェック体制を整えておくべき事項となる。

■行政組織版のＢＣＰの必要性

組織の維持・運営、業務の遂行などにあたって必ず組み込んでおかなければいけないのは、上記に述べてきたようにリスクは必ず存在し、そしてそれが現実のものとなった時には、速やかに通常のそして正常な状況に業務を戻すことである。そのための方策として、事業継続計画（ＢＣＰ）はもはや常識となっている。企業活動の中断は企業の存続に関わる重要な問題であるため、日本の大手企業の６割以上では、すでにＢＣＰを策定しているか、あるいはこれから策定する予定でいる。

事業継続計画とは、事故や災害など予期せぬ出来事が発生した時に、その時に得られる限られた経営資源を用いて最低限の事業活動を継続したり、目標復旧時間以内に事業が再開できるように事前に策定されるものである。内閣府の事業継続ガイドラインでは、事業継続計画は「緊急時の経営や意思決定、管理などのマネジメント手法の一つに位置付けられ、指揮命令系統の維持、情報の発信・共有、災害時の経営判断の重要性など、危機管理や緊急時対応の要素を含んでいる」とされている。事業継続の取り組みが必要となる事由には、地震、水害、テロなどの突発的に被害が発生するものと、新型インフルエンザなどの感染症、水不足、電力不足など段階的で長期間にわたり被害が継続するものとがあり、それぞれ事業継続の対策の内容は異なるものとなる。しかし、どちらの事由であっても、それに組織が対応できる体制になっているか否かが問われるのは同じことである。

本来、ＢＣＰは民間企業の安定的な事業遂行を目的として用いられる手法であるが、組織運営という観点からみれば、行政組織においても等しく必要な手法である。事業継続と呼ばずに業務継続とすればよい。もちろん、政府や地方自治体では、防災対策のために、予想される災害の被害想定やインフラ回復の見込み等を推定して防災事業への投資等の努力を行ってきているが、これも業務継続計画の一部と言えないことはない。

災害対応に限ったＢＣＰであれば、東京都は首都直下地震が起きた場合に備えるための五つの基本方針を示している。まず、非常時優先業務の抽出と目標復旧時間の設定を行う。

次に、執行体制や業務の執行環境について非常時優先業務遂行上の課題と対策を検討する。

さらに地震の発生時刻に応じて実施する業務を分析する。そして、各局の非常時優先業務のうち、職員の参集状況と安否確認など共通するものについては都全体の統一性を確保する。最後に各局の非常時優先業務を時系列に整理する、ことである。これらは、災害発生における組織の効率的な応急対応についての業務継続の例である。非常事態下にあっても、最低限の業務遂行の水準を確保するための指針である。

平時にあっても緊急事態発生時にあっても、人々の行政への信頼が揺らぐことのない行政組織と運営の存在が、すべての出発点であると同時に到達点である。

2　危機発生後の行動と対応――市民と市長――

■はじめに

日本の震災史上に残る東日本大震災は東北地方の太平洋沖を震源として2011年3月11日の午後に発生した。震度の大きさもさることながら、茨城県から岩手県の太平洋沿岸を巨大な津波が激しく襲い、原発事故も引き起こした歴史に残る災害である。被災地そのものと日本全体へ及ぼしたダメージの大きさとともに、被災の中心が東日本であったがゆえの東京の都市活動への影響も大きかった。

しかし、貴重な人命が失われるのは、自然災害に限らない。じつは、私たちは数多くの危機的事象に直面している。大きく分類すれば、自然災害、人為的事故、そして社会的リスクの三つである。日本において社会に多大な衝撃を与えた人為的事故をあげれば、1995年の東京都心でのサリン事件というテロ、2005年のJR西日本の福知山での鉄道脱線転覆事故などがある。世界では、2001年のニューヨークWTCの爆破事件をはじめ多くのテロが、場所と対象を選ばずに多数発生している。こうした故意とミスの危機発生の中で、食品の安全事件などは人為的なミス（ヒューマンエラー）で発生する典型的なものである。古くは森永ヒ素事件で幼児の生命が失われたが、2001年の雪印乳業のミルクによる食中毒死事件は、それによって企業が存亡の危機に立たされたという点でも人々の記憶に残るものとなった。

東日本大震災による危機とは、突発的な自然災害である地震と津波が同時に起き、それに加えて原発事故という人為的事故が起きたのである。原発事故は、その発端は自然災害によるが、自然災害に対する備えとその後の対応が十分ではなかったという意味で、明らかに人為的な危機事象である。すなわち、安全に対する準備の多寡とともに、危機発生後の対応によって、事態は収束もするし、悪化もするのである。

社会的リスクとは、自然災害にも、人為的事故にもあてはまらない危機で、鳥インフルエンザやSARSなどの感染症によって人命が失われ、社会に混乱を生じるパンデミックなどがあてはまる。伝染病や感染症が世界中に流行することを表すこの用語は、まだ現実のものとはなっていないが、自然災害とは異なった形で多数の死者を出すことが恐れられているものである。

本節では、自然災害と人為的事故の発生により、市民、組織、リーダーがいかなる行動、反応、そして対応をしたのかを、東日本大震災発生後2日間の東京での市民の行動、ニューヨークワールドトレードセンター爆破事件発生後の市長の3日間の行動、それぞれを危機発生後の時間軸に基づいて考察を加える。

■東日本大震災後の東京での市民の行動

東日本大震災の規模

人々の記憶に残る過去に起きた都市災害の代表的なものは、1995年1月17日に発生した阪神・淡路大震災である。淡路島北淡町野島断層を起点として震源の深さは16㎞と浅く、地震の規模もM7.3である。しかし、活断層のずれによる直下型で範囲は狭いものの、阪神間および淡路島の一部において震度7となり、とくに神戸市中心部などが激しく破壊された。東日本大震災が発生するまでは戦後日本で最大最悪の震災であった。

阪神・淡路大震災での被害総額は9兆9000億円で当時の国家予算の1割の規模であった。人的被害は5502人、関連死930人、行方不明者2人、住宅被害は全壊11万457棟（19万8800戸）、全焼住家7467棟（1万3400戸）である。これに対して、東日本大震災の被害総額は16兆9000億円で国家予算の2割弱にあたる。阪神・淡路大震災の2倍の被害金額である。人的被害は1万5865人（直接死）、行方不明者7016人、住宅被害は全壊10万7261棟で、その9割以上が津波による全壊・流出で、その後311件の火災によって焼失した建物もある。

東日本大震災の発生は東京にとっては、大規模災害に人々がどのように行動するかの現実を知る大きな機会ともなった。それは東京に関わりを持つすべての人々、住民、そして国籍を問わずその時東京にいたすべての人々の瞬時の行動、その後数時間の行動、さらにその後の数週間の行動までが含まれる。これからの対災害政策を見直す多くのヒントを示したものとなった。

東京の震災被害

東北地方と関東地方北部の太平洋沿岸にM9.0のエネルギーを持った地震のエネルギーは甚大な被害を及ぼした。それでは、震源地から約400㎞の東京ではいかなる形でその猛威をふるったのか。

東京圏で震度が6以上となったのは千葉県で成田と印西の2市、埼玉県では宮代町だけで、その3市町とも震度6弱であった。北東に隣接する茨城県が市町村の半数以上が震度6強ないしは6弱に見舞われたのと比べると東京圏の都県は震度スケールでは一段階か二段階低い。緊急輸送道路として東京都は環状7号線などの幹線道路を震災時に通行止めとするが、その発動は震度6弱でなされるため、今回の震災では幹線道路の交通遮断は行われなかった。しかし、都心を数十㎞にわたって貫く首都高速道路は震度5強を感知したため、直ちに全線を通行止めにして、通行中の車を一般道に下ろした。

東北地方沿岸部では地震発生後、30分で30mを超える大津波も発生したが、東京湾に津波が到達したのは、地震発生から2時間〜2時間半後であった。到達した津波の高さは、千葉県では2mを超したもの、茨城県では4mを超したものがあるが、東京湾内においてはそれを上回るものはなかった。

死者数は東京7名、神奈川4名、千葉20名、埼玉1名、そして北関東の茨城県24名である。東京都での死亡原因は、駐車場の壁崩壊による死亡（町田市）が2名、九段会館での天井落下による死亡（千代田区）が2名、作業所でのトリクロロエチレン吸引による死亡（江東区）が2名、階段からの転落による死亡（多摩市）が1名と、東日本大震災全体の被害の中では軽微であった[1]。

東京圏での建物全壊は震度6を記録した千葉県に多いが、それに対して、東京、神奈川、埼玉ではきわめて少ない。地震の震度における6と5の差異が顕著に表れているといえる。ただし、半数以上の自治体で震度6強または6弱を示した茨城県にあっても建物全壊は2500棟程度となっており、強震度であっても振動の周期によっては建物の倒壊が必ずしも起きないなど、複雑なメカニズムの存在することが明らかにされた。

こうした人的被害、物的被害が、首都直下地震の被害想定で予想した数値をはるかに下回った一方で、東京における帰宅困難者の発生は、昼間人口1000万人を抱える東京にとって想定していた事態の一端を垣間見るものとなった。

震災発生による人々の行動

◆鉄道の運行停止

鉄道網の被害は、東京駅から30km圏について見ると、重大な施設系の破損は発生していない。震災直後にすべての路線で運行を停止したが、当日中に40%が復旧し、翌日には95%が復旧することになった[2]。

とりわけ復旧が早かったのは地下鉄である。震災当日の夜8時40分には都営地下鉄の大江戸線、東京メトロの銀座線、半蔵門線のそれぞれ一部が運転を開始し、深夜までに路線の半分以上が運行し始めた。東京急行、京王電鉄、西武鉄道も深夜までにはほぼ全線ではないが運行を再開した。駅前に集まっていた帰宅困難者の解消に役立った。

一方、JRは全線を運休し、翌朝まで運行を再開しなかった。全線点検がより容易な山手線にあっても、震災当日に再開することはなかった。しかも、JRは全駅を閉鎖して避難民を駅から追い出し、大きな批判を浴びた。

翌日に95%が復旧した鉄道であったが、震災から3日後の3月14日（月）に大きな混乱を生むことになる。東京電力は前日の13日夜8時に鉄道各社に翌朝からの計画停電の実施を伝える。鉄道各社はあわてて翌朝の鉄道の間引き、運休等を発表するが、JR東日本が鉄道の運行情報を発表できたのは翌朝の始発直前の朝4時であった。JRは、東海道線、横須賀線、武蔵野線などを終日運休にし、長野新幹線や山手線など在来線の運行本数を減らした。この結果、都心から立川までの運行になった中央線では電車の遅れとホームの混雑で混乱する通勤客への入場規制が実施されることになる。この混乱はその後数日続いた。私鉄でも小田急線の経堂から以西、東武伊勢崎線の竹ノ塚以北、東上線の志木以北などが運休となり、郊外からの通勤客の交通手段が断たれた[3]。

震災をしのいだ鉄道にとって、戦後の歴史上初めての計画停電による運行停止という事態が発生したのである。

図 8-1　帰宅困難者の時間的推移

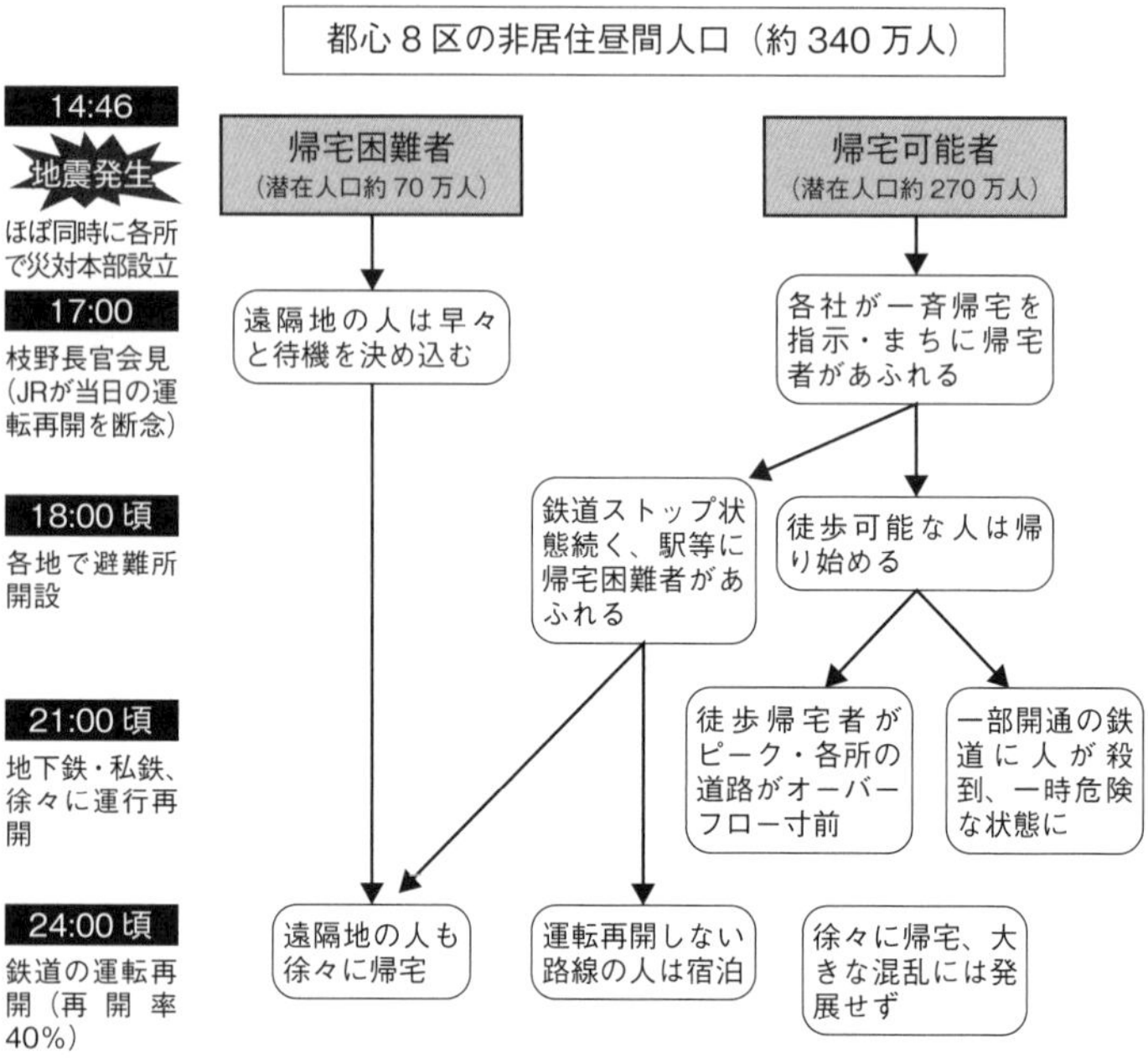

出典：筆者作成

◆帰宅困難者の発生

その時、東京の通勤通学者に何が起きたのか。東京（圏）で起きた特異現象ともいえるものが帰宅困難の発生である。首都直下地震対策専門調査会では、帰宅困難者とは各地区の滞留者のうち自宅までの距離が遠く、徒歩による帰宅が困難な人と定義をしている。帰宅までの距離が10km以内の人は全員「帰宅可能」とする。帰宅距離10km～20kmでは、被災者個人の運動能力の差から、1km長くなるごとに「帰宅可能」者が10%低減していくものとする。そして、帰宅距離20km以上の人は全員「帰宅困難」とするのである。

地震の発生した午後2時46分に、東京には何人いたのか。東京の都心は昼夜間人口比が世界で最も大きい都市であるが、都心3区（千代田、中央、港）の日中の2時台の人数は約268万人、夜間の人口は約37万人であるから、その差は約231万人となる。ほぼ山手線内一帯の人数を見るためには、これに周辺の5区（新宿、渋谷、豊島、文京、台東）を加え、日中は約480万人、夜間141万人でその差は約339万人となる[4]。

すなわち、山手線内一帯の340万人に近い人々が自宅に向かって一斉に動き出したのである。特に帰宅困難の発生した最大の理由は、震災の発生時間が午後2時46分で、多くの職場ではそのまま業務を終了し、夕方5時には帰宅を促す会社が多かったことにある。その時点での帰宅を急ぐ人々の最大の理由は情報の遮断にあり、家族の安否が分からず不安になって家路についたのである。

特に、午後7時から9時にかけて徒歩の帰宅者がピークに達し、多くの道路でオーバーフロー寸前の危険な状態になる。また、震災発生からすべての鉄道が止まったため、運転再開をまって、駅前に人々が殺到して危険な状態が発生する。当日夜8時の各主要駅における帰宅困難者数の滞留数（概数）は新宿駅9000人、池袋駅3000人、東京駅1000人、上野駅1500人、横浜駅5000人、大宮駅5000人であった[5]。

夜9時前から一部鉄道が運行を始め、10時、11時あたりから運行を再開した私鉄が増え始めたため、その危険な状態は騒乱状態にならずに済んだ。そして、これは世界の常識を破ることになるのであろうが、この混乱の中で、人で溢れる幹線道路でも駅前でも暴動、略奪は全く起きなかったのである[6]。

結局、自宅帰宅者は80％の約２７０万人、帰宅困難者は20％の約70万人となった。このうち、会社に泊まったのは12％の約41万人、避難所などに泊まったのは約20万人、家路について歩きながら夜明けを迎えた人が２％の約７万人いたことになる（図８－1参照）[7]。

東京都と近隣の自治体は年に数回、帰宅困難者の行動訓練を行ってきている。この段階で、すでに帰宅困難者が幹線道路に溢れることは予測されていた。東日本大震災では、都内での家屋倒壊や火災が発生して幹線道路を塞ぐこともなかったのが整然とした帰宅困難者の行動を生んだというラッキーもあった。また、これに関連して、帰宅困難者が辿るであろう郊外への幹線沿いのコンビニとは水の提供で自治体と合意がなされている。

こうした準備と同時に、帰れぬ人への避難場所の確保も、事前に準備されていた。当日の東京都各局施設、都立高校、区市町村施設等の１０３０施設での受入れは９万４００１人であった[8]。この時、東京都は都内において大量の帰宅困難者が発生し、避難所等において食品等の給与を行う必要があるため、23区と23市町で災害救助法の適用を決定した。残りの10万人強は国の省庁の庁舎、都内ハローワーク５カ所、都内大学10数校等に宿泊したと考えられる。

ただ、この地震で分かったことはたくさんあって、その一つは対応に差異が発生したことである。例えば、ＪＲの駅舎はほとんど閉鎖された。百貨店の対応は二つに分かれた。即座に閉鎖した百貨店もあれば、店内を開放して数百人規模の帰宅困難者を受け入れ、毛布や簡単な食事まで出した百貨店もあった。

市民の判断と行動理由

帰宅困難の発生した最大の理由は、震災の発生時間が午後2時46分で、多くの職場ではそのまま業務を終了し、夕方5時には社員の帰宅を促す会社が多かったことにある。会社の責任者は、その先に何が起こるかまでの思いが至っていなかったのである。そして、その時点での帰宅を急ぐ人々の最大の理由は情報の遮断にあり、家族の安否が分からず不安になってとにかく家路についたのである。

そもそも、災害直後に必要な情報は自らの安心安全を得られる避難に関するものである。生命の安全を確保するために、どのように行動すればよいかを判断できる情報を人々は求める。ところが東京都心ではおおきな被害は発生せず、東日本大震災での生命への脅威は、自宅を離れて東京の職場に来ている人々には切実なテーマではなかった。そこで差し迫った不安は、郊外の自宅に残してきた家族の安否となったのである。

東京では、震災発生と同時に携帯電話はほぼ通話ができなくなり、固定電話はごくたまにつながるなど、広範囲で通信障害が発生した。携帯電話と異なり利用者の少ないピッチや、ツイッターなどは通信可能ではあったが、多くの人々は家族との連絡の方法を取れなくなった。関東地方では86・7%の人が家族への連絡をまず、取ろうとした。

ところが、震災直後の電話の接続状況はきわめて悪くなっていた。携帯電話については会社間での差異があるが、ソフトバンクでは30％であったが、ＮＴＴドコモ、ＫＤＤＩでは通話がつながる確率は10％を切っていた。こうした中で、人々が列をなして郊外の自宅に歩き始めたのである。

先に述べたように、夜9時前から一部鉄道が運行を始め、10時、11時あたりから運行を再開した私鉄が増え始めたため、その危険な状態は騒乱状態にならずに済んだ。そして、これは世界の常識を破ることになるのであろうが、この混乱の中で、人で溢れる幹線道路でも駅前でも暴動、略奪は全く起きなかったのである。

じつは東京版ＢＣＰは対災害については世界に比類がないレベルの高いものである。「東京都事業継続計画」では、非常時優先業務（総業務数２８８４のうち１０６１業務）の目標復旧時間を定めており、被災による職員の欠損を前提に業務継続のための計画を準備している。

また、「東京都震災復興マニュアル」では被害想定を前提に、復興の段取りが地域別にロードマップで示されており、対応した震災訓練を毎年実施している。さらに、地域的取り組みも行われている。東京駅周辺のＤＣＰ（District Continuity Plan）では、首都直下地震で東京駅周辺では60万人超の帰宅困難者の発生が予想されることから、関係企業の話し合いで「東京駅周辺防災隣組」を設立している。大規模震災に対して、一企業では対応しきれない事態に備え、地域企業の連携により震災に対応する仕組みで、安否情報の収集、帰宅誘導、食料・飲料水の配布などの対応を行う。災害時に役立つのは公助よりも、自助、共助であることの実践版である。

東京圏（一都三県）は、世界最大の都市圏である。この都市圏が運営されるためのインフラ整備やその背後にある政策的なソフトも災害都市である東京をにらんで世界最高水準のものなっている。しかし、東日本大震災で明らかになったのは、帰宅困難者の発生規模も世界に例を見ないものであると同時に、そこで都市活動をつかさどっている市民の自己コントロール能力も世界最高水準だということである。

■ニューヨークWTCテロ事件――ジュリアーニ市長の行動

テロ発生

２００１年９月11日（火）午前８時45分、ボストンのローガン空港を離陸したロサンゼルス行きのアメリカン航空11便ボーイング７６７型機は、その本来の航路からはずれ、ニューヨークの第１ワールド・トレード・センター（ＷＴＣ）の北側からビルに真っ直ぐ激突した。偶発的な事故なのかが定かでないまま、今度はそのわずか18分後の午前９時３分、同じくローガン空港を離陸したユナイテッド航空ロサンゼルス行き１７５便が南側から第２ＷＴＣに激突したのである。

この激突のあと、ニューヨーク市消防局の消火活動とともに、被災者が避難を続けている最中の午前10時５分頃、あとから激突された第２ＷＴＣが大音響と猛烈な粉塵を上げてまたたく間に崩壊した。今度は、その約20分後の午前10時28分に、最初に激突された第１ＷＴＣが同じように崩壊した。その崩壊の影響で地盤が緩み、連続して建てられている周辺の第３ＷＴＣから第５ＷＴＣがすべて巻き添えとなって倒壊した。さらに、第1WTC、第2WTCが倒壊してから7時間後、すぐ北側にあった47階建ての第7WTCも午後5時20分に倒壊した。午前中の2棟のタワーの倒壊が信じられないままに、さらに信じられないことが立て続けに起きたのである。

第1から第7まであるWTCビルのうち、税関などが入っていた第6WTCのみ一棟が倒壊せずに残ったが、その第6WTCも大きな損傷を受けていた。また、WTCの西側に位置していたバッテリーパークシティにあるワールドファイナンシャルセンター（WFC）も、第1WTCと第2WFCが大きな損傷を受け、使用不能の状態となった。その結果、WTC周辺は、たった数時間で、爆撃を受けて瓦礫の山となった戦場のような状態になったのである。地元自治体であるニューヨーク市には一刻の猶予も許されぬ緊急対応が求められた。

このテロは、ともにローガン空港を出発後、イスラム原理主義過激派と見られるメンバーたちによりハイジャックされた飛行機によって起こされた凶行であった。しかし、この時点ではそれは知る由もなく、被害の当事者も、救助にあたるニューヨーク市警察、消防などの関係者も、史上空前のテロの下でサバイバルの活動に奔走するのみであった。

この未曾有のテロに対して果敢に立ち向かったのは剛腕として高く市政能力を評価されていたジュリアーニ市長であった。事件の当日、災害発生直後から現場に向かい、その後、寝食を忘れて業務を遂行するのである。ジュリアーニがどのようにこの事態を捉え、そしていかなる対応を行い、住民に接したかを、事件発生直後からの市長の行動に焦点をあてて追ってみる。

事件直後のジュリアーニ市長の行動とマスコミへの登場

◆２００１年９月11日　午前８時30分

ルディ・ジュリアーニは１０７代目のニューヨーク市長としての２期目の４年間を終えようとしていた。敏腕な連邦地検検事正出身の市長としてのジュリアーニの市政については、彼の任期中に街がより安全に、きれいになり、管理が改善されたというおおむね好意的なものであった[9]。

◆午前８時46分

ジュリアーニ市長は、午前８時46分にワールドトレードセンターのノースタワー（第１ＷＴＣ）が飛行機に突入されたことを側近から知らされた時、ミッドタウンで朝食会議をしていた。市長にある間は、あらゆる危機の現場を自分の目で見て、直接、危機状況を判断するのをポリシーとしていた彼は、直ちにワールドトレードセンターの第７ビルにある市の緊急作戦センター（Emergency Operation Center）に向かった。この日、彼の行動が後に「治安のマエストロ（名人）としての公的な人格を形成する」[10]ことの評価を得ることとなったのである。

ダウンタウンに向かう途中、市長はサウスタワー（第２ＷＴＣ）も飛行機に突入されたことを知り、事故ではなく、故意的なテロ攻撃であることを知る。そして、市長がダウンタウンに到着した時、市の緊急作戦センター（ＥＯＣ）はすでに撤退していた。

彼は直ちに新しい緊急指令センター（Emergency Command Center：ＥＣＣ）をＷＴＣから１ブロ

ック北側のバークレー・ストリートに設置し、そして、市民への伝達する手段を見つけることを指令した[11]。

対策本部（command post）には、最初の飛行機がタワーに突入してから数分以内に、二つの指揮本部の設置が決定された。一つは消防局用で、もう一つが警察用であった。このうち消防局用は、被災者の救助と避難を先導し、また燃え続けるビルの火災を監視しなければならなかった。一方、警察は緊急時指揮統括者（incident commander）となった。また、ホワイトハウスと州知事にハードライン経由でホットラインの連絡を取れるようにした。

各機関との連絡をスムーズにするために、市長は、非常事態管理室（Office of Emergency Management：ＯＥＭ）に警察本部長、消防長官を集め、協力を求めるとともに、市民にどう伝えるべきかについて彼らの助言を求めた[12]。

◆午前9時59分

第２ＷＴＣが崩壊した時、市長と側近らは、ワールドトレードセンター近くのバークレー・ストリート75番地にあるビル（ＥＣＣ）にいた。その後、この地域も危険にさらされていることが判明し、ワールドトレードセンターのビル群から離れ、北に向かうことを決める。同時に、同行の記者団に「われわれは市民に話をしなければならない。記者会見を開いてくれ」と述べている。

◆午前10時26分

第1WTCが崩壊する。午前11時前までに、市長とそのチームはワールドトレードセンターから北へ数ブロック離れた消防署に移動した。その間、歩きながら記者会見し、また、すべての映像を『プール』と明示するよう主張した。プールとは、報道各社すべてが、撮影したものをすべての人々と共有しなければならない仕組みである。

◆午前10時54分（11時3分）

消防署に到着後、テレビチャンネル『ニューヨーク1』に電話で登場し、人々に冷静を保つことと、マンハッタン南端部から避難するよう呼びかけた。特に、州知事とホワイトハウスと話をしたこと、軍隊によって守られていることを告げ、人々を安心させた。

「私は皆さんすべてのことを考えています。このような事態は今まで一度も見たことがない。私は事件が起こった後まもなく現場に行き、ワールドトレードセンターから人々が飛び出してくるのを目にしました。恐ろしい、恐ろしい状況でした。そして今、私が皆さんに言えることは、われわれの持つあらゆる手段によって、できる限り多くの人々を救出すべく努力しているということです。最終的には、恐ろしいほどの数の命を失うだろう。まだどれほどかはわからないが。しかし今は、できるだけ多くの人々を救うことを第一に考えなければなりません」〔13〕

◆午前11時2分

ジュリアーニ市長がキャナル・ストリート以南の住民、会社従業員に対し、避難勧告をし、14丁目以南の住民に外出禁止を呼びかける。

◆午後2時49分（2時34分）

記者会見（テレビ放映される）で、「市内での地下鉄とバスの運行は一部回復している」、また記者からの被害者の数についての質問については「それを今答える時ではない。救助に全力を尽くす時だ」と答えている[14]。

◆午後3時55分

「全体で2100人の被害者がいる中で、200人程度については重体となっているとの報告が入っている」とテレビで説明を行う[15]。

◆午後6時10分

「市民の方々は、明日の水曜日は、できれば家にいるようにしていただきたい」と述べる[16]。

◆午後9時57分（9時54分）

警察署内に設置された臨時の市役所会見場より

「明日の水曜日、市内の学校は休校となる。また、今日は、これ以上皆さんのボランティアのお手伝いは必要としません。依然として、崩壊した建物の中に生存者がいると見られ、さらに救出活動を続ける。マンハッタンの西側では電気が止まっている。また保健局の報告では、心配するような大気汚染物質は今のところ発生していない」

と述べ、市民に冷静になるように呼びかけている[17]。この11日、ジュリアーニは午後になってグランドゼロを5回訪れた。彼は、もう1回の最後の記者会見で、9／11の長い一日を終えた。

「今私たちが最も力を入れなければならないことは、この街をこの状況から抜け出させ、生き抜き、もっと強くなることだ。ニューヨークはまだここにある」[18]

◆9月12日、水曜日の早朝（7時前）

「トゥデイ・ショー」（全米で放映されている朝のニュース番組）に出演。「それでもまだニューヨーク市が存在している」と語り、皆を元気づけた。

新聞報道に見るジュリアーニ市長のコメント

事件発生後の市長に関する新聞報道（New York Times）は事件発生直後からの記者会見、テレビでの発言などを以下のように述べている。

◆Hijacked Jets Destroy Twin Towers and Hit Pentagon（9月12日付）

11日、ジュリアーニ市長は会見し、「恐ろしい数の生命が失われたと感じている。現段階では、我々はできる限り多くの人を救出することに全力をあげなければならない。」と述べた。また「死傷者の数はとても多くなるだろう。医療検査官局（The Medical Examiner's Office）は何千もの遺体を取り扱える準備をすすめる予定である。」と述べた。

◆Firefighters Dash Into Towers; Many Do Not Return（9月12日付）

11日、ジュリアーニ市長は会見で、明日まで徹夜で救出を続けること、数千人規模の死者が出たと推測されること、救助隊員は現場にかなり近づけるようになっており、昼間は困難だったが、今はほとんどの場所で活動可能となっていることを伝えた。

◆Trying to Command an Emergency When the Emergency Command Center Is Gone（9月12日付）

11日夜ジュリアーニ市長は、14丁目以南を閉鎖することを命じ、市民には家にいるように勧告した。

◆New York Rescuers Find Some Survivors（9月12日付）

ジュリアーニ市長は、食料の供給が止まってしまわないよう確認しておくことが現在の優先課題だと述べ、またこれらはすべて、ニューヨークをなるべく早く通常の状態に戻すための努力の一部だと述べた。

12日、ジュリアーニ市長は会見で「犠牲者がどのくらいの数になるかは、この先3、4日の救助活動が行われてからでないと分からないが、これから、より多くの人が発見され、より多くの人が救出されるという希望がある。ワールドトレードセンターはニューヨークの視覚的なシンボルであると同時に、ニューヨーク市民の心のシンボルである。」と述べた。

◆A Few Moments of Hope in a Mountain of Rubble（9月13日付）

12日朝、ジュリアーニ市長は「我々は大勢の人々を失った。だからこそ何人の命を救出できるかに集中しなければならない。その後、市はここを再び美しい場所にするために復興に全力を注ぐ。」と述べた。

12日夕方、ジュリアーニ市長は政治家の一団を率いてグラウンド・ゼロへ向かった。その途中で44歳の息子を探しているという一人の女性が市長に助けを求めた。市長は「生存者の捜索は引き続き進められている」と告げ彼女を励ました。

◆In a Crisis, The Giuliani We Wanted（9月13日）

ジュリアーニ市長が、ニューヨーク市を通常どおりに戻そうとするタイムスケジュールについては、必ずしも全員が賛成しているわけではない。例えば市長が学校を13日から再開しようとすることについて、教師や親の一部には、子供たちが感情的にまだ準備ができていないのに急ぎすぎる、という声もある。またブロードウェイについては、市長は12日夜から再開することを望んでいたが、実際、劇団員が劇場までたどり着けなかったことから、13日夜から再開することとなった。

しかし市長が急いでいるのには理由がある。彼は、通常に戻ることにより「我々は恐れず、自信があることを示すのだ」と説明した。

リーダーとしてのジュリアーニ市長の行動

ジュリアーニ市長のテロ発生後の行動の速さは、おそらく行政の首長の行動の歴史に残るものであろう。事件の報を受けて即座に自ら現場に向かう。その道すがら、消防・警察の精鋭部隊の現場への速やかな派遣、さらに市民への周知を行うためのマスコミ対応の準備に入ることなどを決定する。また、現場主義の首長としての面目を躍如とさせるように、現地の指令センターから救助、治安、交通整備などの陣頭指揮に当たる。その一方で、頻繁に行う記者会見では、市民に冷静さと協力をよびかける。そして、マンハッタンに入る多くの橋とトンネルの閉鎖の決定も躊躇なく行った。

事件翌日の朝の会見では、早くも、「ニューヨーク市はいまだ存在している」と、心理的に落ち込む住民の気持を鼓舞し、人々の生活への平常復帰を呼びかけた。

一方、これに呼応する形で、「デマの情報やいたずらの通報は犯罪として扱い、それを行ったものは逮捕する」、「報道陣は現場の取材を自粛してほしい。すべては時間との戦いに全力投球が必要であり、個人個人が手柄話をしてはいけない」などと警察や消防のトップが呼びかけている。

しかし、ジュリアーニ市長の活躍が評価される中で、救援にあたった消防局、警察、OEMなどの相互の連携には問題点のあったことが判明している。9／11以前の数年間、ジュリアーニには、彼の管理手法とスタイルおよび政策決定のせいで、警察と消防局との間の摩擦を打開できなかったことがあるとも言われている。

この災害対応で発揮されたジュリアーニのリーダーシップは、ブロークン・ウィンドウ理論によってニューヨーク市を犯罪都市の汚名から返上させた実力を改めて認識させるものであった。その根底には、市民からの信頼を受けている自信があったのである。そのためには、絶えず市民の前に登場し、信頼できるリーダーとしての実像を明確に打ち出した。まず現場に立ち、そこから自らの意志が本物であることを市民に伝える。そうであるからこそ、市民のいかなる質問にも答え、答えられない質問にも、正直にそう答え、不安や不信感を抱かせないことができるのである。

そして、それを実現させるための巧妙な彼のメディア戦略がある。現場状況を報告する記者会見は毎日、何度となく行われた。絶えざる情報共有、情報開示。把握できていること、いないことを明確にする。人々の心に残る言葉の数々を散りばめる。たとえば、憎しみを越えた助け合いを求め、市民の速やかな平常復帰を事件から1日もたたないうちに呼びかけ、そして、テロに負けないニューヨークを強調する。これらすべてが、メディアに登場することで市長と市民の連帯感を強める要素となっている。そうした市民の信頼があるため、市長が示す目指すべき方向に真実味が生まれるのである。

ジュリアーニが一貫して示すのは、その市政の特色でもあった現場参加型のリーダーシップである。危機に際して自らがすみやかに対応し、市民が市長を最も必要としていたときに頼れる存在であることを自ら証明することに努めた彼の積極性もその一例である。一方でジュリアーニのやり方があまりに強引すぎるとの批判があったことも確かである。しかし、彼のニューヨーク市政での実績、そしてこのテロ事件での行動でそうした雑言を消した。

おわりに

災害対策基本法では、行政組織が国民の安寧な生活を担保することが示されており、現実にその後の多くの災害で、この法律で定められたプロセスに基づいて、国や地方自治体によって災害の予防から復旧に至るまでの対応がなされてきた。しかし、危機管理は、政府の役割だけにとどまるものではなく、個人も、その生命や財産、家族や隣人の安全を守る責任を負うことが過去の数々の災害で明らかになりつつある。このことは、２０１１年の東日本大震災後に、多くの自治体が地域防災計画を改定するにあたって、従来の自治体、政府頼みの公助だけでなく、自らに主体性を置く自助、人々の助けあいで可能となる共助の重要性を指摘し、文言に入れることとなったことにつながっている。

これまで長い間、充実した災害対策への努力、世界に類のない治安のよさ、均一民族による国家であることの社会の安定性、色々なファクターによる社会インフラの水準の高さによって、安心・安全な社会を基盤とした経済活動が可能となり、それがわが国の経済の国際競争力の源泉とも言われてきた。ところが、阪神・淡路大震災、新潟県中越地震、三宅島噴火など東日本大震災以前にも頻発してきた自然災害、異常気象の頻発や大規模化、また、サリン事件のようなテロだけでなく、尼崎市列車事故や苫小牧タンク全面火災、さらには福島原子力発電所での爆発など、これまで安全と信じられていたインフラ施設の故障や人災が頻発し、さらには新たな災害としてのサイバー犯罪の発生までもが心配されている。２００５年にはＳＡＲＤＳ、２００９年にはメキシコでの豚インフルエンザ、２０１３年の中国での鳥インフルエンザなどパンデミックへの恐怖もある。こうした安心・安全神話の揺らぎの下で、政府のみならず、多くの人々が持続できる社会の構築に心配している。

そこでのキーワードは、言うまでもなく、災害発生時にいかにしてその被害の最小化を図るかである。本節では震災に遭遇した市民の行動と対応、そして大規模テロにあった行政の責任者の行動と対応について示してきた。

それらに共通しているのは、危機に遭遇した時の人々の行動がその後の展開を決めてしまうという当たり前の結論である。危機に対して、人々がいかに主体的に対応しなければならないかの啓蒙が改めて重要であることを認識させられるのである。

註

［1］東京都災害即応対策本部　東北地方太平洋沖地震に伴う被害状況等について（第10報）平成23年3月14日14時。

［2］国土交通省 http://www.mlit.go.jp/report/press/tetsudo08_hh_000017.html
［3］読売新聞朝刊（平成23年3月14日）。

［4］平成20年度パーソントリップ調査。

［5］警察庁発表。

［6］ハリケーンカトリーナに襲われたニューオーリンズや、大地震が発生したハイチの首都ポルトープランスでは、当たり前の略奪行為、暴動が、日本では発生しないことが世界の驚異となった（ロム・インターナショナル『日本の底力』河出書房新社、２０１１年6月、12～15ページ）。

［7］「東日本大震災に関する調査（帰宅困難）」（調査対象：東京都、埼玉県、千葉県および神奈川県の居住者で地震発生時に首都圏にいた男女２０２６名、「災害と情報研究会」および「（株）サーベイリサーチセンター」による数値に基づいて算出。

［8］東京都災害即応対策本部　東北地方太平洋沖地震に伴う帰宅困難者対策等について（第6報）3月12日4時。

［9］"The Giuliani years: the overview: a man who became more than a mayor", by Dan Barry in The New York

Times, December 31, 2001.　この日のジュリアーニの様子については、ニューヨーク・タイムズが、9月11日の朝、「退団する最後のシーズンを待っている、かつては人気あった野球選手のようであった」（“The Giuliani years: the overview: a man who became more than a mayor”, by Dan Barry in The New York Times, December 31, 2001.）と書いている。別の記者は、「強硬な市長」（“The Giuliani years: news analysis: a reborn city, stamped ‘Giuliani’”, by Jim Dwyer in The New York Times, December 31, 2001.）と述べた。また、タイム誌は「後継者を選ぶ時がきた。終わりはもうすぐだ」（Person of the year, by Nancy Gibbs, in Time magazine, December 31, 2001.）と書いている。

［10］“Threats and responses: the former mayor: Giuliani presents tough defense to Sept.11 panel”, by N.R. Kleinfield, in The New York Times, May 20, 2004.

［11］特記なき場合は、多くの記述は Rudy Giuliani の自著である Leadership, published by Hyperion Press, 2002.

［12］“We’re under attack. Near misses, dead phones, last words: an oral history of 9/11 by Giuliani and his aides.” Time magazine, December 31, 2001.

［13］CNN site: http://archives.cnn.com/2001/US/09/11/chronology.attack/

［14］http://ny1.com/pages/RRR/911timeline.html

［15］CNN site

［16］CNN site

［17］http://ny1.com/pages/RRR/911timeline.html

［18］“We’re under attack. Near misses, dead phones, last words: an oral history of 9/11 by Giuliani and his aides.”, Time magazine, December 31, 2001.

第9章

都市とテレワーク

働き方改革が最近のブームである。安倍政権の主要な政策の一つともなっている。その動きの中で、遠隔で働くことを意味するテレワークが大きな役割をもって浮上してきている。1990年代以降に急速に進んだ情報化とそれに関わる電子機器の進化は、インターネットの普及でオフィスにいなくても多様な業務を行うことが可能となってきている。都市の未来を考えるとき、テレワークの進化は人々の働くことの意識改革、さらには都市空間の整備のあり方、さらにはそれによるインフラ整備のコストの削減まで踏み込んで考えることができるのである。しかも、この仕組みは、断絶しやすい都市と地方の関係を緊密にする可能性を秘めており、都市の持つパワーをバーチャルな空間を介して地方の活性化に役立てることができるのである。

1　働き方改革とテレワーク

■働き方改革

「働き方改革」は現在の安倍政権の主要な政策テーマになっている。少子高齢化と労働人口の減少に対応するため、安倍首相は「働き方改革実現会議」を２０１６年９月に内閣官房に設けた。２０１７年３月には「働き方改革実行計画」をとりまとめたが、同実行計画が目指すのは、労働力そのものを増やすことにある。労働力を増やすには、労働生産性の向上と、労働参加率の上昇を実現しなければならない。わが国の労働生産性は、ＯＥＣＤ35カ国のうち20位と低い。数値自体は平均に少し及ばない程度で、とりたてて低いわけではないという解釈も可能だが、明らかに向上の余地はある。政府が働き方改革を推進するのは、働き方を改革することで労働生産性を向上し、ひいては労働力を増やせる、さらには個人の余暇時間が増えて豊かになれるとの期待があるからであろう。

働き方改革については、政府だけでなく民間でも長年議論を続けてきた。例えば、今回の働き方改革実現会議における主要なテーマに「テレワーク」（遠隔地勤務）がある。これは民間では１９９０年代にすでに議論を開始しており、当時、ＩＣＴ技術の進歩、とりわけインターネットの発展が予見されていたことがその背景にあった。技術の進化は、働き方だけでなく、社会そのものを変革する原動力となる。技術進化の結果、ＡＩ、ＩｏＴやロボットは本格的な普及前夜を迎えている。

こうした新しい技術を活用して働き方改革をさらに推進し、ひいては労働生産性を向上させていくことが不可欠だとの認識がひろまりつつある。

■テレワークで変わる社会

テレワークはこれまでも、ＩＣＴを活用した場所や時間に捉われない柔軟な働き方として個人、企業、社会に対するさまざまな効果が期待されてきた。しかし、今日のグローバル化の急速な進展、クラウドやソーシャルメディアの登場などのＩＣＴの利活用環境の高度化、さらに社会の中で存在感を増しつつあるデジタルネイティブの登場は、テレワークを新たな段階へと導いている。

そこで、日本テレワーク学会では、あらゆる分野で境界が消えて、相互に影響しあう現代の社会を「トランスボーダー社会」と位置づけることにより、あらためてテレワークの意義や効果を再検証した。それでは、なぜトランスボーダー社会と名づけたのか。社会には仕組みから規範まで多くの境界、すなわちボーダーが厳然と存在している。仮にあらゆる分野で境界が消えれば、これはボーダレスな社会の実現となる。ボーダレス社会はいわば長い間の理想として語られ、その実現が待望されてきた。しかし、この考え方に敢えて疑問を呈したのが新たなネーミングのきっかけである。境界、すなわちボーダーが消えることがあるのか。答えは否である。長い間叫ばれてきたボーダレス社会はその姿すら見えない。そうであれば、境界の存在を認めたうえで、それを乗り越えた価値観と社会運営をすればいいのではないか。

そこで、この概念により捉え直すことのできたテレワークの持つ新たなポテンシャルを背景として、テレワークがわが国の活力ある未来を創造する可能性と、そのために求められる政策をとりまとめ、筆者が学会長を務めていた２０１３年７月の第15回日本テレワーク学会研究発表大会において新たな提言を行った。

2　現実となるトランスボーダー社会

トランスボーダー社会がいよいよ現実のものとなる。それによって社会で何が変わるのか。そもそもトランスボーダー社会の前提とは何か。それらを明らかにした上で、「人間」と「活動」と「空間」が具体的にどのように変わるのかをひも解いてみる。

■進展するトランスボーダー社会

テレワークが先導するトランスボーダー社会の姿とは何か。テレワークの存在が、テレ＝遠隔、ワーク＝仕事、という情報化の進展の中で生み出された単なる新たな業務形態にとどまるものでなく、これからの価値創造のための役割と大きな可能性を秘めていることをそこで期待する。

トランスボーダー社会では仕事のあり方が大きく変化するはずである。これまでの価値観では、通勤する、会議を行う、書類を作る、人に会う、といった目に見える行動こそが「仕事をしている」ことの主たる認識対象であった。ところが、考える、発見する、探し出す、結び付けるなど、頭の中の動きで表現される行為こそがじつは「仕事をする」ことの本源ではないかとの認識に至ったのであったのである。

人や組織や社会が、時間や空間の制約を超えて、出会う、繋がる、触発する、そのようなダイナミックな動きの中で生み出されてくる付加価値をつなぎ合わせていく行為こそが、すなわち価値創造活動であり、そして、それがこれからの仕事の根幹の前提となるはずである。そこでは、時間や場所の制約に捉われない働き方、すなわちテレワークが働き方の絶対要素となっていなければならない。

テレワークというかたちで新しい価値創造活動を行っていくには、旧来型の時間と場所に縛られる働き方を前提とした多くの既存の制度や固定概念が意味を持たなくなる。つまり、男性と女性、若者と老人、職場と家庭、仕事とプライベート、さまざまなところにあった境界を越えて、個人と組織のコンピタンスをあげていくための支援、制度改革、マネジメント改革、マインドセット改革がそこでは実現していなければならない。それによって、ボーダー（境界）を越えた社会が出現するのである。

■トランスボーダー社会で何が変わる

ここでは、実現が期待されるトランスボーダー社会の姿を描いてみたい。

現実社会の課題はいとまがない。戦後、世界に例をみない高度経済成長を成し遂げ、1980年代の終わりに、ついに世界の頂点に立った日本は、バブル経済崩壊後の長期の経済の低迷の下で、それまでの成功体験に拘りながら次の一歩を踏み出すのに臆病になり、社会の将来に明るい可能性を見い出すための葛藤を続けてきた。21世紀に入ってからの小泉改革、その後の短期間でのたびたびの首相の交代、さらには保守から革新への政権交代。しかし、失望の連続であった。その模索の中から、再び登場した自民党政権の下で国力回復の挑戦がなされている。

バブル経済崩壊後の20年にわたる試行錯誤の中で、わが国の社会が解決のなさねばならない課題はかなり明らかになってきている。人口減少の局面に移行する中で、繁栄する大都市と衰退を続ける地方の問題は、結局、いかにして「地域の自立」を図るのかという政策論に行きつく。80年代から急速に進展したグローバリゼーションの中で「国際競争力」の確保は喫緊の課題である。そして、その答えを出すためには、社会のあらゆる分野における「規制改革」の実現がなされねばならないことが明白となっている（図9－1）。

そこでネックとなるキーワードはいくつかある。簡単には変わらぬ人々の意識や仕組みにおける「既成概念」、従来のならわしで決められてきた「権限と財源の硬直化」、空間から仕事の区分まで

図9-1　現実社会からトランスボーダー社会への移行

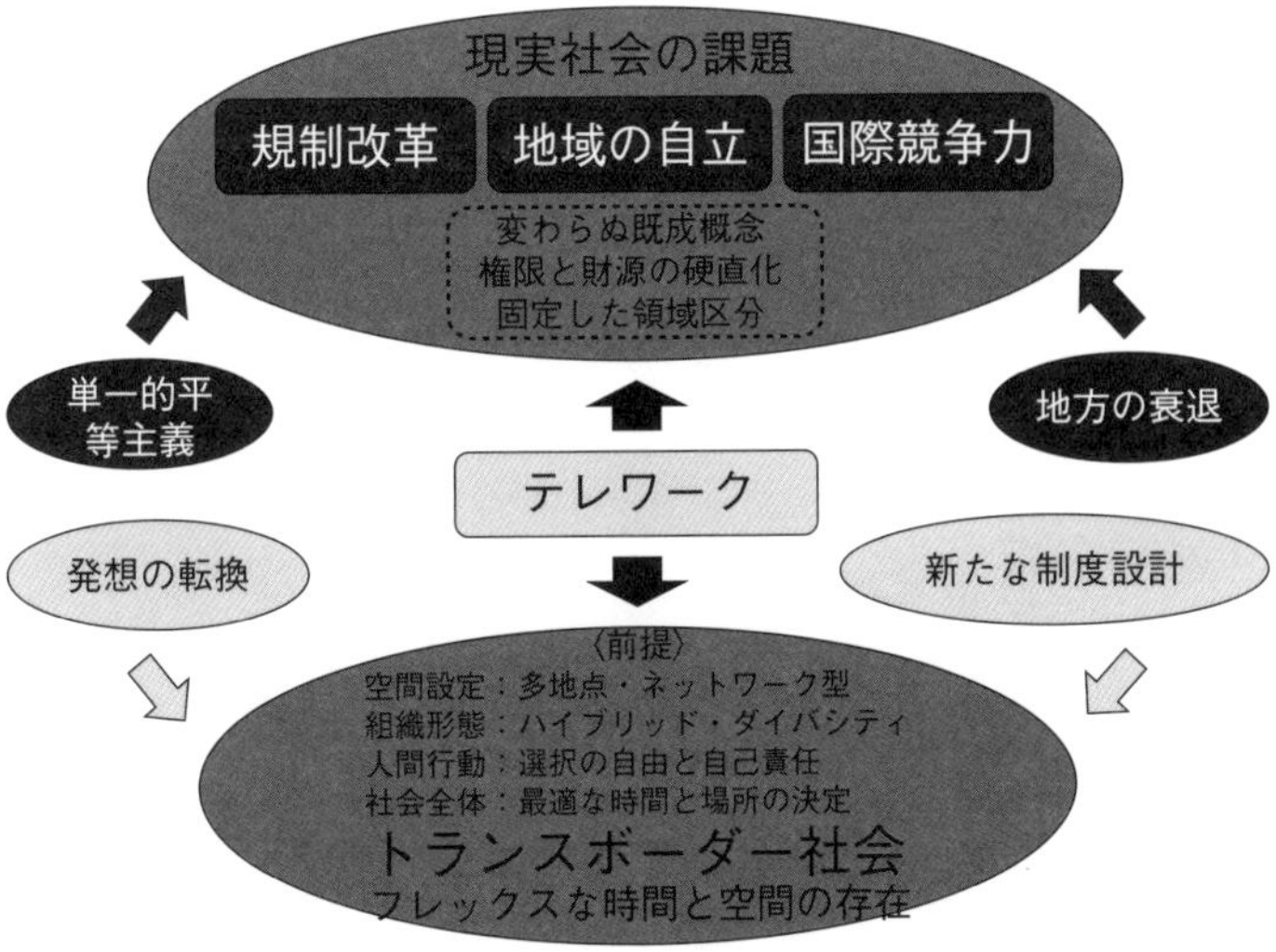

出典：筆者作成

厳然として存在する「固定した領域区分」。これからの社会に求められる新たな展開を考えれば、そのすべてが障害（バリア）である、規制には『岩盤』と呼ばれるほどの守旧派の登場まである。そこには、前後一貫してわが国の社会運営に共通した概念であった「単一的平等主義」が横たわっている。国力復興の過程で有効であったこの理念は、国際社会との競争の中で、時代の変化のスピードについていけず、さらには従来の経営手法を踏襲してきた全国の多くで「地域の衰退」を招いている。

ここで必要なのは、大胆な「発想の転換」であり、それに基づいた「新たな制度設計」である。たとえば、企業を例にとれば、人口減少に直面する現在の転換期を好機と捉え、企業組織に集中していた資源や機会（可能性）

を、個人・地域に広げることである。さらに他の企業とのコラボレーションによって、人材のマーケタビリティを高め、社会に新たな競争力（付加価値創造力）を獲得していくことである。

そこには、「個」が生み出す知のネットワークが、組織・地域・国へのダイナミックな発展につながっていく可能性が秘められているのである。

すなわち、トランスボーダー社会においては

・社会全体で流動的な時間と空間の変化に的確な対応を実現することができる。
・空間設定は多地点・ネットワーク型となり組織形態がハイブリッド・ダイバシティ型となる。
・人々の行動の選択が自由となるとともに自己責任の所在があきらかになる。
・こうして最適な時間と場所の設定に基づいた可能性に満ちた社会が実現する。

これらの実現に、テレワークが大きな役割を担うことになる。

■トランスボーダー社会の前提

トランスボーダー社会の前提は、新たな価値創造社会だということである。そこでは、テレワークを用いることにより、「人間」、「活動」、「空間」のそれぞれにおいて新しい関係が生まれる。そ

して、仮説は以下のようになる。

「人間」においては、ワーク・ライフ・バランス社会が実現されることで価値観や生活形態が変化する。時間や場所の自己コントロール権が尊重されるとともに、人々の意識や行動が「見える化」されることで、相互の理解が深まり、相互配慮、相互尊重が進んでいく。子育て、介護、ボランティアや知識・情報の習得や啓発活動など、ライフステージや生き方の多様化に対応した、各個人の選択が容易な社会の到来の下での評価が尊重される。

「活動」においては、通勤スタイルやオフィスの役割・機能が適切に見直されることで、省エネルギーや地球環境との共生が実現し、より持続可能な社会が実現する。また、大規模災害、パンデミック時の事業継続が可能となり、レジリエントな社会も達成される。

「空間」においては、時間と距離の関係が限りなくゼロになることでコスト構造が変化する。従来型のインフラ装置が絶対的条件となる都市空間を創らずとも、コンパクトな国土と都市が新たな空間を生み出す。そしてその空間を十分に活用できた企業は、業務の効率化を成し遂げ、これからの人口減少社会においても国際競争力を確保することができる。

テレワークは、従来からの価値観と境界を根底から覆して、これからの希望ある未来を現実化するための重要な触媒であるとともに、必須の要素となるのである。

■人間が変わる

トランスボーダー社会では個人が変わる。そこには、

・変化への自覚と対応の心構え→自律（パーソナル・アイディンティティの確立）。
・情報リテラシーの積極的な習得。自己責任型キャリア形成（異質知との融合）。
・独自の人的ネットワークを構築し、継続的にメンテナンスしてゆく。

その変化を生み出す大きなファクターとしてワーク・ライフ・バランスの確立がある。

働くことが価値を創造する

トランスボーダー社会が進展する中で、働き方が変化する。「仕事」を「付加価値を生み出す活動」と再定義すると、これまで仕事につきものであった職場や勤務時間といった境界の概念は消えてしまう。これまでの社会では、「仕事」とは体を動かす「労働」が基本であった。しかし、トランスボーダー社会では、頭を働かす活動が仕事の中心になる。現実的な時間や場所に捉われない「価値創造活動」すべてが「仕事」となるのである。こうした新しい時代の価値創造を生み出す仕組みとしてテレワークの存在意義がある。なぜならば、テレワークを進めることにより、働く人の特性や

嗜好を配慮した働き方が可能となり、多様な人に、それぞれふさわしい形での働く機会を提供することができるようになるからである。

従来型の働き方は、会社に通勤してみんなと一緒に一斉に仕事をすることを前提としている。いわば「元気な男性のサラリーマン」を前提としたものとなっている。そのため、子育て中のために家の外で働くことが難しい人、親の介護のために長時間家を空けられない人、障害のために通勤することが難しい人、時間を自由に使いたい人など、この前提に合わない多くの人にとっては、従来の仕事の概念は、各人の個性や特性を活かして働く上での大きな障害となっている。

「仕事」が多様化する中、その多様化に対応できない社会は生産性を落としていき、停滞していく。働き方の概念を変えたとき、テレワークは、業務分野においても働く場所においても新たな可能性をもたらす。そして、社会の新たな成長の源泉となるのである。

ワーク・ライフ・バランスで何が変わる

仕事と、それ以外の生活（育児介護などの家族生活・生涯学習・趣味の活動・社会貢献活動など）のそれぞれを充実・両立できるような働き方が実現することがワーク・ライフ・バランスと呼ばれるものである。そこには、仕事の質、個人の時間、価値観の尊重など、いくつかの要素が必要となる。

・仕事の価値創造力・生産性を高める。

・メリハリをつけて働き個人生活の時間を創出する。
・その結果、家庭・地域・社会などの多様な価値観に触れる。
・そうすれば、多様な価値観を取り込んで仕事に生かすことができる。

こうした状況を現実に生み出すには、職場で働くすべての人々が、性別・年齢・未既婚・子供の有無に関わらず、まず自らにあてはまる問題であることを認識しなければならない。

そして、ワーク・ライフ・バランスの実現のためには、「労働の柔軟化（多様な働き方）」と「長時間労働の是正」という従来の働き方に対して大きな変革が不可欠である。そして、その背後には「個人の労働生産性向上」が存在しなければならない。

★労働の柔軟化
多様な働き方を目指すことで、
・働く時間・場所などの規則を弾力化し、個人の選択肢を増やすこと
・テレワーク、フレックスタイム、裁量労働など

★長時間労働の是正
1時間あたりの労働生産性の向上を目指すことで、

・一人当たりの総労働時間の短縮
・休業制度や短時間勤務制度の導入、残業時間の削減、年休の取得率の向上など

このように、時間、空間で、生きるための最適なバランスを生み出すことが、人々にとっての生きがいとなるのである。言ってみれば、多くの人は、このバランスを追い求めて人生を過ごし、そして終えるのではないだろうか。そこに、ワーク・ライフ・バランス実現のための絶対不可欠な条件としてテレワークの存在が浮上してくるのである。

仕事と家庭の両立

この話を個別の例として挙げるなら、ライフステージ別のワーク・ライフ・バランスがある。その人のライフステージを考えるなら、男女でほぼ、流れは一緒である。ただし、女性の場合には、仮に結婚して、子育てをするとなると、明らかに男性とは異なった形態をとることになる。

そこに登場する空間は主として家庭と職場である。それに付随するものとして、地域コミュニティが存在する。個人のメンタリティは、多くの場合その空間に拠るところが大きい。家庭にあっては、子供、配偶者の幸せが第一となる。職場にあっては、キャリアアップと昇進がある。地域コミュニティにあっては、近隣との軋轢のないつきあいが必要となる。

ワーク・ライフ・バランスの中で特定のテーマとして最も取り上げられるのが、家庭と仕事の両

立である。仕事と子育ての両立に悩む男性社員とその妻の気持ちとは、内閣府の調査によれば、以下のようになる。

（父親）職業と育児に同じくらい関わりたい…約8割

（母親）父親に職業と育児に同じくらい関わって欲しい…約7割

しかし、現実には父親の長時間労働のために実現できない現状がある。

自由時間の確保で何が生まれる

トランスボーダー社会では、テレワークにより生まれた個人の自由な時間が増加するに従い、育児など生活上の必要な活動から学習・研究など自己啓発・知的満足のための消費、さらに今後は、地域活動・ボランティア活動他社会貢献活動など自己実現につながる多彩な活動への時間の活用が増加することが期待される。

通勤時間の削減や業務の効率化によってテレワークで生まれた時間は、ネットワークが生み出す多様な交流や学びを活発化する。地域社会への気づきと市民性を高めるとともに、社会に豊かさとゆとりをもたらす文化・芸術などの創造的な活動の活性化に貢献できる。このようにテレワークの実践は、一人一人に対してワークとライフ、それぞれに気付きをもたらす、好機となり得るものである。

■活動が変わる

トランスボーダー社会では、ネットワーク知による新価値が創出される。日本では、サービス産業、ホワイトカラーの生産性の低さが指摘されている。「場」に過度に依存した業務プロセスに課題があり、課題解決に向けた業務の可視化による生産性向上が喫緊の課題となっている。

ここに、テレワークを導入すると、業務の可視化・標準化が必然的に行われ、コミュニケーションが迅速になり、円滑な意思決定に繋がることが期待される。また、知の獲得・活用の範囲が拡大し、コラボレーションが促進され、知と知の融合を触発し、新価値をもたらすなど、サービス産業、ホワイトカラーの付加価値増大に向けた生産性改善の基盤を手に入れることができる。

さらに最近の注目は、自然災害やパンデミックで事業が中断する事態の発生に、テレワークがそれを補完する、あるいは解決できるという期待である。職場に行かなければ業務が遂行できないという体制を、職場に行かなくてもその遂行ができるという体制に変えられるのはテレワークが有している最大の特性である。

思考プロセスの可視化で組織が変わる

プロセスの可視化・再構築で、効率化と事業継続性確保の可能性が生まれる。

・システマティックな業務プロセスの可視化・再構築で、効率化と事業継続性確保
・NGN、クラウド等、新技術の迅速な取込みと事業創造で国際競争力を向上
・オープンイノベーションを促進し、知識流通の活性化で「組織知」を強化

そこで重要なのは、思考プロセスの可視化である。トランスボーダー社会では業務の可視化と組織知の高度化が不可欠である。

問題解決を加速するためには、断片的な知識やノウハウではなく、具体的な生きた事例を可視化することが重要であり、それらが蓄積されて組織的な知恵（組織知）となっていく。

業務を可視化することで、課題の存在を明確にし、円滑な意思決定に繋げることができるようになる。さらに、知の再利用を容易化・効率化し、生産性向上に寄与するとともに、知と知の掛け合わせによる知の融合を促進して新たな知の創出にも繋がりやすくなるなど、ネットワークを介しても新価値の創出への期待が高まる。

事業継続が担保される

交通や物流インフラを中心に企業経営にダメージを与える地震やテロ、人的資源にダメージを与える伝染病など、事業継続性を阻害する要因ごとにリスクヘッジを検討しなければならない。現状では十分に検討を進めている組織はまだ少ない。

事業所以外でも業務環境を整備していくテレワークの導入は、事業継続性の確保、特に情報通信基盤確保および人的資源確保を同時に満たすことができる。恒常的にテレワークを習慣化することによって、災害時やパンデミック等の不測時に、資源と知恵を総結集し、業務復旧までのリードタイムを短縮することができる。

地震、事故、故障、テロなどの場合、社内の設備の一部・全部が破壊され、事業継続が永久に不可能になる。すなわち、企業にとっては、事業継続リスク対応はいまや企業経営にとって不可欠なものなのである。

定常的なテレワークをデータセンタを介して行うことによって、災害時にすべての情報資産を安全なデータセンタから復活することが可能であり、事業継続を可能にすることができる。

■空間が変わる

そして、トランスボーダー社会で空間はどう変わるのか。21世紀に存在する空間の性格は、20世紀といくつかの点で与条件が変わっていく中で決められていく。ハイレベルの技術革新のおかげで時間と距離の関係がより密接になる。これによって、働く場所と住まう場所の空間形態に変化が生まれる。産業構造がますます第3次産業にシフトすることにより大都市の空間がより高度化し、地方の中小都市が存在理由を失い始めていく。人口減少社会と高齢化社会への移行に伴い、労働力の供給が減るという根源的な問題を抱えるが、都市空間にとってはこれまでの量的充足志向から質的充足へと軸足が移っていく。そして、こうした人口構造と産業構造の変化という21世紀の新たな条件付与により、従来型のインフラ整備の国土整備からコンパクトな国土と都市を目指して新たな空間を生み出す必要に迫られる。

大胆な発想の転換が必要

ここでは、上記のうちの都市と地方の状況に焦点をあてて話を進める。現在、大都市に対して、地方中小都市、さらには農村を含んだ地域一帯はこれからいかなる空間整備をすればいいのか明確なビジョンを出せずにさまよっている。そこで、大都市を「都市」と呼び、それ以外を「地域」と呼ぶと、現在、都市と地域にとって課題は以下のように山積している。

- 都市と地方はどのような関係にあればよいか（対峙、それとも一体）
- 成熟経済の下での都市と地域のヴィジョンとは何か
- 均衡ある発展、分散政策の理念はこの先どう生かしていくのか

・国際競争力を前提とした都市政策・国土政策はどのような空間を創り出すのか
・地域特性と役割に応じた政策立案と施策実行はどこまで可能か

トランスボーダー社会では、可能性にあふれた社会の実現のために、従来の概念を乗り越えた思い切った大胆な発想の転換と新たな制度設計が必要である。その目指すところは、都市と地域を含んだ国土全体で思い切った集積化とコンパクト化を実現することである。分かりやすく言い換えれば、選択と集中をあらゆる分野で行うことである。そのためのキーワードはいくつかにまとめられる。その背後に日本が持った高い技術力の存在がある。

・1980年代から世界的に進行した産業構造の変化についての認識を誤ることなく、これからの時代に、地域における自立のための産業はあるのか。あるいはないのか。それを見定めることが不可欠となる。
・国土全体を見れば、集約的生産が可能な地域と、それができない非生産的な地域が併存する。すなわち、各地域の賦存資源に基づいた政策の適用と、その事実を受け入れた上での人々の生きざまが社会を創る。
・そうした社会にあっては、従来のような上からの規制や誘導によって従属的に社会の運営がなされるのではなく、地域の人々自らが都市や地方の空間の創生、賦存資源の最大限の活用を行い、自分たちにとってのあるべき社会を生み出していかねばならない。

テレワークによって地域が蘇る期待が高まる

テレワークによって、衰退した地域が蘇る期待は大きい。この場合、ここで対象となる衰退を続ける地方の多くは都市と対峙した時の地方を意味する。こうした地域にテレワークがいかなる形で作用し、そして地域が蘇るのか。

ここでは、その主要な三つの要素として、「歴史と文化」、「産業」、「都市との関係」をとり上げて、テレワークが触媒となって何を生み出すかを考えてみた。

★歴史と文化の発掘・持続

地域が持続的に魅力を維持し、発展を続けるには、その地域が培ってきた歴史と文化の継続が前提となる。そのためには、もちろん今まで見出されてこなかった資源の発掘も重要である。それを、地域の産業との関係、都市との関係で考えると以下のようになる。

⇓地域産業の創造

地域文化が成熟した地域では、『地元密着型の文化産業』が創造される。

⇓都市と地方の接触・融合

歴史と文化を有した地域の魅力を都市との電子的交流によって倍加させる。

★地域産業の創造

地元に根差した産業が発展するためには、そもそもの起業に始まり、それが十分な自立性を持つことが必要である。また、地域外からの需要発掘も大きな、しかも不可欠な要素であり、多くの供給力を持つ都市部からいかにそれを取り込めるかがカギとなる。そのためには、地域の持つ独自性の活用、テレワークによる、都市部からの業務の受注が必要である。

⇓歴史と文化の発掘・持続

産業が創造される活力ある地域では、経済的自立の下に地域文化の維持・発展が促進される。

⇓都市と地方の接触・融合

地域の持つ生産力を電子的交流によって提供し、都市と地方の区分がなくなる。

★都市と地方の接触・融合

テレワークは情報社会における電子的交流を利用することによって、それまでの空間的な距離をなくした。このことの最大の効果は、地方と都市の関係に表れている。本来、人の交流によって相互の発展がなされると考えてこられていたが、じつは電子的交流というバーチャルな存在が、結果的に人の交流を促すというリアルな世界を創り出すことになりつつある。

⇓地域産業の創造

図 9-2　テレワークによって地域が蘇る

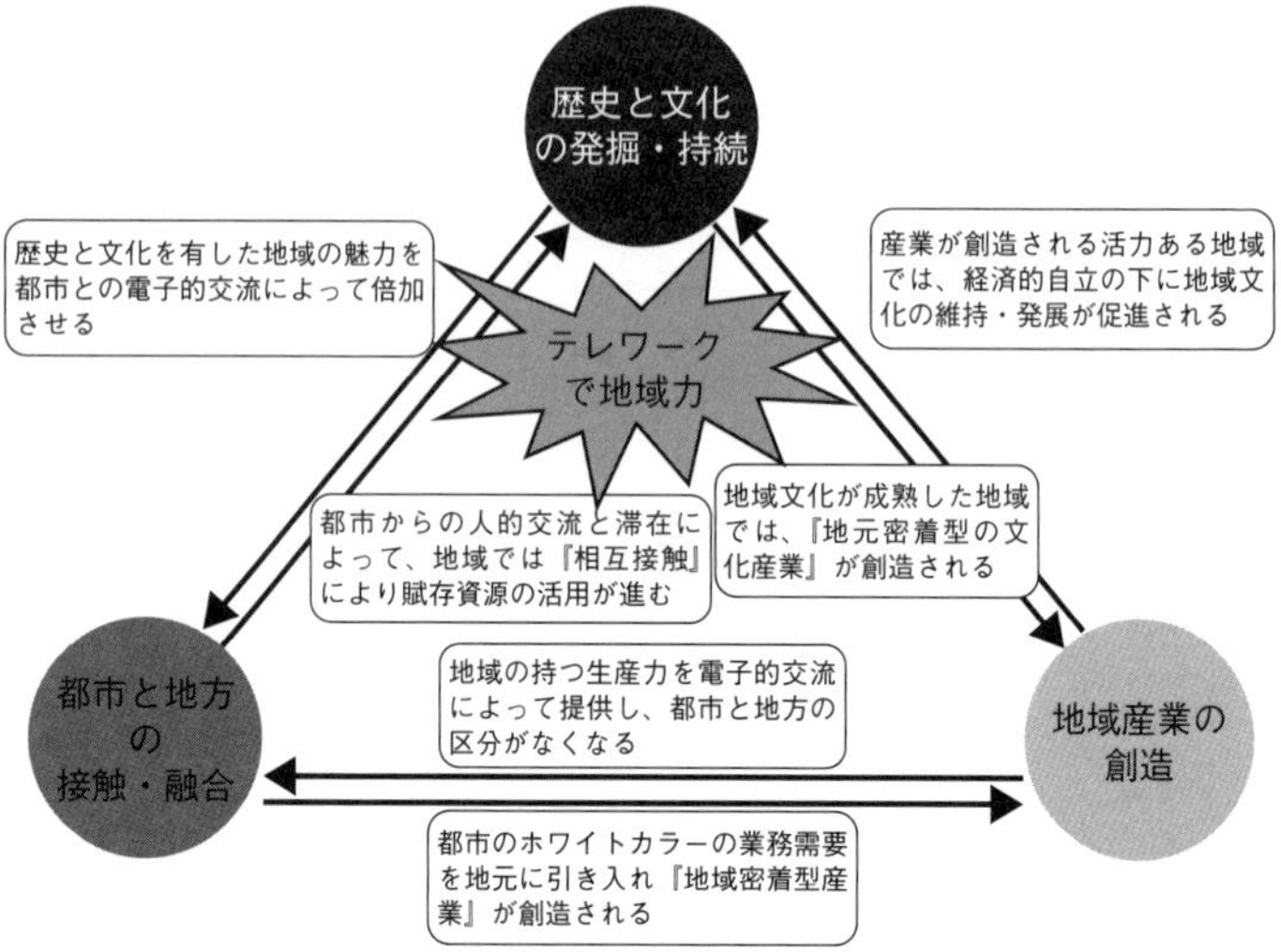

出典：筆者作成

都市のホワイトカラーの業務需要を地元に引き入れ『地域密着型産業』が創造される。

⇓歴史と文化の発掘・持続

都市からの人的交流と滞在によって、地域では『相互接触』により賦存資源の活用が進む。

こうして、地域の発展に大きな意味を持つ主要な三つの要素の組み合わせが、テレワークの存在によって、これからの地域の新たな魅力を生み出す期待を担うことになるのである。すなわち、「テレワークで地域力」が生み出されるのである（図9－2）。

第10章　都市と文化

21世紀は都市の時代と言われている。しかし、都市の形成には悠久の時間がかかる。人が集まって住む集落はいずれ都市へと変貌していくが、その存在の歴史は数千年以上にもなる。Urbanの語源となったメソポタミアの古代都市ウル（ＵＲ）は今から４０００年前に栄え、そして異民族の侵入で破壊されるが、そこでの都市運営と都市空間の配置は、その後のヨーロッパの都市国家に引き継がれる。

地球上のあらゆる場所で、それぞれが独自の生活様式や文化を持ち、風土に基づいた個性を持つ都市が脈々と形成されてきた。では、人々は都市の存在をどのように受け止めてきたのであろうか。そう考えていくと、働き、休み、そして憩いの場となっている都市の存在は人々にとっていかに奥深いものかが分かってくる。それを都市の認知の視点から語るために「都市の音」、「都市の色」を取り上げる。そして連続する「都市の文化と時間」に言及してみる。風土と文化は都市空間の中で、未来永劫、持続するはずである。

1　音と統治

激しく打ち鳴らされる教会の鐘のシーンがアップされて、映画「ノートルダムのせむし男」はフィナーレとなる。教会の鐘楼によじ登り、鐘を乱打する男の表情は、長い間の抑圧から解き放たれた安堵と満足に溢れていた。その男には、愛する女性への遂げられぬ思いの発露という動機があった。しかし、深層には、自らが虐げられてきた社会と権力を陵駕したことへの誇りがあり、それは、地域を支配する鐘の音を手中に入れることによって成し遂げられたのであった。

鐘の音は都市にとって大きな意味を持ち、中世ヨーロッパ都市では一日の営みの節目を作り出していた。鐘は教会だけではなく、宮殿や、都市の象徴として市庁舎の時計塔にもつけられた。ヴェニスのサンマルコ広場の鐘塔には大きさの違う五つの鐘が取りつけられ、それぞれの鐘が仕事の開始と終了、市議会の招集、正午の時報、上院の招集そして死刑執行の合図という異なる目的で鳴らされていた。鐘の音は為政者にとって都市支配の手立てそのものであった。

音の到達距離は数㎞しかないため、中世都市と異なる現代都市のスケールでは鐘の音の役割は変わらざるを得ないが、その意味は失われていない。テームズ河畔に響きわたるビッグ・ベンの澄んだ音色はＢＢＣによって世界中に時報として流される。その音はロンドンにとどまらず、地球上の至るところに届いている。鐘の音ではないが、イスラムの都市では、一日5回、街中のモスクからコーランが流れる。腹のすわったそのうなり声は身体にしみ込み、その呪縛から逃れることは簡単ではない。

音の存在が都市の運営と統治の要件の一つとすれば、日本にはそうした考えがあるのだろうか。古代の都城、平城京には東西に二つの市場があり、正午に開いた市は日没前に鼓が3度打たれて店じまいとなった。しかし、それが都《みやこ》全体に届くために鳴らされていたかは定かでない。

江戸時代、大岡越前守のお裁きの前に打ち鳴らされたドドンという太鼓の音や、明治時代、土曜に鳴らされた半ドンの銃声が、その後都市的スケールで空間が創られていった過程で考慮されていたのであろうか。おそらくその答えは否であろう。

たしかに、火の見やぐらの半鐘は、それが届く範囲の共同体への連絡の役割を持ち、上野の寛永寺の鐘は、朝夕、音の届く範囲の人々の意識を覚ましたことであろう。しかし、西洋と日本の都市では、明らかに音の使い方が違う。西洋都市の要《かなめ》である広場と、そこに象徴として立つ尖塔、そしてその組み合わせの中で用いられる鐘の音というコンビネーションは、日本には見られない。そもそも、日本の国会議事堂に時計台はない。そこから時刻を知らせる音が流れることもない。議事堂前の広場は、背丈ほどの柵がつけられ、立入禁止である。人々を集める、あるいは人々の注意を引く中心としての存在として、象徴的建造物をとり囲む広場、その領域を包み込む鐘や時計塔の音、そうしたパッケージの試みの意図の痕跡は見当たらない。ノートルダムの双頭に似たといわれる新宿の新都庁舎の建設にあたっては、人々を招き入れる広場は作ったが、庁舎に鐘を取り付けようという提案が真剣に検討されたとは思えない。

図10-1　ニコライ聖堂

駿河台のニコライ聖堂では、現在も朝昼夕の3回、鐘を鳴らす。そして、日曜のミサの前後に、小さな鐘がチキチキチキと鳴り、次に中型の鐘がコンコンと鳴り、最後は大きな鐘でゴーンゴーンと締めくくる。しかしながらその音は、東京の騒音にかき消され、気づく人は少ない（図10－1）。

東京というビッグ・スケールな空間創成の過程に音を取り入れようとした努力の痕跡は見られない。

東京の都心区では、夕方5時になるともの悲しい短調の「夕焼け小焼け」の音楽が流される。子供たちよ、お家にお帰りと言いたいのかもしれない。しかし、スピーカーのボリュームをいっぱいに上げたこの音楽は、もはや人々の心に入るためのメロディーではなく、オフィス街となったこの地域に場違いのように侵略してくる。江戸時代、長屋の八ッさんと熊さんが縁台将棋をするかたわらにあった風鈴の音は、今でも都市の片隅に残ってはいる。豆腐屋のラッパやラーメンのチャルメラという風情は、スピーカーでがなる物干しざおや石焼きいもの呼び子音という風情のない人工音へと変質している。

都市で営みを送ると、あまた数えきれない人工音が体の中に無理やり侵入してくる。車の騒音はもちろん、商店街のスピーカーのがなりに始まり、近隣のクーラーの室外機にいたるまで、現代都市に不可分一体の嫌音がまとわりついている。都市が自動車に占拠される前の時代、路面電車が街中の幹線道路を我がもの顔で走り回っていた頃には、電車が近づくと軽いモーターの音と、重い車体による路面の石をつうじて響いてくる振動が、体内のリズムとどこかで符合し、爽音となった。

都市にとって音が主導的な役割を担うことを期待されなかった中で、この嫌音や爽音が、受けとめねばならぬ都市に付随の発生音であるとするならば、音とのつきあいはこれからも難儀するに違いない。都市で生活するものは、作為の音で統治されるのではなく不作為の音によって統治されざるを得ないことになるからである。

2　色とアイデンティティ

世界の都市の情景を想い出すとき、印象に残る都市は必ず基調となる色の存在がある。赤い街のイメージであれば、狭い街路と極彩色の衣装の人々で構成されるモロッコのマラケシュがある。街の建物の大勢は白なのだから、強いて言えば、その色を構成する素材は人間ということになる。かりにもその素材を建物に求めるならば、中国の都市をおいて他にない。赤柱やがらんの極彩色は、街並みの主要な要素となっている。これに対して、エーゲ海を眺める斜面に張り付く都市では、深みのある地中海ブルーと白色の組み合わせで街並みが描かれる。このブルーと、白の組合せは、照りつける太陽の下で、その輝きを限りなく増幅させる。

しかし、基調となる色は単色に限らない。穏やかな美しさで知られるヨーロッパの伝統的都市ハイデルベルクは、都市全体の建物の色彩が、洗練された中間色のアンサンブルで出来上がっている。オリーブ色、淡いばら色、もえぎ色などの色合いの中に、れんが色の建物の外壁がそれとなく調和している。そして、その街並みは、前面の川面と背面のなだらかな山の斜面との間に溶け込み、自然と都市の微妙な、しかし文句のない一体感をかもし出している。

ヨーロッパでは、屋根が赤茶のレンガで覆われている都市が多い。材質と色彩が作為なしにそれとなく調和している。都市をイメージする色が、建物を形成する土着の素材によって創り出され、その結果、地域性が個性として表現されているのである。

日本では、この赤茶レンガが黒灰色の瓦屋根に変わる。重厚な屋根瓦と白壁が調和した集落の存在は時代を超えて生き続ける力を持っている。倉敷や角館に残る街並みはその証左である。しかしながら、倉敷の伝統的な街並みは都市の一部を形成するのみであって、街全体を覆い尽くすだけの特定の色としてのアイデンティティは持っていない。

そうした集落の存在がありながら、日本の都市を色で想像することは簡単にはできない。日本の街づくりの根底にあるのは、一過性の臨機応変な対処である。そこへ、明治以降の近代化の流れの中で、自我を確立することなく、西欧的手法の侵略を易々と許していった。

現代の日本の都市にあっては、明治以降の近代化の中で急きょ導入された西欧的手法が、その後どのような経緯をたどったのかが大きな意味を持つ。日本の伝統的な建築様式である木造建築を基調とする都市にとって、最大の敵は火災である。江戸を近代都市に衣替えするための東京改造は防火を前提として、欧化主義者、内務省官僚、そして新興企業家たちによって実行に移される。明治10年の銀座れんが街計画、27年のロンドンのリーゼント街を真似た丸の内のれんが街など、石造りを主流とする街並みが移植された。そして、帝都の中央駅である東京駅も造られた。

しかし、そのスタイルが、後の東京全体の個性を形作るだけの十分なインパクトにはならなかった。日本の都市は近代化の流れの中で、セメントと鉄で造られるコンクリートや、第二次大戦後はとりわけ防火性能だけにこだわった木造モルタルの建築を選んだのである。耐久性のある木材をむくのままの素材として用い、都市空間全体の調和と、自然が風景と一体となった景観を生み出すことへの美的興味は、結局、効率的現実主義の前に消えていった。

石造りを主流とする西欧型都市に対して、木造建築を基調とする日本の都市が近代化の中で欧米的手法を好んでとってしまっては、個性を生む道理もなかったかもしれない。日本文化の根底に色の移ろいの思想が流れているのであれば、木の文化の中で木の素材を生かし、せいぜい土色の壁や漆喰の外壁などによって白と黒を基調としたまとまりのある街並みを造って来たのであるから、わざわざ西欧的視点で考えなくてもよかったのかもしれない。

ところが、この伝統に対する脆弱な思想は、関東大震災以降の都市建築による防火最優先の思想の下でモルタル外壁の発明もあり、味気のないテクスチャーと灰色の外観を受け入れることになる。しかも、戦後の高度成長期には、アーリー・アメリカンと呼ばれるパステルカラーを基調とした西海岸調の建物が登場する。カリフォルニアの温暖で雨が少なくて、澄み切った真っ青な空という風土があって初めて存在を認められる景観なのであるから、雨や曇天に見舞われる日本の気候風土に根付くはずがない。

日本の都市のアイデンティティが色で語られない背景に、色に対する日本人独特の特質がある。「花の色はうつりにけりないたづらにわが身世にふるながめせしまに」（古今集）と詠んだ小野小町にとって、自らの生命は花の色の移ろいのごとくはかないものであった。色の移ろいは、色に対する識別の厳格さを求めず、あらゆる色彩の存在も認めるという日本的感受性を象徴している。ある瞬間、ある空間に最高のものを現出させることによって、永遠に残される造形にこだわらない生花や茶の湯を生み出した。千利休[1]は、侘《わ》び寂《さ》びの色は「ねずみ色」だと考えた。北原白秋は、詩「城ヶ島の雨」の冒頭で雨でぼんやりと緑に霞んだ城ヶ島に「利休ねずみの雨がふる」と詠んだ。谷崎潤一郎の『陰翳《いんえい》礼賛』に描かれる日本の空間を構成する色彩は、色相、明度、彩度という合理的尺度では分類できない暗がりと闇の中で微妙な光を放ち、長く西洋人にとっての日本的神髄として語られてきた。

ブルーノ・タウト[2]よって喧伝された桂離宮は、白壁と障子の白、黒色の木材という簡素な構成であった。そこには、西欧的な原色や中間色といった明快な色の存在はない。

日本人にとっての色の特質は、小野小町のような移ろいであって、色に対する永続性や色彩の厳格な識別にこだわらないものなのかもしれない。それがもしドイツの都市のように、厳格に街並みの色彩の調和をとる、という建築規制が日本に簡単には導入されない理由であるとすれば、欧米化するカルチャーの変化の中で、日本的感性はこれからも都市のアイデンティティを色で語ることがうまくはなれないという悲劇が続くことになる。

3 文化と時間の持続性

日本文化の特徴が「あいまい」という形容詞で語られると、その背景には西洋とは異なる東洋の神秘があるのだと免罪符のように説明され、そこで話しは打ち切られる。たしかに油絵と水墨画、西洋の詩と日本の俳句、シェークスピア劇と日本の歌舞伎や能など、あいまいかどうかはともかく、確かに直接表現では見えない隠された主張があるのだと、納得させる例にいとまはない。以心伝心をベースとした行間を読む日本文化を、西洋の線的（リニアー）な文化とは異なる包括的（インクルーシブ）な文化だと考えたトロント大学教授のマーシャル・マクルーハンは西洋人の中の例外ではないであろう。

この日本独特の表現形式を都市で見てみれば、日本的感性は日本の都市の特徴をいたるところで生み出している。色に対する永続性や色彩の厳格な識別にこだわらないため、都市のアイデンティティが色彩感覚では語られることはあまりない。墨絵にひろがるぼかしに現われる白黒を付けない中庸さは、光に対しても、これをサーチライトのような特徴性をあらわすための手立てとは考えず、侘《わ》び寂《さ》びの空間を創る要素としての脇役に押しとどめてしまう。自然をそのまま肌触り良いものとして捉えるために、流れる水をあえて重力にさからう噴水として都市のオブジェクトにしようなどとは思わない。

こう考えてくれれば、こと都市空間の特徴に限ってみれば、西洋は明晰で、東洋は混沌と無秩序という単一的文化論だけで割り切るのは早計である。東洋の都市における混沌と無秩序というレッテルは、日本の都市のいたるところに存在する不整除な土地利用と都市空間につけられたものであろう。住宅地区といっても新規に開発された規則的なプランをもった住宅専用地区でなければ、小規模な町工場や日常生活と縁の深い商店街が普通に散在する。江戸時代の長屋や町屋の連続した街のファサードを持った街並みは、近代化の波の中に徐々に消えていった。

ところが西洋にあっても、中世都市の多くを見てみれば、都市のプランは不定形で都市空間は無秩序な構成であった。中世に至る前の古代を見てみれば、民主主義を創り上げたといわれるギリシアのアテネは、街の高台にそびえるパルテノン神殿の象徴性とは対象的に、市民の広場・アゴラの周辺に広がる住宅地は不整形な街路とそれに取りつく住宅群によって構成されるアトランダムな都市空間であった。

ところがカトリック教会の権威が絶対であった15世紀初頭になると、中世における普遍的社会システムへの反動として個人の認知を求める自由な空気を求めたルネサンスが、中世の骨組みを荘重さと規則正しさをもって都市空間を美しく変えることになる。技術的には建築設計の一点透視図法の発明により、空間が焦点に向かって奥行きのある三次元の広がりを持つことが可能になった。都市内のテクスチャーは、石とれんがの組み合わせでより魅力的となり、空間の結節点に彫刻で飾られた噴水や記念的な彫像が存在感をもって浮場する。

この手法は、17世紀末に、より大きなスケールでバロック・プランとしてヨーロッパの都市全体に敷衍《ふえん》される。正確な市街地プラン、一定の規則性を持った都市施設配置、幾何学的に整然とした庭園などにより、都市は象徴性を持った景観を持つことになる。ヴェルサイユ宮殿に始まったバロック・プランは、パリからサンクトペテルブルクまで、この当時のヨーロッパの多くの都市の規範となった。その手法は18世紀末、新世界でフランス人建築家のランファンの設計によって新首都ワシントンが建設されるときにも用いられ、都市づくりにあたっての現代的原理の元素《がんそ》ともいえるものとなったのである。

ひる返って東洋をみれば、都市を造営するときの原理としては、紀元前七世紀に中国で示された「面朝後市左祖右社」、都市の中央に宮城を配し、その前に朝廷、背後に市場、南面する皇帝の左手に祖先の宗廟、右手に土地神・五穀神の社殿を配するという「考工記」[3]の概念があった。

この概念に従って、都市のプランを規則的に決める手法は、その後の中国では、君主の位置が西側から北側へ移るなどのさまざまな変化があったものの、長安や洛陽などいくつかの都市で実際に適用された。

そして、中国における都城制の仕組みは、古代の日本においても難波京《なにわきょう》をはじめ、藤原京や平城京、長岡京などで模倣され、8世紀末に桓武天皇の手によってその完成形ともいえる平安京が建設されることにつながる。都《みやこ》としての平安京の都市づくりの手法は、17世紀に徳川家康の命に従った天海僧正の手による江戸造営でも用いられるなど、中世から近世にかけての城下町を主体とした日本の都市づくりに長く影響を与えた。

ヨーロッパのバロック・プランで用いられた軸線の採用、モニュメンタルな歴史的建造物の配置などは、20世紀に入って創られた現代都市、キャンベラ、ブラジリアでも踏襲されている。しかしそれが実行されるには15世紀のルネッサンス以来の都市造営の時間と技術の連続性があってはじめて可能となったのである。西洋におけるギリシア・ローマ文化の興隆から中世の都市づくり、そして古代文化の復興であるルネッサンス、さらにバロックへと変化の時間の不連続と連続についての説明がつくのに対して、東洋では、むしろ連綿と連続していき、そして近代になって突然不連続となったのではないだろうか。

近代化にあたって、日本の都市づくりに西洋文化の手法を導入したときに何が起きたのか。

都市空間は風土や文化の時間の連続性なしには存在しないはずである。しかし、時としてアンチテーゼとして、時間が不連続になって次なる空間を生み出して行くプロセスもある。19世紀中盤に岩倉具視視察団一行が大改造計画を終えたパリの街並みに感激し、それを東京に実現しようとした心意気は理解できても、それを時間の連続の中に埋め込み、都市全体に新たに持続的な景観を生み出すことは容易ではなかった。実際、それを期待した市区改正事業も、江戸の都心の一部を修正するに留まってしまった。

かつて漢字を改良してひらがなを生み出した輸入・手品上手の日本文化にとっても、こと都市空間のゆくえについてはまだ完全な答を出しているとはいえないのである。

註

[1] 千利休(1522~1591年)茶人利休の愛した「利休ねずみ」は緑色を帯びた灰色で抹茶の色感がある。

[2] ブルーノ・タウト(1880~1938年)ドイツの著名な進歩的建築家で、都市計画や色彩建築に精通。日本に亡命後、桂離宮、伊勢神宮などの伝統美術を研究、日本の美の再発見者として知られた。

[3] 「考工記」中国で戦国から前漢の時代(BC206~AD8年)にまとめられた制度『周礼』の中で都市や建物について具体的に述べている書物。

おわりに

都市を語り始めると終わりがない。都市を研究しようと思い立ったきっかけは青春時代にあるのだろう。１９６４年に東京でオリンピックが開催された。当時、都立高校の2年生だったが、筆者の高校は10月10日のオリンピック開会式の10日前に、今はなき国立競技場で、アメリカ選手団の入場行進の予行演習でグランドを一周した。街では至る所で建設の槌音が響き、戦後初めての日本の国際化の中で東京の風景は一変しようとしていた。丹下健三の代々木の競技場も大きな衝撃であった。それがきっかけとなって早稲田大学の建築学科に進むことになる。

建築学科では設計意匠が主流で、多くの熱心な学生が切磋琢磨しているとの印象を持ち、自らもその中に入れるならばいいなと思った。しかし、遠からずしてそれは何かが違うと感じ始めていた。そこで感じたのは、建築家とはトータル・コーディネーターであることに疑いはないが、どう考えても知識のインプットと作業過程は職人であるとのおぼろげな結論に達した。自分には職人はどうもなじまない。そこで、大学4年で行先の研究室を決める時点で、建築設計ではなく都市計画を選んだ。都市計画なら少しは科学的なメソッドを用いるだろうと考えたからである。時代は高度経済成長で、人々の生活も、街の風景も早いスピードで変化していた。農村社会から都市社会への転換にあたって、「都市」という言葉は特別の響きであった。もちろん急速な経済発展の中で多くの都市問題も発生しており、計画だけでなく、問題解決の処方箋も必要となっていた。

その後、日本を離れてカナダで学ぶことになったのが、意識の中で都市を考えることについての転機となった。Urban and Regional Planningという学問は、カナダでは工学ではなくて、社会科学に属していたのである。博士課程で学ぶ学生に建築出身はほどんどいない。経済学や社会学など、まさしく学際分野の研究領域の学問であった。設計の職人という範疇は存在していなかった。

自国以外の文化に接することによって今まで気づかなかったことがいろいろと見えてくることがある。筆者がカナダへ留学したのは20歳代後半であった。帰国後、イラク、ブラジル、中国で地域開発の事業に現地で少なくともそれぞれ1年以上にわたって携わった。4年間のアングロサクソンに続いて、5年間でアラブ、ラテン、中国の文化に直に接することになった。それぞれがあまりに違っていて、もちろんすべてを消化できるわけではなかったが、それを身をもって知るだけでも貴重な体験であった、と後に気づくことになる。

それから現在まで30年あまりにわたって、先進国から途上国まで多くの国や都市を訪れ、異なった文化の中で都市や地域の計画と政策に関わる仕事をする機会に恵まれた。世界の領袖であるアングロサクソンも、新大陸に展開したアメリカと長い歴史を持つイギリスとではそれぞれ異なる文化の特性がある。そのライバルであるラテンはヨーロッパ大陸に幅広く根付くとともに、南アメリカに大きな文化圏を持つ。ゲルマンの文化も独特である。世界にはもちろん、広大なイスラム圏や21世紀の趨勢を左右するであろう中国やインドもある。もちろんロシアもある。東南アジアやアフリカもさらに独自の魅力を持つ。

海外滞在での10年近くの経験を経て、日本で本格的に居を構えたのは1989年からである。富士総合研究所での初めての仕事は、東京都都市計画局の都市白書作成に関するニューヨーク、ロンドン、パリの海外調査であった。その後、東京都の政策立案の業務には、さまざまな分野で長く付き合うことになる。1997年に明治大学に奉職し、政治学科で都市政策を教える機会を得る。カナダで工学から社会科学に専門が移ったが、それから15年して日本でもそれが実現したのである。

本書に記したものは、ほぼすべてが日本での活動に基づいており、時間で言えば、大体、過去四半世紀に該当する。自らの時間経緯を追ってみると、この四半世紀の成果は、それ以前のさまざまな文化との遭遇に立脚したものであることに気づかされる。しかし、その異文化との遭遇が自らの思考と業務内容にどのように影響しているのかは定かではない。おぼろげに認識できるのは、問題解決にあたって、他の事例はどうなっているのか、日本という枠を超えて、それを過去から未来の時間軸で考えるという癖はついている、ということかもしれない。

過去の人生経験から学んだ都市のことを語るのであれば、その時間は半世紀にもわたる。本書で対象とした直近の四半世紀の前の四半世紀が、じつは存在している。確かに日本を離れてさまざまな文化に遭遇しながら仕事や研究をしてきたのだから、それはそれで成果として記すべきものがないわけではない。しかし、それは次の機会にゆずるとして、むしろ、多くの国で、そしてもちろん日本でも多くの人々に出会うことができたことを忘れてはならない。畏敬の先達、自分にないものを持っている友人、足元にも及ばない人格者、秀逸な若者、それぞれが一緒に仕事をする中で、色々と触発されたことの幸せにも感謝をしないといけない。

最後に、短い時間の中で膨大な資料を簡潔にまとめていただき、出版の労を精力的にお取りいただいた千倉書房の神谷竜介氏、岩澤孝氏に厚く感謝する次第である。

2018年1月5日

まるで自らが意志を持っているかごとく変容を続ける東京の街を、駿河台から見下ろしながら

市川宏雄

参考文献

第1章　国の形――都市と地方

（書籍）
二〇一五年一〇月　『東京一極集中が日本を救う』単著、ディスカヴァー携書、全二六三ページ
二〇〇九年　五月　「第4章　コンパクトな国土と都市のビジョン」六五～九五ページ、『日本の未来をつくる―地方分権のグランドデザイン』共著、文藝春秋、全二一三ページ

（論文）
二〇一七年　五月　「東京一極集中が日本全体の活性化を牽引する」単著、『The Journal of JAHMC』、通巻第三三〇号、一～四ページ
二〇一七年　一月　「国の形―統治はどうあるべきか　大都市と地方のこれからのグランドデザイン」単著、『地方行政』、第一〇六九六号、二～六ページ
二〇一六年一〇月　「地方創生と東京一極集中　一極集中をとがめても答えは出ない」単著、『地方行政』、第一〇六七五号、二～六ページ
二〇一六年　九月　「なぜ、「東京」に人が集まるのか?」共著、『PHP INSTITUTE』、第三三巻第一号、三八～三九ページ

二〇一六年　五月「世界と戦う東京がけん引する」共著、『日本の課題を読み解くわたしの構想Ⅰ―中核層への90のメッセージ』、公益財団法人総合研究開発機構、六九ページ
二〇一六年　三月「規制改革なくして日本の将来はない」単著、『先見経済』、通巻七六四号、三四〜三七ページ
二〇一六年　三月「東京一極集中は解消されるのか」単著、『地銀協月報』、二〇一六年三月号、二〜一五ページ
二〇一五年一二月「東京一極集中こそ日本のエンジン」単著、『日経コンストラクション』、第六三〇号、七四ページ
二〇一一年　三月「東京の大都市圏計画における分散政策―理想と現実の相克―」単著、明治大学政治経済学部『政経論叢』、七七巻三・四号、三二三〜三五四ページ
二〇〇六年　一月「大都市の人口動向と政策転換」単著、『月刊ガバナンス』、五七号、二八〜二九ページ
一九九九年　三月「座談会21世紀の課題を考える」共著、『岐阜を考える』、六〜三八ページ

（新聞）

二〇一六年　八月　二日「政府と連携し規制緩和を」朝日新聞朝刊
二〇一三年一二月一二日　争論「一極集中の是非」朝日新聞朝刊
二〇〇八年　一月二八日　経済教室「東京への重点投資を」日本経済新聞朝刊

（書籍）
（論文）

第2章　都市の国際競争力

二〇一八年　一月　『GPCI Year Book 2017』編著（森記念財団 都市戦略研究所）

二〇一七年　三月　「世界3位の都市「東京」の〝磁力〟をさらに高める方法とは」単著、『PRESIDENT』、第五五巻第七号、五八〜五九ページ

二〇一六年　九月　「不動産協会「世界の都市総合力ランキング政策効果シミュレーション」を実施―国際競争力のある大都市の実施に向けて―」単著、『一般社団法人不動産協会公報誌 FORE』、通巻一〇一号、一〇〜一一ページ

二〇一五年　七月　「巻頭言：世界の都市間競争での東京の課題」単著、『新都市』、六九巻七号、三〜四ページ

二〇一五年　七月　「世界の人々を惹きつける都市の姿とは」共著、『FORE』、第九四号、一〜五ページ

二〇一四年　三月　「世界都市・東京の国際競争力―現状の政策課題と強靭化の可能性―」、明大社会科学研究所紀要、第五二巻第二号、三一〜六三ページ

二〇一四年　二月　「世界最大の都市圏・東京の都市力強化」単著、『新建築』、二〇一四年二月号、二二ページ

二〇一三年一一月　「世界から見た東京の実力」単著、『月刊広報会議』、五八号、二八〜二九ページ

二〇一三年　四月　Megacities and International Competition: Challenges for Global Powerhouse Tokyo, *Meiji Journal of Governance Studies*, Vol.1, No.1, Meiji University

Graduate School of Governance Studies, pp.29-48.

二〇一二年　八月「大都市の国際競争力―強靭な力をもった東京への課題―」単著、『新都市』、六六巻八号、一～一三ページ

二〇一二年　七月「東京を、世界で突出した先端都市にするための戦略」共著、『FORE』、第七六号、一～五ページ

二〇一一年　三月「強靭な国際競争力をもった東京の実現―ワールド・リーディング都市東京の大都市戦略―」共著、日本経済調査協議会、一～四五ページ

二〇〇九年　六月「都市の競争力を高めるためには、これから何をすべきか」単著、『土木学会誌』、九四巻六号、二六～二七ページ

二〇〇八年　八月「国際的都市間競争のなかでの首都東京の課題―新たな都市機能に対応した都市構造―」単著、『土木学会誌』、九三巻八号、二一～二三ページ

二〇〇八年　七月「国際都市間競争と地方再生の両立を目指せ」共著、『FORE』、第五三号、一～五ページ

二〇〇六年　一月「大都市の人口動向と政策転換」単著、『月刊ガバナンス』、五七号、二八～二九ページ

（新聞）

二〇一七年一二月二一日「ポスト２０２０変わる東京」（インタヴュー）、日本経済新聞朝刊

二〇一四年　八月一三日「新・東京創生」日本経済新聞朝刊

第3章　都市再生

（書籍）

二〇一五年一〇月　『東京2025　ポスト五輪の都市戦略』共編著、東洋経済新報社、全二七六ページ

二〇〇二年一〇月　「第4章　都市再生と情報化都市」一三五〜一八一ページ、『情報化で蘇る都市―都市再生への処方箋を求めて』共著、ビジネス教育出版、全二二五ページ

（論文）

二〇一六年　三月　「東京2025　ポスト五輪の都市戦略　規制改革なくして日本の将来はない」単著、『先見経済』、二〇一六年五月号、三四〜三七ページ

二〇一五年一二月　「2025　東京の開発が完成する日」単著、『ダイヤモンドZAI』、第一六巻第一二号（通算第一八八号）、一五〇〜一五九ページ

二〇一五年　九月　「東京再開発の現在と未来」単著、『50代からの旅と暮らし発見マガジン　ノジュール』、一〇七号、四〇〜四一ページ

二〇一四年　五月　「今後目指すべき公共インフラの姿とは」単著、『NAVIS』、第二三号、一〇〜一一ページ

二〇一四年　一月　「五輪契機に都市基盤の更新加速　都市の総合力向上、NYに肉薄へ」共著、『日経グローカル』、二三五号、二四ページ

二〇一一年　四月　「東京の再生なくして日本の未来なし」共著（共著者：福川伸次）、『中央公論』、第一二六巻第四号（一五二四号）、二三四〜二四三ページ

二〇〇四年　九月　「東京の基盤整備における今日的意味」単著、『都政研究』、二〇〇四年九月号

二〇〇四年 六月「都市再生と魅力ある地域づくり」単著、『GYOSEI EX』、第一六巻第六号、七～一二ページ
二〇〇三年 五月「超高層建築の設備計画 最新動向 再開発の最近の動向と特徴」単著、『空気調和・衛生工学』、七七巻三号、一七三～一七九ページ
二〇〇三年 五月「都心は再び開発のまな板に。」単著、『東京人』、第一八巻第五号、一五ページ
二〇〇一年一一月「「分散」から「集中」へ。都市再生の意義と中身」共著、『日経 広告手帖』、第四五巻一四号、四～一一ページ
一九九八年一一月「東京都市基盤整備のゆくえ」単著、『都市再開発』、一一六号、五〇～五五ページ
一九九四年一二月「大都市東京の望ましい再開発のあり方」単著、『都市再開発』、一〇九号、一一九～一二三ページ

第4章 五輪と都市

（書籍）

二〇一三年一二月『東京五輪で日本はどこまで復活するのか』単著、メディアファクトリー、全二〇六ページ

（論文）

二〇一七年 八月「東京五輪・パラリンピックで変貌する東京の未来像」単著、『商工ジャーナル』、第四三巻第八号、一八～二二ページ
二〇一七年 三月「ポスト東京オリンピック・パラリンピックの東京の都市戦略」単著、『スポー

ツ白書2017』、二六〜二九ページ

二〇一六年一〇月　「東京五輪と日本の道筋〜規制緩和がそのカギを握る〜」単著、『地方行政』、一〇六七八号、二〜六ページ

二〇一六年　二月　「都市政策の視点からオリンピック・パラリンピックを考える」単著、『都市計画』、第三一九号、二〜八ページ

二〇一五年　二月　「オリンピックレガシー〜オリンピックで変わる東京と新ビジネス」単著、『機械と住宅』、第三七巻第一号（通巻三三二号）、ユアサ商事、一〇〜一一ページ、原稿四回連載（二〇一四年五月、六月、一〇月、二〇一五年二月）

二〇一四年一〇月　「オリンピックは都市に何をもたらすか」単著、『都市問題』、第一〇五巻第一〇号、四〜一三ページ

二〇一四年　九月　対談「2020年オリンピックに向けて、東京は何をすればいいのか。」、『東京人』、三四五号、一〇〜一八ページ

二〇一四年　七月　「2020東京五輪開催と東京の変貌」単著、『不動産研究』、季刊五六巻三号夏号、三〜一九ページ

二〇一四年　五月　「世界一環境に配慮した東京五輪の実現に向けて」共著、『SAFE くらしと地球と金融をつなぐ環境情報誌』、一〇五号（二〇一四年五月）、七〜八ページ

二〇一四年　二月　「東京オリンピック・パラリンピック開催と東京の未来構想」単著、『SPORT FOR every one スポーツ白書2014』、二六〜二九ページ

二〇一四年　一月　「2020年東京オリンピックへの提言—東京オリンピック開催は、国力回復の

起爆剤―」共著、『明治』、第六一号、四二～四五ページ

二〇一三年一一月　「〝五輪〟をどう取り込むか」単著、『月刊広報会議』、五八号、三〇～三五ページ

一九九八年一〇月　「国際大会を核とした地域整備」単著、『道路』、通巻六九〇号、八～一二ページ

（新聞）

二〇一七年　六月三〇日　「五輪後の東京（選挙の争点2017）」日本経済新聞朝刊

二〇一四年　八月一三日　「交通基盤テコ入れを」日本経済新聞朝刊

第5章　都市空間と未来

（書籍）

二〇一二年一二月　『東京の未来戦略』共編著、東洋経済新報社、全二八八ページ

二〇〇九年　五月　「第4章　コンパクトな国土と都市のビジョン」六五～九五ページ、『日本の未来をつくる―地方分権のグランドデザイン』共著、文藝春秋、全二二三ページ

二〇〇八年　五月　「序章　東京の都市空間の魅力」一～三二ページ、「終章　グローバル・フロントランナー東京の戦略」二〇三～二五九ページ、『グローバルフロント東京　魅力創造の超都市戦略』共編著、都市出版、全二六二ページ

一九九五年　五月　「第1章　広がる市街地と変貌する都市空間」一五～八八ページ、「第3章　多心型都市・東京」一三七～一九八ページ、『シリーズ 東京を考える5 都市を創る』共著、都市出版、全四六三ページ

一九九四年　四月　『しなやかな都市 東京―比較都市空間学入門』単著、都市出版、全三〇八ペー

ジ

（論文）

二〇一七年　七月　「ポスト東京五輪の都市戦略」単著、『不動産流通』、二〇一七年七月号、一〜二ページ

二〇一六年一一月　「東京オリンピック・パラリンピック開催と東京の将来ビジョン」単著、『スポーツ白書』、二一〜五ページ

二〇一五年　九月　「あらためて考えるTOKYO2020と東京・日本の未来構想」単著、『笹川スポーツアカデミー』、２０１５報告書、二五〜二九ページ

二〇一五年　一月　「「大変貌する品川」２０２０年東京未来予想図」単著、『東京人』、三四九号、都市出版、三四〜三七ページ

二〇一四年一一月　「品川シーズンテラス」単著、『日経ビジネス』、第一七六四号、日経ＢＰ社、五八〜五九ページ

二〇一四年一〇月　「進化する都市TOKYOの未来」共著、『News week』、第二九巻三八一号（通巻一四一七号）、阪急コミュニケーションズ、四〇、四二〜四三ページ

二〇一四年　一月　「東京大改造　駅から変わる街①品川　車両基地跡を国際拠点に」共著、『日経アーキテクチュア』、一〇一五号 新春特別号、四九ページ

二〇一二年一一月　「日本の未来は東京が救う」単著、『BUAISO』、五二号、二〇〜二一ページ

二〇〇四年　二月　「巨大都市・東京のゆくえ」単著、『月刊SQUET』、第一七〇号、一六〜二一ページ

二〇〇三年　二月「情報化と都市空間の変貌」単著、『都市問題研究』、五五巻二号、六五～八一ページ

二〇〇二年一一月「首都圏計画の宿命と現実―都市膨張圧力との闘いの末に―」単著、『都市問題』、第九三巻第一一号、一七～三六ページ

二〇〇一年　一月「〈対談〉21世紀の東京像を語る」共著、『地域開発』、四三六号、一～一一ページ

一九九八年一〇月「分散型首都圏の将来像」単著、『運輸と経済』、第五八巻第一〇号（通算六一六号）、三二～三八ページ

一九九二年一〇月「しなやかな巨大都市・東京の過密と計画」単著、『季刊アステイオン』、二六号、TBSブリタニカ、九〇～一一二ページ

（新聞）

二〇一二年　一月　九日「都市の未来」読売新聞朝刊

第6章　首都移転の葛藤

（書籍）

一九九九年一二月『「NO」首都移転―新都建設は欺瞞である』単著、光文社、全二三七ページ

一九九八年　三月『東京はこう変わる―遷都と分権の基礎知識』編著、東洋経済新報社、全二五三ページ

（論文）

二〇一一年　九月「首都東京のバックアップに答えはある」単著、『都政研究』、通巻五一六号、四

〜九ページ
二〇〇二年　五月　「首都移転の罪―目覚めねばならない悪夢―」単著、『都政研究』、通巻四〇四号、四〜九ページ
二〇〇〇年一二月　「オランダにおける首都政策―アムステルダムとハーグ」単著、明治大学政治経済学部『政經論叢』、六九巻二／三号、九九〜一一二ページ
一九九九年一二月　「ロンドンにおける分散政策―政策の効果と意味」単著、明治大学政治経済学部『政經論叢』、第六九巻二／三号、八七〜一〇二ページ
一九九九年一一月　「首都機能移転の不可思議」単著、『都政研究』、通巻三七四号、四〜九ページ
一九九六年　九月　「首都機能移転論議と現段階の課題」単著、『都市問題』、第八七巻九号、一五〜三〇ページ
一九九六年　三月　「首都移転は東京問題を解決できるか⁉」単著、『産業新聞』、第四五巻三号（通巻五二二号）、産業新潮社、一三〜二一ページ
一九九六年　三月　「首都機能移転の論拠と意味―望まれる新都市論議―」単著、『都市再開発』、一一一号、一七〜二三ページ
一九九六年　三月　「どんな新都を造るのか積極的に考えて欲しい」単著、『ASCENT』、三月号　新大学生準備号、二四〜二五ページ

（新聞）

二〇一一年　五月　四日　「首都機能移転是非は―代替都市　東西に必要」、福井新聞
二〇〇〇年　一月二二日　「首都機能移転は必要か」（インタヴュー）、京都新聞朝刊

（国会）

一九九八年一二月二二日　「首都移転、本当に必要か」、読売新聞朝刊

二〇〇二年一一月二七日　「首都機能移転論議の問題点と今後の方向」、衆議院・国会等の移転に関する特別委員会・参考人

第7章　都市と鉄道

（書籍）

二〇一五年　一月　『人口減少時代の鉄道論』単著、洋泉社、全二〇七ページ

二〇一三年　六月　『リニアが日本を改造する本当の理由』単著、メディアファクトリー、全二二四ページ

二〇一二年　八月　『山手線に新駅ができる本当の理由』単著、メディアファクトリー、全一九八ページ

（論文）

二〇一七年　四月　「人口減少時代への鉄道会社のビジネスモデルの模索」単著、『都市住宅学』、九七号、四～一二ページ

二〇一六年　九月　「沿線景気へのプラス要素見極め　メリットある事業へ集中投資せよ」単著、『月刊プロパティマネジメント』、第一七巻第九号（通巻一九四号）、一九～二一ページ

二〇一六年　六月　「インフラづくりの未来　第2回東京大改造『東京の鉄道』どう変わる?」（インタヴュー）単著、『日経コンストラクション』、六四二号、七四～七六ページ

二〇一六年　四月「大動脈から商機を呼び込む」単著、『NIKKEI ARCHITECTURE』、第一〇六九号、四八～五〇ページ
二〇一五年一〇月「都市の国際競争力における交通の役割と課題」単著、『運輸と経済』、第七五巻第一〇号、二九～三九ページ
二〇一五年　五月「JRが主導する品川再開発の行方」単著、『週刊東洋経済』、第六五九三号、東洋経済新報社、六四～六五ページ
二〇一四年一〇月「人口減少でもリニア利用者は増える?」単著、『あんしんLife』、五〇八号、一八ページ
二〇一四年　二月「リニアで泣く都市、笑う都市は」単著、『文藝春秋』、第九二巻第三号、二八三～二八五ページ
二〇一四年　二月「リニアが生み出す巨大都市圏が未来のカタチを変えていく」単著、『SMBCマネジメントプラス』(二〇一四年三月)、六～七ページ
二〇一三年一二月「「リニア」誕生で経済効果は十五兆円」単著、『リベラルタイム』、第一三巻第一二号(通巻一五一号)、一八～一九ページ
二〇一三年一一月「経済効果は10兆円　時間短縮がもたらす好循環」単著、『週刊ダイヤモンド』、第一〇一巻第四五号、一〇三～一〇四ページ
二〇一三年一一月「品川とのアクセス向上がカギになる」単著、『日経コンストラクション』、第五八〇号、四九ページ
二〇一三年　二月「2020年山手線開業。新たな駅と街はどうあるべきか」単著、『EKISUMER』、

一五号、一三一～一六ページ

第8章　都市と危機管理

（書籍）

二〇一四年　二月「序　危機管理学への端緒」一～五ページ、「危機発生後の行動と対応」一三三～一三七ページ、『危機管理学―社会運営とガバナンスのこれから』共編著、第一法規、全二七七ページ

二〇一一年一二月「第3章　試された災害対応力と国際競争力への影響」一〇五～一四八ページ、『日本大災害の教訓』共著、東洋経済新報社、全四一六ページ

二〇〇八年　九月「第6章　災害発生後の地域住民と自治体―復興過程における住民意識の動向と地域の行政対応」一六五～一九六ページ、『危機発生！　そのとき地域はどう動く』共著、第一法規、全二〇八ページ

二〇〇六年　二月「第6章　ニューヨークWTCテロ事件―ジュリアーニ市長・緊迫の72時間」一八七～二一四ページ、『危機発生後の72時間―いかに素早くかつ的確に対応するか―』共著、第一法規、全二六八ページ

二〇〇五年　三月「第5章　企業にみる危機管理―雪印乳業中毒事件」一〇七～一四二ページ、『危機管理と行政―グローバル化社会への対応―』共著、ぎょうせい、全二〇七ページ

（論文）

二〇一七年　一月「安全な社会を作るために」単著、『ACE（Architecture&Civil

Engineering)』、六九号、三三一〜三三三ページ

二〇一六年　二月　「社会を取り巻く安全・安心」単著、『表面科学』、第三七巻第二号、九〇〜九二ページ

二〇一五年　三月　「防災・危機管理のリーダー的人材の必要条件に関する研究」共著、『自治体危機管理研究』、第一五号、八一〜九四ページ

二〇一四年　三月　「危機管理における行政組織・民間組織・地域住民の連携に関する実態把握調査」共著、『自治体危機管理研究』、第一三号、六三〜九四ページ

二〇一三年　三月　「東日本大震災後の都市住民の防災・危機管理に関する意識傾向」共著、『自治体危機管理研究』、第一一号、八三〜九七ページ

二〇一二年　三月　「首長および担当課における防災と危機管理」共著、『自治体危機管理研究』、第九号、一〇三〜一一二ページ

二〇一一年　九月　「行政組織とリスクマネジメント」単著、『試験と研修』、公務人材開発協会、第一号、二一〜二五ページ

二〇一一年　三月　「都市住民の防災・危機管理に関する意識傾向―ウェブアンケート調査の結果を通じて」共著、『自治体危機管理研究』、第七号、六五〜七九ページ

二〇〇六年　六月　「IT時代の安心安全のまちづくり―デジタルデバイド解決が課題―」単著、『改革者6』、第五五一号、四六〜四九ページ

二〇〇四年　四月　「危機にどう対処するか―住民と行政の連携―」単著、『明治』、第二二号、四四〜四六ページ

第9章　都市とテレワーク

（書籍）――二〇一五年　六月「第3章　現実となるトランスボーダー社会」八七～一〇六ページ、『テレワークが未来を創る』共著、インプレス、全一七七ページ

（論文）――二〇一七年　九月「豊かな働き方と都市のあり方」巻頭対談、『FORE』、一〇六号、一～五ページ

第10章　都市と文化

（書籍）――二〇一七年　四月『創発する都市 東京―カルチャラル・ハブ』共編著、都市出版、全三二〇ページ

二〇〇七年　四月『文化としての都市空間』単著、千倉書房、全二七八ページ

明治大学・アカデミーコモンと
グローバルフロントを背景に

［著者紹介］

市川宏雄（いちかわ・ひろお）

明治大学公共政策大学院ガバナンス研究科長・教授。

1947年東京生まれ。早稲田大学理工学部建築学科、同大学院博士課程を経てカナダ・ウォータールー大学大学院博士課程修了（Ph.D.）。富士総合研究所主席研究員等を経て1997年明治大学政治経済学部教授。2004年から現職。

専門は都市政策、危機管理政策、次世代政策構想。政府や自治体、東京都、特別区等の審議会・委員会の会長・委員などを歴任、日本テレワーク学会、日本自治体危機管理学会の会長ほか、現在も日本危機管理士機構理事長、森記念財団理事など多くの要職にある。

主著に『創発する都市 東京』（都市出版）、『東京2025 ポスト五輪の都市戦略』（東洋経済）、『東京一極集中が日本を救う』（ディスカヴァー携書）、『リニアが日本を改造する本当の理由』（メディアファクトリー新書）、『日本の未来をつくる』（文藝春秋）、『文化としての都市空間』（千倉書房）などがある。

都市のエクリチュール
――都市と国土の四半世紀――

二〇一八年二月二六日　初版第一刷発行

著者　市川宏雄
発行者　千倉成示
発行所　株式会社 千倉書房
〒一〇四－〇〇三一
東京都中央区京橋二－四－一二
〇三－三二七三－三九三一（代表）
http://www.chikura.co.jp/

印刷・製本　中央精版印刷株式会社
装丁　米谷豪
写真　尾仲浩二

ISBN　978-4-8051-1137-6　C0036